中国当代青年法学家文库

朱广新民法学研究系列

未成年人保护的民法问题研究

朱广新　著

The Protection
of Minors in Civil Law

中国人民大学出版社
·北京·

总 序

近代中国命运多舛，历经战火和民主思想洗礼的法律学科百废待兴。中华人民共和国成立后法治建设也走过了一段曲折、艰难的道路。改革开放的春风吹拂大地，万象更新。伴随着经济的飞速发展，我国在立法、司法、执法、守法等法治建设的方方面面取得了长足发展，法治在社会治理的方方面面发挥着重要的作用。我国的法律体系趋于完备，各个法律部门具有“四梁八柱”功能的规则体系已经建成，无法可依的时代已经成为历史，中国特色社会主义法律体系已基本形成。可以说，在立法方面，我们用短短几十年的时间走过了西方几百年走过的道路。与此同时，司法体系已基本完备，司法作为解决纠纷、维护社会正义最后一道防线的功能日益凸显，依法行政和法治政府建设也有长足进步。法学教育欣欣向荣，蓬勃发展，法学院从最初的寥寥几所发展到今天的六百多所，在校法学学生已逾三十万人。

中国市场经济腾飞的四十年也是我国法学研究蓬勃发展的四十年。风雨百年过，智慧树常青。得益于法学前辈融汇东西的学术积累，经过学界同仁的不懈探索和创新，各个法学学科都涌现出了一大批杰出的法学家。他们不仅躬耕学问、立身治学，而且积极为国家法治建设贡献智慧。他们严谨治学，具有深厚的法学功底，深谙各部门法的骨骼和精髓，并归纳总结出自成一派的法学观点；他们借鉴域外，精通比较法学的逻辑和方法，在博采众长之后，致力于完善我国的相关法学理论。多年的刻苦钻研早已使他们成为中国当代法治和法学教育的大梁，并在著作等身之际桃李天下，培育出更多优秀的青年学者。

当下法学发展的社会环境更是得天独厚。中国以昂扬的姿态迈入新时代，在党的领导下，我国的经济与社会发展更加繁荣昌盛，经济总量已跃居世界第二位。在习近平总书记的领导下，社会治理模式愈见清晰，“一带一路”宏伟倡议彰显大国担当，“中国梦”植根于每一个百姓的心里。全面依法治国被确立为国家治理的基本方略，建设法治中国、全面建设法治国家开始成为社会发展大方向和主旋律。党的十八大强调法治是治国理政的基本方式，并围绕全面推进依法治国、加快建设社会主义法治国家的战略目标，规定了法治建设的阶段性任务，强调要更加注重发挥法治在国家治理和社会管理中的重要作用。党的十九大报告更是以宪法为纲，突显了法治在社会发展中不可替代的基本性作用，全面依法治国使中国站在了新的历史起点。

对于我们法律人而言，这不仅是最好的时代，也是新的起点。历经半个多世纪，中国的法学发展从中华人民共和国成立初期的百废待举，学习西方的法律内容和格局，到如今逐渐形成自己的理论体系和话语体系，经历了从“照着讲”到“接着讲”的过程，法学已全面服务于国家治理，并深切关注人类命运共同体的前途和命运。随着科学技术的飞速发展和社会矛盾的日益变化，法学研究也面临着前所未有的挑战。随着我国经济转轨、社会转型，社会结构和执法环境发生了深刻变化，如何以问题为导向，如何利用法律思维解决现实社会问题，成为当代法学与实践相结合的新思路和新机遇。

法学学科以法的发展为研究对象，以公平正义为主要价值追求，不同于其他学科之处在于其实践性。“问渠哪得清如许？为有源头活水来”。法学学者要注重理论研究，但不可囿于象牙塔中，而应当走进生活、走向社会，密切关注我国的法治建设实践。法学学者需要守经，既坚守法治理念，守护法治精神，维护社会正义，也要与时俱进、不断创新，切不可因循守旧、故步自封。法学学者需要注重对域外有益经验的借鉴，但不可定于一尊，奉某一外国法律制度为圭臬，忽视本国法治实践，照搬照抄外国的法律制度。面对任何社会问题，法学学者都有义务和责任展开相应的法治思维，以法治的方法解决我国的现实问题。在互联网和各项新的科学技术飞速发展、日新月异的今天，法学学者不仅要思考当下所遇到的法律问题，也要思考未来的法治走向和可能面临的问题。这些都对青年学者们提出了更高更新的要求。所幸我们的法学学者一直在孜孜不倦地努力，不断贡献着智慧与力量。

中国人民大学出版社邀请我组织这套“中国当代青年法学家文库”，我欣然同意。这套书收录了我国当代青年法学研究者中的佼佼者们的代表作。入选著作具有以下特征：既秉持我国法学研究的脉络和精神传统，又反映我国当代法学研究的创新发展水平；既注重对基础理论的深入研究，又注重解决重大社会现实问题；既注重立足于中国学术研究，又有广博的域外研究视野；既博采众长，又落足于中国法学学科体系、话语体系的创新发展。这些作品综合运用了多种研究方法，探索了中国法学研究可能的学术转向，既有效吸收其他学科的研究方法和研究成果，也使法学研究的方法和成果能够为其他学科的学者所借鉴。我希望这套文库的问世，能够为国家法治建设建言献策，为中国法学理论的构建添砖加瓦，为世界法律文化的发展注入中国元素，为中国法治文化的传承贡献一份应有的力量。

是为序。

王利明

2018年4月

前　言

未成年人是法律赋予自然人的一种特殊法律身份。该身份不是使自然人享有一种特权，而是使其获得一种受特别保护的法律地位。所谓保护，含义甚广，既指身心方面的照顾、教导、保障、协助等，又指财产方面的保存、管理、处分等。由受保护所处的法律地位来看，保护有消极保护与积极保护之分。前者是指，以家父主义思想为指导，以禁止或限制行为自由及不对自己的致害行为承担赔偿责任的方式，将未成年人置于一种无所作为的被动地位；后者是指，从人权享有者的角度出发，通过赋予其广泛权利及尊重其意见的方式，使未成年人在关涉其事务的行为中有所作为。未成年人保护涉及多个法学学科。民法有关未成年人保护的规定具有基础性规范的属性，它不仅为其他未成年人保护法律建构了基本法律概念，而且其相关规定的合理性、实效性直接决定着其他未成年人保护法律的适用状况。

本书是我十多年来对未成年人保护民法问题的研究集结，主题内容为未成年人之民事行为能力、未成年人监护与未成年人之侵权责任能力，此乃民法事关未成年人保护的核心内容。部分成果是对《民法通则》《合同法》《侵权责任法》《民法总则》等法律有关未成年人保护规定的反思性立法论研究，部分新作是对《民法典》总则编（《民法总则》）有关规定的体系性解释论研究。以法律进化观念看，《民法典》关于未成年人保护的规定沿袭了原民事单行法的家父主义思想和消极保护方法，在立法思想、规范方法上鲜有创新之作，与联合国《儿童权利公约》确立的未成年人保护观念和方法相去甚远。完全可以预知，随着未成年人保护运动的深入发展，《民法典》有关未成年人保护规定的弊端会被逐步革除。以此而言，本书从联合国《儿童权利公约》出发所作反思性研究，不惟有助于深刻理解《民法典》的相关规定，对我国有关未成年人保护法律革新与进化亦具有重要参考价值。

朱广新

2021 年仲春

目　录

《儿童权利公约》视野下未成年人保护的民法问题

人的保护是民法最根本的价值基础①，近现代民法秉执“人为目的而非工具”的伦理思想②，赋予人类个体独立的法律人格和地位，并对人的生命、财产、自由等予以充分保护。未成年人是一类较为特殊的人类群体，相比较成年人，其参与民事生活的认识、分析或辨别能力及风险应对意识与防范能力，在身体、智力、情绪、知识、经验等各种因素的交互制约下，存在这样或那样的缺陷。这造成未成年人在民事活动中，无论是对自身的认识和控制，还是对社会交往内容与后果的理解与辨识，总是表现出诸如认识肤浅、情绪失控、意志力薄弱、经验匮乏之类的理性不足。③ 近现代民法针对未成年人在社会存在和社会交往上的这种特殊性，设置了诸多未成年人保护制度。

20 世纪以来，随着社会经济文化的深入发展，人们对未成年人在

---

① 参见薛军：《人的保护：中国民法典编撰的价值基础》，载《中国社会科学》，2006（4）。

② 德国哲学家康德认为：“在全部被造物之中，人所愿欲的和他能够支配的一切东西都只能被用作手段；唯有人，以及与他一起，每一个理性的创造物，才是目的本身。”［德］康德：《实践理性批判》，韩水法译，95 页，北京，商务印书馆，1999。

③ 有学者认为：除判断能力外，与儿童权利有关的其他问题也值得一提。一般认为，儿童一般缺乏判断某些重要类型问题的经验。儿童之所以缺乏必要的经验，一方面是因为他们的社会地位阻碍他们获得这种经验；从另一方面看，必要经验不能仅仅靠在较早的时候强塞给儿童。一些理论者甚至认为，儿童在不同阶段的特定认知结构从根本上影响了他们如何体验现实世界。因此，我们称之为经验的很多东西在理论与实践上是难以接近儿童的。See Ferdinand Schoeman, “Childhood Competence and Autonomy”, *12 Journal of Legal Studies* 267, 269-270 (1983).

现代社会中的地位及其存在、发展状况发生重大认识转变。一方面，人们越来越深刻地认识到，承认未成年人的独立意思和人格，并赋予其一些基本权利，不仅能够促进其在身体、智力、情绪、德性等方面的全面发展，而且有助于增进甚至强化其社交能力和学习能力，从而使每一个自然人能够在其人生起始阶段得到比较全面的发展，由此为其在未来追求更为全面的发展奠定坚实基础。另一方面，不断发生的儿童贩卖、虐待、犯罪、被侵害等问题，使人们也越来越清醒地认识到，未成年人尤其是作为低幼儿童的未成年人，尚缺乏必要的自我保护意识和能力，需要特别的教育、抚养、照顾或保护。基于上述认识，进入20世纪以来，未成年人（儿童）保护在国际人权法方面以儿童应享有哪些基本权利为中心迅速发展起来。① 联合国大会1989年11月20日通过的《儿童权利公约》（Convention on the Rights of the Child）最终以有约束力的国际公约的形式，对儿童所应享有的基本权利和自由作出了详细规定。② 这是第一部专门保障儿童权利的国际性约定，它的诞生对世界许多国家的儿童保护立法和政策产生了持续、深远的影响。③

我国1991年9月颁布《未成年人保护法》，并于1991年12月经全国人大常委会批准加入《儿童权利公约》。1992年，我国从世界儿童问题首脑会议确立的全球目标和《儿童权利公约》的规定出发，立足国情，发布《九十年代中国儿童发展规划纲要》，将儿童的生存和发展纳入社会发展的政策体系之中。进入21世纪后，我国又先后发布《中国儿童发展纲要（2001—2010年）》与《中国儿童发展纲要（2011—

① 有学者认为："对人来说，个体的人虽可包含人类的共性，但个体的人，不论就其个性，或就其本质而言，永远都是不可代替的，不可化约的。这就是说，在宇宙万物中，唯有人，个体的人，其个性和其本质，是绝对独立的，绝对自由的。"高宣扬：《德国哲学的发展》，转引自李震山：《人性尊严与人权保障》，11页，台北，元照出版有限公司，2000。

② 《儿童权利公约》第1条规定："儿童系指18岁以下的任何人，除非对其适用之法律规定成年年龄低于18岁。"据此，《儿童权利公约》的儿童概念与我国《未成年人保护法》与《民法典》规定的未成年人概念具有同样的内涵。

③ 例如，德国立法者以儿童的最大利益原则为指导，对德国家庭法进行了多次重大修改。参见王葆莳：《"儿童最大利益原则"在德国家庭法中的实现》，载《德国研究》，2013（4）。

2020年）》，对儿童的生存、发展、受保护及参与社会交往的机会作出了全面规划。

童年是人发育、成长的起始阶段，人在这一时期的存在、发展状况对一个人的一生会产生决定性影响，童年时期的个性、体质、情绪、品格等身体、精神要素的开发或发展状况，通常直接决定一个人成年后的生活、工作或事业发展方向和水平。“三岁看大，六岁看老”的中国俗语，即以通俗易懂的语言明示了幼年对人的一生的重要影响和意义。一个多世纪以前，面对积贫积弱的中国被日本讥讽为“老大帝国”的窘况，梁启超在《少年中国说》一文中发出如下警世恒言：造成今日之老大中国者，则中国老朽之冤业也。制出将来之少年中国者，则中国少年之责任也。故今日之责任，不在他人，而全在我少年。少年智则国智，少年富则国富；少年强则国强，少年独立则国独立；少年自由则国自由；少年进步则国进步；少年胜于欧洲，则国胜于欧洲；少年雄于地球，则国雄于地球。① 如何从《儿童权利公约》的视角和高度研究我国民法上未成年人保护机制的合理性，对于健全未成年人保护制度，为中华民族的伟大复兴培养更多人格健全、敢于担当的社会英才，具有重要意义。

一、儿童权利与自由的发展史

童年是一个相对的、社会建构的概念，人们对它的认识和理解，依历史、社会、经济、文化环境的变化而不断发生变化。将儿童的权利与自由从人的基本权利与自由之中分化出来，看作一种具有独特规范价值的人权加以明确规定，与承认这样一个重要观念密不可分：童年是一个特殊的、自治的人生阶段。在此观念确立之前的很长历史时期里，儿童基本上完全处于父母或其他监护人的权力支配之下，即使是涉及其根本利益的事件，儿童亦无任何参与并独立表达自己意见或看法的机会。在

① 参见梁启超：《少年中国说》（1900年2月），载陈书良编选：《梁启超文集》，81页，北京，北京燕山出版社，1997。

20世纪后半期，保护儿童健康发展的权利意识、知识、立法数量等增长起来。这些趋势合聚在一起产生一种儿童观念变迁：儿童从父母的财产转向具有尊严和自己基本权利的独立人群。在此期间，儿童作为具有权利的人的地位逐渐得到承认，并从儿童权利视角被吸收到新的立法、法律原则和法院决定中。儿童的这种地位随着世界各国签署1989年《儿童权利公约》并于20世纪90年代批准该公约而得到正式承认。[①]

童年是一个自治的人生阶段，这种观念经历了一个缓慢、渐进的历史发展过程。19世纪以前，儿童被视为纯粹的私人财产，处于强大的父权支配下。具言之，罗马法把父权看作一种非常重要的支配权，它使家子和家女屈从于家父几乎不受限制的支配之下。[②] 欧洲近代早期的专制国家在很大程度上承认了家庭的父权结构。子女对家父权威的顺从被认为是臣服君主的前提和基础。家父必须保证家庭成员行为正派、符合天主教教义并忠于君主。[③] 家父对家子或家女的绝对支配观念和地位在启蒙运动时期开始遭到挑战。让·雅克·卢梭所著的《爱弥儿》(*Emile*) 使人们发现了儿童的独特价值，儿童自由运动由此在欧洲逐渐发展起来。[④] 启蒙运动还促成了固定成年年龄制度的设立，只要子女达到法定年龄，父母对子女的权利即自动终止。虽然以前的法律也规定了固定年龄，但子女年满法定年龄时父权并不自动解除。除了达到法定

---

① See Katherine Covell, The Case for the Convention on the Rights of the Child from the Perspective of Child Psychology, in *Child Rights: the Movement, International Law, and Opposition* (edited by Clark Butler), Purdue University Press, 2012, p. 38.

② 参见［德］马克斯·卡泽尔、罗尔夫·克努特尔：《罗马私法》，田士永译，639页，北京，法律出版社，2018。

③ 参见［德］迪特尔·施瓦布：《德国家庭法》，王葆莳译，257-258页，北京，法律出版社，2010。

④ 有人认为：卢梭开创了一种儿童自由运动，但它不是一个把儿童从童年解放出来，并使他们能够作为儿童行使像成年人的人权那样的运动，卢梭的目的主要是将儿童从成年人的权利中解放出来。See Clark Butler, *Children's Rights: An Historical and Conceptual Analysis, in Child Rights: the Movement, International Law, and Opposition* (edited by Clark Butler), Purdue University Press, 2012, p. 14.

年龄外，解除父权还需要获得父母的同意。① 直到19世纪，法律才最终确认：只要达到法定年龄，子女可以根据法律规定直接脱离父权。1804年的《法国民法典》即确立了年满21岁成年的规定。中国古代家庭同样实行父权家长制。在一个只包括父母和子女两代人的家庭中，父亲是家长；在包括三个世代的家庭中，祖父是家长。父祖是统治家族的首脑，他享有包括经济权、法律权、宗教权在内的一切权力。家族中的所有人口及家族中的奴婢都在他的权力之下。② 进入20世纪，随着对欧陆民法观念和制度的继受，父权制度和观念被消除，未成年人得到解放。

总的看来，承认儿童是一个独立的人类个体是19世纪以来的重要法律变革现象。在过去的两个世纪里，这种承认更多地归功于近现代民法普遍规定“未成年年龄”或“成年年龄”并对未成年与成年概念作出区分和建构。使儿童作为“小大人”的观念被儿童作为权利的自治主体的观念所取代。作为自治主体，儿童的具体特性需要具体对待，直到其达到生理的、心理的、精神的、道德的、情感的、社会的及公民的成人成熟度。这不是否定儿童的主体性，而是增强了他们相对于成年世界的独立性。

由国际人权法的发展史看，儿童的权利属于第三代人权的组成部分。第三代人权主要是依据权利的享有者（儿童、老年人、妇女、残疾人等），或者依据权利的客体（环境、遗传、信息等），对新兴的人权所作出的一种概括。但是，集体的人权（如妇女、儿童、残疾人等人的权利）一直受到一些人的质疑。质疑的理由在于，依其定义看，人权在道德上、方法论上及实体法上属于个体的权利。不过，换个角度看，像儿童、妇女、残疾人等特殊群体享有的人权，也可以理解为，人类个体依据他们特别的个体特征，如年龄、性别、身体状况等，可以享有的某种特别人权。但是，也必须看到，像年龄、性别、身体状况之类的不同个

---

① 参见［德］迪特尔·施瓦布：《德国家庭法》，王葆莳译，258页，北京，法律出版社，2010。

② 参见瞿同祖：《中国法律与中国社会》，5页以下，北京，中华书局，2003。

体特性往往存在着交叉或重合，这使得第三代人权在理解和实施保护上具有诸多复杂性。

《儿童权利公约》是记载人类在儿童权利领域获得突破性成果的里程碑。但是，由儿童权利发展的历史演变来看，《儿童权利公约》的产生是20世纪以来世界许多国家在儿童保护尤其是儿童基本权利方面作出不懈努力的一个发展成果。在该公约产生之前，在儿童权利保护领域内，曾产生了一些其他相关法律文件，这些法律文件为公约的最终通过和普遍接受铺平了道路。

1924年的《国际联盟儿童权利宣言》（1924 League of Nations Declaration of the Rights of the Child）是第一个关于儿童权利的国际法律文件。该宣言不仅表达了鼓舞人心的法律思想——“人类应当给予孩子最好的东西”（Mankind owes to the child the best that it has to give），而且表达了对儿童经济的、心理的、社会福利的关切。然而，它并没有向国家施加有约束力的义务，只是向它们提出了一系列倡议。在此情况下，儿童仍然不是国际人权的真正享有者。但是，无论如何，儿童权利观念的种子从此被埋下了。概括地讲，《国际联盟儿童权利宣言》在儿童权利发展史上发挥了双重作用：第一，它为确定儿童权利领域内的规范标准奠定了未来国际文件的基础；第二，它充分证明，儿童的国际人权并非最近发展之物，它甚至早于国际人权的法典化。

联合国大会1959年11月20日通过的《儿童权利宣言》（Declaration of the Rights of the Child）是涉及儿童基本权利和自由的第二个国际宣言，它对儿童应当享有哪些基本权利比较简要地作了规定。尽管该宣言仍然不是一个有约束力的法律文本，但其无弃权地被批准的事实给予它一种联合国其他宣言所不具有的道德力量。另外，它对国内立法、儿童权利的概念性思维也产生了重要影响。更为重要的是，该宣言呼吁世界各国“制订法律时，应以儿童之最大利益为首要考虑”①。“儿童的最大

① 1959年《儿童权利宣言》特别规定：“儿童应享受特别保护，并应以法律及其他方法予儿童以机会与便利，使其能在自由与尊严之情境中获得身体、心智、道德、精神、社会各方面之健全与正常发展。为达此目的，制订法律时，应以儿童之最大利益为首要考虑。”

利益原则”（the principle of the best interests of child）的正式提出被视为1959年《儿童权利宣言》最有价值的贡献。但必须指出的是，由于该宣言强调的重心仍然是对儿童的保护（protection）与福利（welfare），儿童的自治并未得到承认，儿童的愿望与情感的重要性也未得到理解，对授予儿童基本权利的价值也没有给予高度评价。

1978年，联合国大会决定将制定《儿童权利公约》提上议事日程，为此专门成立了公约起草工作组。起草工作组于1979年正式拉开起草《儿童权利公约》的序幕，为纪念这一重要意义的实践活动，联合国特意将1979年定为国际儿童年。历经十载努力，《儿童权利公约》起草工作终于大功告成。1989年11月20日，第44届联合国大会一致同意通过了这一公约。1990年9月2日，《儿童权利公约》在获得20个国家批准加入之后正式生效。至今，除了美国之外，世界上所有国家皆批准加入《儿童权利公约》。

《儿童权利公约》之所以得到如此多的支持，原因在于：自1959年《儿童权利宣言》之后，许多国家的法律从根本上改变了对儿童的态度。许多国家承认，有效的儿童保护需要国际立法与其他国际人权法律文件相一致；相比国际人权法当时提供的保护，儿童需要更高标准的、更综合的保护。儿童的权利需要依据诸如“逐步发展的儿童能力”与“儿童的最大利益”之类的基本原则进行具体解释，解释的标准需要在各个国家之间实现统一。1979年儿童国际年创造了需要动员各个国家积极参与推动起草《儿童权利公约》的必要契机和“情感上的磁体”。在上述种种事件和努力的合力影响下，一系列涉及儿童需求和利益的独特性和特殊性的概念被发展出来。另外，虽然联合国大会1948年12月10日通过的《世界人权宣言》（Universal Declaration of Human Rights）已经施行数十年了，但其所宣称的一系列权利并未得到足够重视。对于儿童的权利，人们强烈地感受到，需要更深入、更具体、更系统的规定。而且，国际社会普遍认识到，以国际法律文件承认儿童之独特性的时代已经来临，为儿童的基本权利和自由制定一部国际公约，已是大势所趋、人心所向。[1]

《儿童权利公约》最具标志性的意义在于，儿童从此不再被视为法律保护的消极主体（a passive subject of protection of the law），而可以正当地成为基本权利和基本自由的享有者。[2] 公约起草工作组主席洛帕特卡（Lopatka）教授认为：公约认为，儿童不仅仅是关怀和照顾的目标，相反，也是基本权利和基本自由的主体。儿童就是人类，而不是一个人类的“萌芽”（germ）。儿童不是其父母、当地社会、政党、教会或者政府的财产。儿童具有其自己尊严和个体性的人格。[3] 有人认为：从某种意义上讲，公约是对很大程度上被现代社会思想驱动的儿童思考方式范式转变的国际法响应。如此之下，它既把儿童承认为“存在”（beings）又将其承认为“渐进的存在”（becomings）。如果儿童只是“渐进的存在”，公约会强调他们的最大利益的重要性，并完全专注于给养和保护的权利：生命、生存和发展权，免于暴力、伤害、虐待、忽视的权利，最高可能标准的健康的权利，受教育权以及其他权利。但是，因为它接受了儿童也是“存在”，它也给予他们“发言权”（voice）。它认识到把他们封闭在沉默中的危险。因此，儿童被赋予在影响他们的一切事情上自由表达观点的权利，以及在涉及他们的司法和行政程序中获得听审的机会（opportunity to be heard）。其他重要的参与权包括表达、思想、信仰和宗教的自由，以及结社和和平集会的自由。并且，如公约第 29 条所表达的，教育的目标之一是发展儿童的人格、天赋和他们最

---

① 作为世界历史上最快、最普遍被批准的国际公约，《儿童权利公约》对于儿童应当是什么反映了一个近乎全球一致的共识，并反映了一个按照公约规定制定法律、政策和采取行动的几乎全球一致的承诺。See Katherine Covell, The Case for the Convention on the Rights of the Child from the Perspective of Child Psychology, in *Child Rights: the Movement, International Law, and Opposition* (edited by Clark Butler), Purdue University Press, 2012, p. 38.

② See Nuno Ferreira, *Fundamental Rights and Private Law in Europe: The Case of Tort Law and Children*, Routledge, 2011, pp. 120 - 121.

③ See Adam Lopatka, “An Introduction to the United Nations Convention on the Rights of the Child”, 6 *Transnat'l L. & Contemp. Probs*, 251, 254 (1996).

大潜能的能力。[①] 儿童的发言权和其他参与权，以基本权利的形式彰显了儿童作为积极的自治主体的法律地位。

1990 年 9 月，也就是在《儿童权利公约》甫一生效之后，联合国召开第一次专门讨论儿童问题的世界首脑会议，会议通过的《儿童生存、保护和发展世界宣言》和《执行九十年代〈儿童生存、保护和发展世界宣言〉行动计划》对保护儿童权利作出庄严的政治承诺。

《儿童权利公约》于 1992 年 4 月 2 日对中国生效后，我国在 2006 年制定的《国民经济和社会发展第十一个五年规划纲要》中明确提出：实施儿童发展纲要，依法保障儿童生存权、发展权、受保护权和参与权，促进儿童身心健康发展。修订后的《未成年人保护法》（2006 年）首次将"参与权"规定为儿童所应享有的一项基本权利（第 3 条），并有"作出与未成年人权益有关的决定时告知其本人，并听取他们的意见"的明确规定（第 14 条）。[②]《中国儿童发展纲要（2011—2020 年）》把"依法保护""儿童优先""儿童最大利益""儿童平等发展""儿童参与"确定为儿童发展的基本原则。这些规定充分表明了我国对未成年人保护的高度重视。2020 年修订的《未成年人保护法》将"最有利于未成年人"明确规定为未成年人保护的原则（第 4 条），并将"听取未成年人的意见"增列为处理涉及未成年事项应当满足的要求之一。

二、儿童的基本权利

（一）基本原则

儿童权利公约委员会将公约第 2 条（非歧视及应采取的保护措施）、

① See Michael Freeman, The Value and Values of Children's Rights, in Antonella Invernizzi, Jane Willams (ed.), *The Human Rights of Children: From Visions to Implementation*, Ashgate, 2011, p. 27.

② 参见外交部 2009 年 4 月 13 日发布的《中华人民共和国关于〈儿童权利公约〉执行情况的第三、四次合并报告》，该报告指出：中国注重按照儿童最大利益原则加以落实儿童权利。《中国儿童发展纲要（2001—2010 年）》和《国民经济和社会发展第十一个五年规划纲要》均明确规定了儿童优先的原则。

第 3 条（儿童最大利益及其保护方式）、第 6 条（生命权及其最大限度地确保儿童的生存与发展）和第 12 条（参与权及其保护方式）的规定及其精神确定为公约的一般原则。[①] 不过，从儿童是享有基本权利的自治主体的角度看，“儿童的最大利益”（the best interests of the child）和“逐步发展的儿童能力”（evolving capacities of the child）可看作《儿童权利公约》更具根本的基本原则。这两项原则为解释和适用公约所有条款奠定了基础，并指明了方向。联合国大会决议《适合儿童成长的世界》（A world fit for children）特别强调了这两项原则的重要性。该决议认为，在涉及儿童的所有行动中，儿童的最大利益应当是首要考虑的，并且，应当根据他们的年龄和成熟度（age and maturity），尊重儿童的表达自我的权利及参与影响他们的所有事务的权利。

1. 儿童的最大利益原则

公约第 3 条第 1 款、第 18 条第 1 款及第 21 条明确提出“儿童的最大利益为首要考虑”，公约第 9 条、第 20 条第 1 款、第 37 条第 3 款及第 40 条第 2 款皆明确把“儿童的最大利益”规定为指导思想。这些规定把“儿童的最大利益”应被当作公约最为重要的一项基本原则的思想充分表露出来。[②] 历史地看，儿童的最大利益原则由传统的福利主义概念演化而来，它起初主要依赖于人们对儿童所拥有的同情、怜悯观念（亦称恻隐之心）。儿童的最大利益原则申明了公约的一个核心价值：在每一个具体情况下和影响儿童的每一个决定中，公约要求考虑和适当重视儿童的最大利益。虽然公约没有对何为儿童的最大利益作出明确界定，但公约的全部文本和对儿童权利的系统思考方法为确定其内容提供了必要的指导。“关于儿童的一切行动”之措辞表明，当立法机关考虑制定法律或法院适用法律时，以及当行政机关制定政策及预算被分配

① Committee on the Rights of the Child，General Comment No. 5，2003，CRC/GC/2003/5，para. 12.

② 在这些规定中，公约第 3 条第 1 款的规定最具根本性，它规定：“关于儿童的一切行动，不论是由公私社会福利机构、法院、行政当局或立法机构执行，均应以儿童的最大利益为一种首要考虑。”

时，该原则应当被适用。[①] 公约因此为立法、政策制定和一些规划提供了标准。该标准在本质和其含义上不同于建立在家父主义观念之上的儿童需要标准（即以需要而不是权利视角思考儿童保护）。当它涉及公约中经济的、社会的和文化的权利时，缔约国被要求根据它们不断变化的资源通过采纳以权利为基础的法律、政策和规划，渐增地实现这些权利。[②] 有学者认为，最大利益原则以权利的方式被写入公约之中，该事实显示，最大利益概念已经脱掉其福利外衣，并应被理解为与儿童的自治（child's autonomy）原则相一致。[③]

2. 逐步发展的儿童能力原则

根据公约第 5 条[④]、第 12 条及第 14 条第 2 款[⑤]的规定，儿童属于具有渐进自治性（progressive autonomy）的权利享有者。儿童的基本权利应依据他们的能力、年龄和成熟度的渐进发展而得到不同程度的承认。这意味着，儿童在其生活经历的不同阶段需要不同程度的保护、给养和参与。值得一提的是儿童对其生活活动的参与权，如公约第 12 条所规定，缔约国应当确保，能够形成自己的看法的儿童，在影响他们本人的一切事务上自由表达自己的看法，儿童的看法应根据其年龄和成熟度而被给予应有的重视。儿童所享有的这种与其年龄、成熟度相适应的自由发表自己意见的权利，充分彰显了儿童作为独立的自治主体的法律

---

① See Rebeca Rios-Kohn, *The Convention on the Rights of the Child: Progress and Challenges*, 5 Geo. J. on Fighting Poverty 139, 144 (1997—1998).

② See Katherine Covell, The Case for the Convention on the Rights of the Child from the Perspective of Child Psychology, in *Child Rights: the Movement, International Law, and Opposition* (edited by Clark Butler), Purdue University Press, 2012, p. 39.

③ See Nuno Ferreira, *Fundamental Rights and Private Law in Europe: The Case of Tort Law and Children*, Routledge, 2011, p. 123.

④ 该条规定，缔约国应尊重父母或于适用时尊重当地习俗认定的大家庭或社会成员、法定监护人或其他对儿童负有法律责任的人以下的责任、权利和义务：以符合儿童不同阶段接受能力的方式（in a manner consistent with the evolving capacities of the child）适当指导和指引儿童行使本公约所确认的权利。

⑤ 该款规定，缔约国应尊重父母并于适用时尊重法定监护人以下的权利和义务：以符合儿童不同阶段接受能力的方式指导儿童行使其权利（in the exercise of his or her right in a manner consistent with the evolving capacities of the child）。

地位。基于此，儿童不再被视为被动的受保护者，不再成为福利主义观念下纯粹受他人保护的“他治”对象，而成为独立的自治主体。只不过，儿童的这种自治能力根据其年龄和成熟度具有逐渐发展的动态性、渐趋成熟性。

公约第5条与第14条第2款要求，缔约国应当尊重父母、法定监护人或其他对儿童负有法定责任的人的责任、权利和义务，以与逐渐发展的儿童能力相一致的方式（in a manner consistent with the evolving capacities of the child）对行使其权利的儿童提供适当指导。

然而，该原则上在执行上遇到了挑战，这并非因为文化的、社会的和经济的因素，最为重要的是，逐步发展的儿童能力原则适用于其所涉及的司法制度时，人们在理解和适用它时常常会遇到这样或那样的困难。换言之，司法制度（尤其是青少年司法制度）必须能够灵活应对儿童能力的特殊性——渐进发展。儿童的道德和心理的发展及其识别能力、理解力的逐渐增强，不太容易把握，需要根据每一个儿童的具体情况作出判断。人们在此方面对儿童理解、认识得怎么样，对于在多大程度上承认儿童的自治性以及与此相关的儿童承担责任的能力，具有决定性影响。①

3. 不歧视原则

公约第2条关于非歧视及缔约国应采取的保护措施的规定，也值得一提。公约从两方面对该原则进行了规定：一是缔约国应尊重并确保，无论儿童、儿童的父母或法定监护人的种族、民族、肤色、性别、语言、宗教、政治或其他见解、社会出身、财产、伤残、出生或其他身份如何，每一个儿童在其管辖范围内不受任何歧视地享有公约所规定的权利；二是缔约国应采取一切适当措施，确保儿童不受由儿童父母、法定监护人或家庭成员的身份、活动、所表达的观点或信仰所形成的一切形

① 有研究者认为，逐渐发展的儿童能力原则在确定儿童应否承担侵权责任，并且甚至在确定儿童承担侵权责任的年龄起点时，尤其可以被当作一种决定性因素。See Nuno Ferreira, *Fundamental Rights and Private Law in Europe: The Case of Tort Law and Children*, Routledge, 2011, p. 124.

式的歧视或惩罚。

（二）基本权利

《儿童权利公约》从民事、政治、经济、文化等方面对儿童所享有的基本权利向缔约国提供了一个长长的权利清单。这些权利完全是针对于儿童这个特殊群体的，国际人权公约[①]列举规定的某些只能为成年人享有的基本权利，如结婚、投票、工作、迁徙的权利等，则被儿童权利公约排除在外。《儿童权利公约》评论者通常把儿童的权利划分为三类：保护（protection）、给养（provision）和参与（participation）。儿童身心脆弱，无独立生活能力，其发育、成长需要特别的给养和保护。1959年《儿童权利宣言》即明确提出：儿童应享受特别保护，并应以法律及其他方法给予儿童以机会与便利，使其能在自由与尊严之情境中获得身体、心智、道德、精神、社会各方面之健全与正常发展。儿童需要爱与了解，以利其人格之充分及和谐发展。《儿童权利公约》通过两种规范方式对儿童的保护与给养进行了详细规定：一方面以赋予权利的方法（以权利为基础的方法）列举规定了儿童所享有的一系列权利，如生命权、姓名权、获取国籍的权利、知情权（谁是其父母）、受父母照顾权、维护身份权（国籍、姓名、家庭关系）、同父母双方经常保持个人关系和直接联系的权利、享有可达到的最高标准健康及医疗和康复设施的权利、社会保障（包括社会保险）的权利以及享有足以促进其生理、心理、精神、道德和社会发展的生活水平的权利、受教育权、享有休息和闲暇的权利等；另一方面以责任法思维责令缔约国确保实现公约规定的权利或确保儿童不受某种侵害，例如，缔约国应最大限度地确保儿童的存活与发展（第6条第2款），缔约国应采取一切适当措施保护儿童不受到任何形式的身心摧残、伤害或凌辱、忽视或照料不周、虐待或剥削及性侵犯（第19条第1款），缔约国承担保护儿童免遭一切形式的色情剥削和性侵犯之害（第34条）等。

---

① 国际人权公约是指《经济、社会、文化权利国际公约》《公民权利及政治权利国际公约》《公民权利及政治权利国际公约任择议定书》等联合国有关国际人权保护的三个公约。

相比于1959年《儿童权利宣言》，《儿童权利公约》最大、最显著的进步是首次对儿童的参与权进行了明确规定。儿童的精神需求由此被给予与儿童的生理和物质需求同等重要的法律地位。儿童的参与权集中规定在公约第12条至第17条。第12条是一项原则性规定，公约从两个方面对它进行了规定：一是明确赋予儿童一种参与权（第1款），即缔约国应当确保，能够形成自己看法的儿童在对他产生影响的一切事务上享有与其年龄和成熟度相适应的自由表达看法的权利。二是规定了实现参与权的基本方式，即在影响儿童的任何司法和行政程序中，按照与国内法的程序规则相一致的方式，应当通过代理人或适当的机构为儿童特别提供听取意见的机会。① 第13条至第17条列举规定了五方面的权利：表达自由的权利（寻求、接受、传递各种各样的信息和意见的自由），思想、信仰和宗教自由的权利，结社自由及和平集会自由的权利，隐私、家庭或通信不受任意或非法干预及儿童的荣誉和名誉不受非法攻击的权利，以及能够从多种国家和国际来源获得信息和资料（尤其是旨在促进其社会、精神和道德福祉和身心健康的信息和资料）的权利。这些权利既是儿童得以行使参与权的基础，又是儿童参与权得到实现的根本保证。公约由此为参与权构造了一种比较完备的体系。

由公约第12条规定所采用的“能够形成自己的看法”“在影响儿童的所有事情上自由地表达这些看法”“儿童的看法应根据儿童的年龄和成熟度而被给予应有重视”“尤其应当给儿童提供陈述看法的机会”等各种表达方式看，参与权本质上具有自我决定权的属性，对参与权的明确规定实际上承认了儿童享有一定程度的自我决定的能力（the capacity of children to self-determination）。不过，由于儿童表达自己看法的自由受其年龄和成熟度的限制，所以儿童的自我决定自由、权利或能力，只有与其年龄和成熟度相适应时，才能得到尊重和保护。但是，由公约

① 《儿童权利公约》第9条对参与权的实现方式也作了一种特别规定，即但凡因儿童与父母分离而进行的诉讼，所有利害关系方都应有机会参与诉讼并发表意见。

第 5 条的规定[①]看，参与权在儿童通向成年人之路上具有极其重要的意义和价值。“参与”能够发展积极的自我与有效决策意识及功效感、自信、对家庭和社区的归属感，满足儿童精神需求的发展潜力。值得一提的是，参与权促进了把儿童认可为同时代的必须被赋予发言权的市民，而不是仅把儿童看作未来的市民。[②] 在影响儿童利益的一切事务中，即使儿童不是最终的决策者，但其通过积极发表自己的看法，不仅有助于增进其对决策结果的理解和接受，而且能够使其认知、判断能力得到积极发展。这对于儿童摆脱稚气、快速走出儿童期并成长为具有独立思想、自由精神的成年人会产生积极影响。

在儿童权利委员会前书记玛尔塔·桑托斯·派斯（Marta Santos Pais）看来，公约第 12 条在规定儿童权利时把握了一种平衡：作为基本权利和自由的享有者的儿童与作为旨在确保其个体的协调发展并帮助其在社会中发挥建设性作用的特别保护接受者的儿童之间的平衡。[③]

参与权被视为与儿童发展有关的最具争议以及最重要的权利。由以上分析看，公约的基本做法是，国家不能把儿童看作其决策的对象，而应把儿童看作可以要求尊重他们的基本权利、依法保障他们的人类尊严以及考虑他们至上的利益和具体必需品的独立个体。公约的评论者常常以不同方式表达公约的进步性，例如，有人认为，公约拒绝了被看作“非市民的物主”（owner-not-citizen）的儿童概念，选择了作为“发展中的市民”（citizen-in-development）的儿童概念[④]；有人认为，公约的重要意义是，它正式把世界范围内的儿童的地位提升到具有自己权利的

---

① 该条规定，在儿童行使公约确认的权利上，父母或当地习俗认可的大家庭或社区成员、法定监护人或对儿童负有法定责任的其他人，应以与儿童不断发展的能力相一致的方式，提供适当的指导和引导。

② See Katherine Covell, The Case for the Convention on the Rights of the Child from the Perspective of Child Psychology, in *Child Rights: the Movement, International Law, and Opposition* (edited by Clark Butler), Purdue University Press, 2012, p. 39.

③ See Rebeca Rios-Kohn, *The Convention on the Rights of the Child: Progress and Challenges*, 5 Geo. J. on Fighting Poverty 139, 143 (1997—1998).

④ See Nuno Ferreira, *Fundamental Rights and Private Law in Europe: The Case of Tort Law and Children*, Routledge, 2011, p. 122.

人，摈弃了挥之不去的家父主义的儿童观，通过批准公约，各国都同意，儿童不仅是“崇高的目的”（noble causes），而且是“有价值的公民”（worthy citizens）[①]。

2014 年 11 月 20 日，儿童权利公约批准二十五周年联合国大会高级别会议（High-level meeting of the GA on the twenty-fifth anniversary of the adoption of the Convention on the Rights of the Child）总结《儿童权利公约》施行二十多年来的情况，再次强调了尊重儿童自治的必要性与重要性[②]：儿童和青年在这个多方利益相关者的伙伴关系中是必不可少的利益相关者。他们具有须被争取且不能被忽视的独特观点。儿童享有发表意见的权利，并享有在他们的社区中作为积极变革因素的权利。今天，儿童明确呼吁成年人确保，但凡影响儿童的决定，必须从与儿童和年轻人自身的商讨开始。[③]

除了上文提到的参与权外，儿童享有的如下两种基本权利也值得一提。

1. 受教育权

受教育权是公约赋予儿童的一项重要基本权利。1959 年《儿童权利宣言》即对“儿童有受教育之权”作了概括规定。《儿童权利公约》在赋予儿童受教育的权利之时（第 28 条），对缔约国如何在机会均等基础上逐步实现受教育权（第 28 条）及儿童教育的目的作出了详细规定（第 29 条）。关于教育目的的列举规定，向人们全面展示了公约认可和倡导的典型儿童形象：个性、才智和身心能力得到最充分的发展；尊重

① Katherine Covell, The Case for the Convention on the Rights of the Child from the Perspective of Child Psychology, in *Child Rights: the Movement, International Law, and Opposition* (edited by Clark Butler), Purdue University Press, 2012, p. 38.

② 会议主题是“《儿童权利公约》二十五年：世界对儿童是一个更好的地方？”（25 years of the Convention on the Rights of the Child: is the world a better place for children?）。

③ 原文为：Children and youth are essential stakeholders in this multi-stakeholder partnership. They have a unique perspective that must be sought and cannot be ignored. Children have the right to be heard, and to be active agents of change in their communities. Today, children specifically called upon adults to ensure that decisions that affect them must start with discussions with children and young people themselves.

人权与基本自由及《联合国宪章》所载各项原则；尊重自己的父母、文化认同、语言和价值观、所居住国的民族价值观、其原籍国及不同于其本国的文明；在各国人民、种族、民族和宗教群体及土著居民的人之间，本着体谅、和平、宽容、男女平等和友好的精神，在自由社会里负责任地生活；尊重自然环境。

卢梭在其著名的教育学著作《爱弥儿》中提出，“我们在出生的时候所没有的东西，我们在长大的时候所需要的东西，全都要由教育赐予我们”①，然后他根据儿童的年龄提出了对不同年龄阶段的儿童进行教育的原则、内容和方法。黑格尔认为：儿童的美德是学习的习惯。当达不到像成年人那样应当成为什么样的人的标准时，儿童就会察觉到自己。教育者应当着力帮助儿童认识到他们的成年潜力。一旦认识到自己与成年人之间的差距，儿童会采纳教育者的立场，并把成年看作他们必不可少的尚未实现的潜力。实现这种目标是学校教育的主要目的。② 因此，受教育权是应当赋予儿童的一项重要给养权，是儿童个性、才智和身心能力得到充分发展的主要途径，是儿童的参与权真正得以实现的前提条件和基础。

2. 尊严权

该权利主要规定在公约第 40 条第 1 款③，它包含三层意思：一是促进儿童的尊严和价值感；二是强化儿童对他人人权和基本自由的尊重；三是促进儿童重返社会与在社会中承担建设性作用的愿望。联合国大会决议《适合儿童成长的世界》（A world fit for children）也特别强调，儿童必须能够获得像建立自尊、冲突的解决方法、作出决定、相互沟通之类的知识和技能，以应对生活的挑战。这些观念和意见对

① ［法］卢梭：《爱弥儿》，李平沤译，上卷，8 页，北京，商务印书馆，1978。

② See Clark Butler, Children's Rights: An Historical and Conceptual Analysis, in *Child Rights: the Movement, International Law, and Opposition* (edited by Clark Butler), Purdue University Press, 2012, p. 15.

③ 其具体规定为：“缔约国确认被指称、指控或认为触犯刑法的儿童有权得到符合以下情况方式的待遇：促进其尊严和价值感并增强其对他人的人权和基本自由的尊重。这种待遇应考虑到其年龄和促进其重返社会并在社会中发挥积极作用的愿望。”

于反思与重构民法、刑法上的未成年人侵权责任能力、刑事责任能力具有重要意义。

三、未成年人保护的民法问题及法律机制

人的保护是民法的基本价值基础，以私法自治为圭臬的近现代民法，以维护人的尊严为根本，诚如《日本民法典》第 2 条（解释的基准）所作规定："对于本法，应以个人尊严及两性实质的平等为宗旨进行解释。"又如《德国民法典》第 1 条规定："人的权利能力，始于出生之完成。"该规定意味着，凡自然人出生，即当然享有私法上的权利能力，不因阶级、籍贯、宗教、年龄、性别等而有所区分（德国《基本法》第 3 条），权利能力不得任意抛弃之。[①] 我国《民法通则》与《民法典》以更为通俗易懂的语言规定：自然人从出生时起到死亡时止，具有民事权利能力，依法享有民事权利，承担民事义务；自然人的民事权利能力一律平等。这些规定尤其是《德国民法典》和我国《民法通则》《民法典》的规定，无任何差别或歧视地赋予人类的每一个个体同等的法律人格和地位，将民法以人的保护或关怀为法典之核心理念的法律观念充分彰显出来。

然而，人类生活实践告诉人们，不管个体之间的自然差别，不分条件地赋予每一个人行为自由，有时可能会与保护人、关怀人的法律价值背道而驰。人类的一些特殊群体，如儿童，受生长发育不成熟状况的先天制约，缺乏必要的行为理智或理性能力，如果放任他们像成年人那样自由地参与民事生活，其行为既可能导致自我伤害，又可能在与他人的社会交往中遭受恶意之人的侵害或者欺诈。洛克在《政府论》（下篇）

① 参见台湾大学法律学院台大法学基金会编译：《德国民法典》，7 页，北京，北京大学出版社，2017。

对此作出了非常精辟的阐述。[①] 其实，人类根据社会生活实践，也很早就认识到，人只有达到一个具备一定理智的年龄，才能真正地享有自由，才能真正成为把握自己命运的主人。[②]

在理性之光普照下编纂的近现代民法典确立了一些独特的未成年人保护机制，这些制度中的某些概念或制度，如成年人、未成年人、无行为能力、限制行为能力、监护等，甚至超出私法领域，成为其他法律的基础。

（一）未成年人制度

既然自由须以一定的理性或理智为前提，那么从维护人自身的存在这个被卢梭看作人性的首要法则出发，但凡论及人的自由，将人区分为理智的人与非理智的人则是一个符合逻辑的选择。在不可能对人的理智能力便宜地作出具体判断的情况下，根据人的理智随年龄增长而逐渐增强，并达某一年龄而趋于成熟的经验法则，人们遂将年龄当作判断一个人是否具备理智能力的基本标准。有关经验研究也证实：纵观童年时期，大多数青年人的成长和发展可以看作向更大、更强、更好方向的运动。在外形和力量上的发展尤其明显。儿童一天比一天更好地使用语言，在许多方面做出更好的思考，并能更好地处理情况。[③] 一些古代法律对此即有明确认识。例如，古罗马法规定，不满 7 岁的幼儿（infans），

① 洛克认为："每一个人对其天然的自由所享有的平等权利，不受制于其他任何人的意志或权威。""我承认孩童并非生来就处在这种完全的平等状态中，虽然他们生来就应该享受这种平等。他们的父母在他们出世时和出世后的一段期间，对他们有一种统治和管辖权，但这只是暂时的。他们所受的这种支配的限制，犹如在他们孱弱的婴儿期间用来缠裹和保护他们的襁褓衣被一样。随着他们的成长，年龄和理性将解脱这些限制，直到最后完全解脱而能使一个人自由地处理一切为止。"［英］洛克：《政府论》（下篇），叶启芳、瞿菊农译，34－35 页，北京，商务印书馆，1964。

② 如卢梭在其著名的《政府契约论》一书中所言："这种人所共有的自由，乃是人性的产物。人性的首要法则，是要维护自身的生存，人性的首要关怀，是对于其自身所应有的关怀；而且，一个人一旦达到有理智的年龄，可以自行判断维护自己生存的适当方法时，他就从这个时候起成为自己的主人。"［法］卢梭：《社会契约论》，何兆武译，修订版，9 页，北京，商务印书馆，1980。

③ See Susan S. Stodolsky, *Age Related Changes in the Individual: Childhood and Adolescence*, 57 Chi.-Kent L. Rev. 851, 853 (1981).

没有任何行为能力，应经由监护人实施财产性行为；已满 7 岁不满 14 岁（男）或 12 岁（女）的少童（infantia maior），享有有限的行为能力；满 14 岁（男）或 12 岁（女）的人，为适婚人，可以自由实施适法行为，且能独立承担相应的法律责任。①

随着社会关系变得越来越复杂，古罗马法对年龄对于行为能力的影响作出了新的调整。公元前 200 年左右制定的《莱托里亚法》引入新的年龄标准。该法保护未满 25 周岁的未适婚人，或者简单地称作未成年人（当代的未成年人概念由此产生），以使其免受欺骗。在罗马法的后古时期，未适婚大龄幼儿和未成年人的法律地位逐渐接近，但并未完全趋于同一。优士丁尼坚持了未适婚人和未成年人之间的区分。②

古罗马私法以年龄为标准对人的行为能力作出区分并赋予不同的人不一样的行为自由的做法，为近现代民法典所继受，由此也确立了由民法而不是其他法律规定成年年龄的立法传统。例如，1804 年《法国民法典》第 144 条规定，“男未满十八岁，女未满十五岁，不得结婚”；第 388 条规定，“男或女未满二十一岁者，为未成年人”。这两条规定，沿袭了古罗马法区分适婚年龄与成年年龄的传统。不过，1974 年 7 月 5 日修订后的《法国民法典》第 388 条规定：“男或女，年龄不满十八周岁者，是未成年人。”经此修改后，在法国，男性自然人的适婚年龄与成年年龄统一为年满 18 周岁。男性自然人的适婚年龄与成年年龄的区分因此作古。1900 年《德国民法典》第 2 条规定，年满 21 岁为成年；第 1303、1304 条规定，未成年人、无行为能力人不得结婚。由此可知，德国民法摈弃了区分适婚年龄与成年年龄的古罗马法传统。1974 年 12 月 31 日，《德国民法典》第 2 条规定的成年年龄也被修改为年满 18 岁。

法律规定成年年龄的根本目的，一方面是使成年人从父权或亲权之下解放出来，成为能够独立行为的人；另一方面是对未成年人在行为自

① 参见陈朝璧：《罗马法原理》，62－63 页，北京，法律出版社，2006；黄风：《罗马私法导论》，104－105 页，北京，中国政法大学出版社，2003。

② 参见［德］马克斯・卡泽尔、罗尔夫・克努特尔：《罗马私法》，田士永译，166－168 页，北京，法律出版社，2018。

由方面予以特别的保护或关照。民法关于未成年人行为自由的特别规定，主要立足于未成年人保护，本质上可称作未成年人制度。

(二) 未成年人之非完全行为能力制度

成年人原则上可以以自己的意思自主地实施民事法律行为，而对于未成年人的民事行为能力，法国民法与德国民法基于不同的理论采取了不同做法。根据《法国民法典》第 1124、1125 条的规定，未成年人无订立契约的能力，然而，未成年人对于其自己以契约订定的约束，仅于法律规定的情形下，得以无订立契约能力的理由提出攻击；与未成年人订立契约的有订立契约能力人，不得以其相对人无订立契约能力而主张契约无效。[①] 据此，未成年人并非绝对无订立契约能力，未成年人订立的契约并非绝对无效，而属于相对无效[②]，只可能由未成年人依法主张无效，相对人不得以对方无订立契约能力而主张契约无效。这种规定显然建立在以能否有利于未成年人而决定是否给予未成年人保护的“利益论”理论之上。1968 年 1 月 3 日，《法国民法典》第 1124、1125 条被修改为：未解除亲权的未成年人无缔约能力，有能力缔结契约并且受所订契约约束的人，不得以与其缔结契约的人无能力而主张契约无效。这种修改更加明确了法典在未成年人保护上所采纳的“利益论”思想。2016 年 10 月 1 日修订后的《法国民法典》新第 1146 条规定，“无契约能力是合同相对无效的原因之一”；新第 1151 条规定，“有缔约能力的缔约方可以通过证明法律行为对于受保护之人曾是有用的且未曾使之（因为订立的合同有失公平而）受到损害或者该行为已经惠及受保护之人，从而阻却向其提起的无效之诉”[③]。该修改在坚持传统的“利益论”思想的基础上[④]，也对与未成年人交易的相对人提供了适当保护，这可看作

① 参见《拿破仑法典（法国民法典）》，李浩培等译，北京，商务印书馆，1979。

② 参见［法］弗朗索瓦·泰雷等：《法国债法：契约篇》（下），罗结珍译，770－772页，北京，中国法制出版社，2018。

③ 李世刚：《法律新债法：债之渊源（准合同）》，139－140 页，北京，人民日报出版社，2017。

④ 《法国民法典》新第 1131 条第 1 款规定：“相对无效只能由法律旨在保护之人主张。”参见李世刚：《法律新债法：债之渊源（准合同）》，144 页，北京，人民日报出版社，2017。

修正的"利益论"思维。

《德国民法典》创造了法律行为概念并对它作了系统的专章规定，由此开创了一般性规定法律行为的立法模式。在关于法律行为的系统规定中，《德国民法典》首先对行为能力作了详细规定（第一节）。从立法技术上看，法典没有积极规定自然人的行为能力（完全民事行为能力），而是以消极方式规定：未满 7 岁者，无行为能力，无行为能力人之意思表示，一律无效；满 7 岁的未成年人，有限制行为能力，其所为意思表示，除纯获法律上利益外，应得法定代理人允许，未得法定代理人必要的允诺，所订契约，其效力系于法定代理人的追认，在契约未经追认前，相对人得撤回之。据此，《德国民法典》实际上以 7 岁为界限将未成年人保护区分为两种方法：不满 7 岁者，处于绝对受保护之中，无任何行为能力；年满 7 岁的未成年人，除纯粹获法律上利益的行为及法律明确规定可以实施的法律行为外，其实施法律行为须经法定代理人允许或追认。相对于《法国民法典》，德国民法对于未成年人的行为自由，明显采纳了"意思论"的思想。也就是说，法律保护未成年人的理论基础在于，未成年人在实施法律行为时，本质上无意思能力，而不是该法律行为对未成年人无利益可言。因为行为能力本质上属于一种"理智地形成意思的能力"[①]，无行为能力即为无意思能力，这是符合逻辑的结论。既然缺乏自主意思，无行为能力人之意思表示当然应绝对无效。因此，法律对未成年人在法律行为方面的保护方式，完全基于未成年人有无意思能力或有怎样的意思能力这个内在条件，而不从行为是否有益于未成年人进行纯粹的、外在的利益考量。

我国《民法通则》以 10 岁为标准对未成年人的行为能力亦作出无行为能力与有限制行为能力的区分。这种区分方法与德国法完全一样。但稍微不同于《德国民法典》的是，我国民法对于不满 10 岁的未成年人实施的民事法律行为，原则上规定无效（《民法通则》第 58 条第 1

① ［德］迪特尔·梅迪库斯：《德国民法总论》，邵建东译，409 页，北京，法律出版社，2000。

款）；例外地规定，对于接受赠与、报酬等行为，他人不得以无民事行为能力为由，主张行为无效。[①] 该例外规定，比较类似于法国民法的思维方法。由此不难看出，对于未成年人制度（非完全行为能力制度）的理论基础，我国采纳了以意思论为基础、以利益论为补充的混合立法例。《民法典》承袭了《民法通则》未成年人保护制度的二分法。

另外，值得一提的是，对于未成年人之无民事行为能力制度，我国民法学说与司法实践也承认另外一个例外情形，即无民事行为能力的未成年人实施的与其年龄、智力相适应的民事法律行为，应认定为民事法律行为有效。《民法总则》实施后，学说仍然如此认为。[②] 梁慧星教授认为，对于不满 8 周岁的未成年人实施的与其年龄、智力相适应的日常生活行为，应类推适用《民法总则》第 19 条末句关于限制民事行为能力人“可以独立实施纯获利益的民事法律行为或者与其年龄、智力相适应的民事法律行为”的规定，认为不满 8 周岁的未成年人（无民事行为能力人）独立实施的一些行为有效。[③]

据上可以看出，我国未成年人之无民事行为能力制度，完全不同于《德国民法典》及我国台湾地区“民法”上的同一制度，其法律效力不是一律、绝对无效，而是既可以例外地自始、确定有效，又可以例外地相对无效。此种复杂多样的效力形态主要基于利于保护未成年人的务实考虑。

（三）未成年人监护或亲权制度

亲权或监护是照顾、教育与保护未成年人的重要制度，在法律行为领域，是未成年人行为能力制度的延伸。亲权是父母对未成年人的人身和财产所享有的权利及承担的义务。1804 年《法国民法典》第 372、389 条规定，子女在成年或亲权解除前，均处于父母权力之下；父于婚

---

① 参见最高人民法院《关于贯彻执行〈中华人民共和国民法通则〉若干问题的意见（试行）》第 6 条。

② 参见魏振瀛主编：《民法》，7 版，59 页，北京，北京大学出版社、高等教育出版社，2017。

③ 参见梁慧星：《民法总论》，5 版，104 页，北京，法律出版社，2017。

姻关系存续中，管理其未成年子女的个人财产。监护是亲权的功能替代物。根据1804年《法国民法典》的规定，因夫妻一方自然死亡或民事上死亡而婚姻解除时，未成年并未解除亲权的子女，法律上当然由生存之父或母监护之（第390条）；后死之父或母可以为未成年子女指定监护人（第397－401条）；父或母未为子女指定监护人的，由未成年人的直系尊血亲依法监护（第402－404条）；如未成年且未解除亲权的子女，既无父母，亦无父母选任的监护人，又无男性直系尊血亲，或以上规定有监护人资格之人依法不能担任监护人，亲属会议为未成年人指定一名监护人（第405条）。20世纪后半期以来，随着妇女、儿童权利运动的深入发展，《法国民法典》规定的亲权与监护制度经历了相当大的修改。伴随着父权的式微，法律强化了父母对子女的义务，如根据1964年6月4日第70－459号法律新增的《法国民法典》第371－2条规定，保护子女安全、健康与道德品质的权力属于父与母。父与母对其子女有照顾、监督、教育的权利和义务。根据1964年12月14日第64－1230号法律修改的《法国民法典》第390条规定[①]，在父母双亲已去世或者处于第373条所指之一种情形时，监护即开始。根据1993年1月8日第93－22号法律新增的《法国民法典》第388－1条规定：在涉及未成年人的任何诉讼中，凡是有辨别能力的未成年人，均可以由法官或法官指定的人听取其意见如何，但不妨碍有关未成年人参加诉讼或表示同意的规定。

《德国民法典》关于父母子女关系的法律规定也于20世纪发生巨变，新的子女权利理论是推动变革的决定性力量。变革肇始于1979年7月18日的《关于重新规定父母照顾的法律》。该法特别强调了父母权力的义务本质，“父母权力”（elterliche Gewalt）概念被“父母照顾”（elterliche Sorge）概念所取代。为贯彻落实联合国《儿童权利公约》，德国1997年12月16日颁布了《修改子女权利的法律》。该法对于子女

① 原第390条规定，因夫妻一方自然死亡或民事上死亡而婚姻解除时，未成年并未解除亲权的子女，法律上当然由生存之父或母监护之。

的权利予以进一步强调，在德国民法发展史上，它首次把子女与父母的交往看作一种独立的权利予以具体规定。① 经过两次重大修改后，《德国民法典》第 1626 条对亲权作出如下一般规定：父母对于未成年子女有照顾之义务及权利（父母之亲权）。父母之亲权包括对子女人身（人身照顾）及财产（财产照顾）之照护。父母照护教养子女时，应注意子女成长能力及需求，而使其培养成为能独立自主之负责行为（的人）。视子女成长情况而以适合者为限，父母应与子女检讨关于亲权行使之问题，并力求双方意见之一致。为子女之利益，原则上应使子女得与父母双方会面交往之权。与子女有联系之第三人，以维持其交往对于子女成长有必要者，亦有会面交往之权。②

《德国民法典》同样采纳了区分亲权与监护的立法例。除了关于亲权的专门规定外，《德国民法典》还专节规定了监护。根据其第 1773 条的规定，未成年人未受亲权照护，或其父母就未成年人之人身或财产之事务无代理权者，应为其设置监护人。自 1992 年废除禁治产制度之后，《德国民法典》关于监护的规定，仅剩余未成年人照顾制度，对于成年人则适用新设立的照管制度。

在抚养、教育、照顾、保护未成年人上，我国《民法通则》未采纳法国、德国等国民法典区分亲权与监护的立法例，而是采用了将亲权的内容纳入监护制度予以统一构造的做法。在构造监护制度时，《民法通则》吸收传统亲权制度的思想，将父母明确规定为未成年子女的当然的、首要的监护人，只有未成年人的父母已经死亡或者丧失监护能力时，依法应承担监护责任的自然人或者单位，才应当依据法律规定的监护人顺位担任监护人。不过，《民法典》在继承《民法通则》的监护制度时，也作出了一些新规定。第一，强化了父母对未成年子女的抚养、教育和保护的义务（第 26 条第 1 款）；第二，明确规定父母可以通过遗

---

① 参见［德］迪特尔·施瓦布：《德国家庭法》，王葆莳译，259－260 页，北京，法律出版社，2010。

② 参见台湾大学法律学院台大法学基金会编译：《德国民法典》，北京，北京大学出版社，2017。

嘱为未成年子女指定监护人（第29条）；第三，以“最有利于被监护人的原则”与“尊重被监护人的真实意愿”的表达方式（第35、36条），将联合国《儿童权利公约》的“儿童的最大利益”原则融入了监护制度的构造中；第四，《民法典》第35条第2款所作“未成年人的监护人履行监护职责，在作出与被监护人利益有关的决定时，应当根据被监护人的年龄和智力状况，尊重被监护人的真实意愿”的规定，贯彻了《儿童权利公约》的“逐步发展的儿童能力”原则，明确承认了未成年人的参与权、自治权；第五，建立了监护人资格撤销和恢复制度（第36、38条）。这些新增规定强化了对未成年人的系统保护，明确凸显了未成年人享有一定自治权的法律地位。

但是，对于落实“儿童的最大利益”原则具有重要价值的监护监督制度[①]，《民法典》未作出任何规定。《民法典》关于监护的规定仍然存在进一步发展的可能性。

（四）未成年人侵权责任能力制度

未成年人的举止或行动致害于他人时，其应否对此独立承担损害赔偿责任，或者应在何种条件下承担损害赔偿责任，攸关未成年人之成长或生存、发展利益。如果严格按照私法自治原则，要求未成年人一律应对其行为负责，那么可能会对未成年人尤其幼小儿童的人格发展造成不利影响；如果完全从未成年人监护制度考虑，认为未成年人的监护人应无条件地对未成年人的一切不当行为负责，则对培养未成年人敢于担当的独立意识和人格，也会带来消极后果。为平衡上述两个极端做法，现代民法对于未成年人的侵权责任能力大多作了区分性规定。

总体看来，关于未成年人的侵权责任能力，有如下几种立法模式。

---

① 如根据《法国民法典》第389-2条与第389-3条的规定：如父母双亲中有一人已去世或者处于第373条所列情形之一（丧失或被剥夺亲权），法定管理在监护法官的监督下实施；在父与母已经离异或分居，或者在未成年子女系非婚生子女时，除父母双亲共同行使亲权之情形外，法定管理亦受监护法官的监督。在法定管理人的利益与未成年人的利益相抵触时，法定管理人应当请求监护法官依职权任命一名管理人（1993年1月8日的93-22号法律），在法定管理人未作此种努力时，法官得应检察机关或未成年人本人的请求，或者依职权任命管理人。

第一，采以年龄为原则、识别能力为例外的判断标准。《德国民法典》第828条是典型立法例，依据该条规定：未满7岁之人，就其所加于他人的损害，不负责任。满7岁但未满10岁之人，就其于动力车辆、轨道电车或空中缆车之事故所加于他人的损害，不负责任，但故意造成侵害的，不适用之。未满18岁且其责任未依第1款或第2款规定排除之人，在为加害行为时，未具识别其责任所必要之能力者，就其所加于他人的损害不负责任。

第二，纯粹以年龄作为判断标准。1964年《苏俄民法典》第450、451条的规定是典型立法例。[①] 新《荷兰民法典》可看作这一立法模式的最新立法例。根据新《荷兰民法典》第6：164条和第6：165条的规定：不满14岁未成年人的举止（conduct）不能作为不法行为（unlawful act）归责于他。14岁或14岁以上的人在精神或身体残障影响下作出的举止（conduct）必须被视为一种行为（an act），不妨碍作为一种不法行为归责于他。[②]

第三，以抽象的辨识能力作为判断标准。《日本民法典》第712条是典型立法例，据此条规定，未成年人[③]对他人施加损害的情形，不具备足以辨识自己行为责任的智力时，对其行为不负赔偿责任。

第四，采纳未成年人原则上不承担侵权责任、有财产的未成年人则例外地承担损害赔偿责任的判断标准。该模式由《民法通则》第133条所创造。从法律继受方面看，《民法通则》第133条实际上可以看作1964年《苏俄民法典》第450、451条规定的简化版。《侵权责任法》

---

① 这两条规定：未满15岁的未成年人所造成的损害，未成年人的父母或监护人，或未成年人所在学校、教育或医疗机构，不能证明损害不是由于他（它）们的过错所致，则应当承担责任（第450条）。15岁至18岁的未成年人对他们所造成的损害，依照一般规定，承担责任。在15岁至18岁的未成年人没有足够的财产或工资赔偿损害时，损害的相应部分应当由他的父母或保护人赔偿，如果父母或保护人不能证明损害不是由于他们的过错所致。当造成损害的人达到成年时，或者在他未达到成年之前已有足以赔偿损害的财产或工资时，则他的父母或保护人的上述义务即行终止（第451条）。根据1964年《苏俄民法典》第11条的规定，年满18为成年。

② 新《荷兰民法典》第1：233条规定，年满18岁为成年。

③ 《日本民法典》第4条规定，年满20岁为成年。

第 32 条承袭了《民法通则》的这种规定。《民法典》第 1188 条完全承继了《侵权责任法》第 32 条。

显然，我国民法确立的这种原则上由监护人对未成年人的致害行为承担侵权责任的立法模式，在未成年人保护上几乎接近于不使未成年人承担任何侵权责任的极端做法，由此使民法对未成年人的爱护表现为一种过于极端的溺爱。这非常类似于传统的福利主义儿童保护理论，而与当今世界各国完全接受的未成年人为独立的权利和自治主体的儿童权利理论和立法，已显得格格不入。

四、结语

人的保护是近现代民法最根本的价值追求。未成年人作为处于渐进发展中的特殊人类群体，自古罗马法以来，私法即设置一些特别规则对其予以适当保护，作为范式法典的《法国民法典》和《德国民法典》承袭了古罗马法在未成年人保护上的一些制度。20 世纪以来，以联合国《儿童权利公约》为重要标识，关于未成年人保护的理念和立法发生根本性变革，未成年人不再被单纯地视为消极、被动的受保护者，而是被普遍承认为可享有基本权利和自由的自治主体。在新的法律观念影响下，《法国民法典》《德国民法典》《瑞士民法典》等在未成年人制度、亲权与监护制度、未成年人侵权责任能力制度等方面皆对民法典作出了不同程度的革新。我国也应当顺应新的未成年人权利理论，以新的法律观念或思想解读、续构《民法典》。

未成年人保护与民事行为能力制度

未成年人是成长中的市民，即使像《儿童权利公约》那样从“儿童的最大利益原则”出发把未成年人看作基本权利的享有者，根据“逐渐发展的儿童能力原则”，未成年人也仅仅具有与其年龄、智力发展的成熟度相适应的意思能力或理性能力。儿童能力的渐进发展性及由此决定的不完全性、局限性，在民法上提出了如何在民事活动中给予未成年人特别保护的问题。其实，不惟未成年人，一些具有精神智障的成年人，因理性能力发生减损或亏缺，亦同样需要在民法上予以特别保护。① 虽然未成年人与成年人同样存在理性能力不足的问题，但二者理性能力不足的发生状况则有显著差异。未成年人的理性能力不足，根源于其身心发展的渐进性、不成熟性，此乃任何一个人类个体在发育、成长过程中必然遭遇的一般性问题，具有内在性、普遍性和阶段性。而成年人的理性能力不足，是自然人在身心发育成熟（成年）之后，显现出或遭受到的特殊智力障碍问题，通常表现为一个偶然的、个别的或暂时的不正常现象。即使一个人自出生时起或于成年后一直遭受智力障碍之患，但这种现象也只会发生于个别人类个体身上，与未成年人在幼小时期普遍表现出的无意思能力现象，完全不同。基于未成年人与成年人在理性能力不足上所存在的这种差异，民事行为能力实质上主要是一项以未成年人保护为构造核心的民法制度。根据未成年人之理性能力的发展状况，无

---

① 《奥地利普通民法典》(2012 年 7 月 25 日修改）第 21 条第 1 款明确规定，未成年人以及因其他原因而部分或全部不能妥当处理自己的事务的人，受到法律的特别保护。参见《奥地利普通民法典》（2012 年 7 月 25 日修改），周友军、杨垠红译，北京，清华大学出版社，2013。

民事行为能力制度及限制民事行为能力制度从民事法律行为方面给予未成年人不同程度的优先保护。

本部分将着眼于整个民事行为能力制度，研讨民事行为能力制度如何给予未成年人特殊保护及给予未成年人什么样的特殊保护。

一、民事行为能力的规范重点、本质及内在利益冲突

（一）私法自治、意思能力与行为能力

近现代民法信奉个人自由主义，认为自由是人与生俱来的权利。然而，如近代英国政治思想家洛克在《政府论》中所言：人的自由和依照他自己的意志来行动的自由，是以他具有理性为基础的，理性能教导他了解他用以支配自己行动的法律，并使他知道他对自己的自由意志听从到什么程度。在他具有理性来指导他的行动之前放任他享有无限制的自由，并不是让他得到本性自由的特权，而是把他投入野兽之中，让他处于和野兽一样的不幸状态，远远低于人所处的状态。[①] 即是说，真正的自由是有条件的，缺乏理性指导的自由，其实无自由可言，只会带来被欺诈、伤害的不自由状态。私人自治是行为自由在私法领域内的一种展现，也应当遵循自由的一般原理。诚如德国学者所言：私人自治作为民法的原则使得个人能够依其意志缔结法律行为，不过，只有当行为人明白其意思表示的后果时，这才有意义。[②] 因此，旨在对人们在社会共同生活之相互关系中的权利、义务和风险作出分配的民法[③]，在赋予每一个人类个体独立的法律人格（如每个人皆享有民事权利能力）之时，同

---

① 参见［英］洛克：《政府论》（下篇），叶启芳、瞿菊农译，39－40页，北京，商务印书馆，1964。

② Vgl. Ignacio Czeguhn, Geschaeftsfaehigkeit-beschraenkte Geschaeftsfaehigkeit—Geschaeftsunfaehigkeit, Erich Schmidt Verlag GmbH &Co., 2003, S. 26.

③ 德国学者施瓦布认为，民法由其功能所决定：它确定在一个社会当中共同生活的人们相互之间的法律地位。就法律技术而言，这主要由此而实现，即由民法来分派这些人在相互关系当中的权利、义务和风险。参见［德］迪特尔·施瓦布：《民法导论》，郑冲译，3页，北京，法律出版社，2006。

时为私法主体践行私人自治确定了一定的理性标准，即行为人必须具备理解和判断其行为内容、后果的能力。修改后的《日本民法典》第3条之二将这种能力称作意思能力，并将该概念当作建构、理解行为能力制度的基础。《瑞士民法典》将这种能力称作判断能力，同样把它看作行为能力制度的核心概念。其他国家或地区的民法学说与判例一般也都承认意思能力或判断能力这样的概念或用语，并以这样的概念或用语为基础理解或解释其民法上的行为能力制度。[①]

意思能力或判断能力是由人的心智、经验等因素综合形成的禀赋，是内在的、主观的、因人而异的。对于同一事项或类似行为，不同的人常常存在不一样的认识、理解。在民事交易中，判断一个人是否具有意思能力，只有对其实施交易时的意思能力状况进行个别审查，才能确知行为人的意思能力状况，才能确定是否对该人提供特别保护及提供何种程度的特别保护。但是，换个角度看，这种建立在个体差异之上的主观主义方法，必然会产生两种后果：第一，对于肯定或否定当事人一方具有或不具有意思能力，法律行为的当事人双方或一方必须提供证据予以证明。意思能力的内在性、主观性有时会使这种证明显得非常困难，有时会使之付出比较大的代价（如需要司法鉴定）。第二，纠纷发生并诉诸法院时，裁判者需要为认定意思能力之有无付出一定代价。当当事人提供的证据需要进一步鉴别和仔细认定时，裁判者的最终决定时常会存在一定的不确定性。显而易见，这些后果既会增加受保护者的交易成本，又会使交易相对人陷入诸多不确定性之中。

为减少交易成本，并兼顾交易安全，近现代民法在判定意思能力上采纳了两种规范方法：原则上以年龄为标准对意思能力之有无作形式的、客观的判断；例外情形下，以主观主义方法为标准对肯定或否定意思能力的主张进行判断。对于以年龄为标准的客观主义判断方法，法律以意思能力概念为基础构造了行为能力概念，并使行为能力概念超越意

① 德国学者认为，行为能力本质上属于一种“理智地形成意思的能力”。参见［德］迪特尔·梅迪库斯：《德国民法总论》，邵建东译，409页，北京，法律出版社，2000。

思能力成为一个法定概念。相应地，无行为能力或限制行为能力替代无意思能力或有限的意思能力，成为重要的法律概念。在行为能力概念主导下，为主观主义判断方法所采用的意思能力概念，作为一个法定概念则从属于行为能力概念，并构成行为能力制度的一个组成部分。

以上分析，可图示如下：

行为能力
- 客观主义思维 ⇨ 行为能力
  - 完全行为能力
  - 限制行为能力
  - 无行为能力
- 主观主义思维 ⇨ 意思能力

总之，民事行为能力是为了克服意思能力概念在适用上的局限性而对该概念予以客观主义思维的产物，其内核是意思能力，构造基础是对理性能力欠缺者的特别保护。意思能力则由来于作为私法根本原则的私法自治或意思自治，它本质上是指理性地或理智地自由行为的能力。民法之所以在赋予每一个人民事权利能力之时，紧接着对自然人的意思能力或行为能力作出具体规定，主要目的是以意思能力或行为能力制度为自然人实施法律行为设置一个保护阀，为欠缺意思能力者参与民事法律行为提供一个特别保护手段。因此，私法自治、意思能力与行为能力之间既在精神血脉上存在着紧密的内在关联，又在规范形式上构成具有逻辑关系的概念体系。对理性能力不足者特别是未成年人提供特别保护，是行为能力制度的出发点；减少交易成本，并兼顾交易安全，是构建行为能力制度的重要价值观念。

（二）民事行为能力的规范政策

民事行为能力本质上是一种意思能力，即理智地形成意思的能力。意思能力与行为能力的这种关系，提出了不能理智地形成意思时不应具备行为能力或不应具有完全行为能力及无行为能力者如何实施法律行为等问题。因行为自由是近现代私法的根基，是意思自治的前提，因此，根植于意思自治沃土的民事行为能力制度，在法律构造上必须坚持如下法政策主张：既然每一个人原则上是自由的，可以自主意思形成私法关系，那么，每一个人原则上也应享有民事行为能力。这种法政策主张在立法政策上表现为：在规定民事行为能力时，应把自然人具有民事行为能力作为一项不言自明的一般规则；不具有或欠缺民事行为能力作为一种例外情况，应予以特别规定。[①]《德国民法典》、《日本民法典》及我国台湾地区“民法”在规定行为能力制度时即贯彻了此种立法政策。它们没有积极地直接规定，人在什么情况下具有民事行为能力，而是消极地特别规定，人在何种情况下无行为能力或享有有限的行为能力。以我国台湾地区“民法”的规定为例，其第12、13条只对何谓“成年”（满20岁为成年）以及未成年人无行为能力、有限制行为能力、（特别情况下）有行为能力等问题作了直接规定[②]，而未像《民法通则》第11条第1款那样对成年人具有完全民事行为能力也作出明确规定。此种立法直接把行为能力制度的规范意旨——对未成年人或意思能力欠缺者予以特别保护——显现出来。

因此，行为能力制度的规范重心在于如何规定无民事行为能力或限制民事行为能力。应如何规定无民事行为能力或限制民事行为能力，取决于立法者如何看待限制或剥夺人的民事行为能力这个重要问题。

（三）行为能力制度构造的价值考虑因素

民事权利能力制度只是抽象地解决了自然人基于出生这个法定事实（事件）即可无差别地、平等地获得享有民事权利、承担民事义务的资格这个问题。在人人平等地享有民事权利能力的前提下，是否享有民事行为能力，或者可享有何种限度的民事行为能力，对任何一个自然人从事民事活动、实施民事法律行为、取得民事权利及承担民事义务会产生至深影响。具言之，民事行为能力不仅直接关系到一个人行使其基本财产权的可能性，而且关系到一个人依其意思实施法律交往的可能性。剥夺或限制人的民事行为能力，基本上等于取消或限制了人自主行为的各

① 德国学者在解释《德国民法典》时指出：民法典以任何人均具有行为能力的原则为出发点，并在第104条及以下中规定了完全行为能力不允许被假定的情形。参见［德］本德·吕特斯、［德］阿斯特丽德·施塔德勒：《德国民法总论》，于馨淼、张姝译，303页，北京，法律出版社，2017。

② 我国台湾地区“民法”第13条规定：“未满七岁之未成年人，无行为能力。满七岁以上之未成年人，有限制行为能力。未成年人已结婚者，有行为能力。”

种可能性。[①] 行为自由如果被剥夺或受到较多限制，未成年人通过积极参与社会生活而培养、发展社会交往能力、独立人格意识的机会或条件，会被严重抑制。因此，在人人平等地享有民事权利能力的前提下，民事行为能力制度实质上成为直接决定未成年人的私法地位甚至是未成年人的自由发展的法律制度。剥夺或限制未成年人的民事行为能力因而不只是一个简单的私法问题，在很大程度上也应当看作会对未成年人的基本权利产生重大影响的宪法性问题。基于此，无民事行为能力或限制民事行为能力制度的确立必须建立在一个十分充分的、足以对抗行为自由原则的根据之上。

当性别歧视观念被逐出民法之门后[②]，平等观念完全渗透到民事行为能力制度的具体构造中，即是说，“如同权利能力一样，法律行为能力也要遵循平等的要求：原则上，所有公民都具有法律行为能力，并且具有同等程度的法律行为能力。”[③] 这要求，如非十分特别的事由，民事行为能力的剥夺或限制，必须从人性本身（对此人人皆一样）寻找正当性依据。这无疑将问题引申到民事行为能力的本质这个话题上来了。如果认为民事行为能力是人理智地形成意思的能力，那么，在人不能理智地形成意思，从而无法理性地参与民事活动时，为其提供适当的保护，使其在他人的关爱、照顾下享有权利、承担义务，从而免遭他人损害，无疑是一种比较合理的做法。这其实也是人类共同体所应担当的一种自然的道德责任。即是说，同情、关爱弱者这种最基本的人类情感，在一定程度上可以为防止行为自由的泛滥筑起一道安全保障之堤。作为民事行为能力制度之补充的亲权或监护制度[④]，为以上结论提供了充足

① 我国台湾地区“民法”第16条规定：“权利能力及行为能力，不得抛弃。”

② 1898年生效的日本民法典第14条至第18条专门规定了“妻的无能力”。这种具有严重性别歧视的规定，直至1947年才被删除。

③ ［德］迪特尔·施瓦布：《民法导论》，郑冲译，119页，北京，法律出版社，2006。

④ 已故民法学家谢怀栻教授明确指出，民法既然规定公民中有一部分是无民事行为能力和限制行为能力的人，对于这一部分人，就要规定一种保护他们的制度。监护制度就是这样的制度，它是行为能力制度的补充。参见谢怀栻：《民法总则讲要》，86页，北京，北京大学出版社，2007。

的实证法依据。

如果认为给弱者以爱护是一项毋庸置疑的人道原则，那么，如何给弱者以关爱，即如何让爱的情感恰如其分地体现出来，以免因不及或过分而损及被爱者的行为自由，则非常值得仔细斟酌。民事行为能力既然本质上是一种意思能力，那么对于意思能力之有无，立足于当事人的每一具体行为加以审查，然后再判定其行为后果应以有效或无效加以对待，才切合实际。然而，如此而为势必费时费事，且有碍交易的敏捷与安全。因而，法律遂以人的年龄及精神障碍为标准，对行为能力作出有行为能力、无行为能力或有限制的行为能力的类型化区分，并由此便宜地判断法律行为是否具有法律约束力，至于行为人真实的意思能力如何，则不做深究。[①] 类型化、形式化的民事行为能力制度由此而生。

虽然民事行为能力制度在构造上必须纳入交易相对人之视角，将交易的便捷与安全融入其中，但是，因其规范重点在于，人在何种程度下无行为能力或仅有受限的行为能力，所以给意思能力欠缺者以适当的关爱与保护，应为其立足之本[②]，交易的便捷与安全思想虽然不可或缺，但并非起根本作用的价值观。受此影响，由利益冲突的观念看，在民事行为能力制度中，如果存在非此即彼或强弱分明的利益组合关系的话，那么，无行为能力人或限制行为能力人之交易相对人应得到怎样的保护，必须以行为能力欠缺者受保护的程度进行丈量。关于本人利益保护与相对人利益之保护，以相对人之信赖受保护程度看，显现了不同的强弱组合关系状况。无民事行为能力贯彻了行为能力欠缺者应受绝对保

---

① 参见郑玉波：《民法总则》，121－122 页，北京，中国政法大学出版社，2003。德国学者梅迪库斯认为：将行为能力的欠缺等同于具体地、理智地形成意思能力的欠缺，本来倒是一种合乎逻辑的做法。然而这种做法却与法律交往要求的简便性和安全性格格不入。一个人在从事每一项法律行为之前，不可能对行为相对人或行为对方进行某种形式的“成熟测试”。因此，民法典对行为能力受限制的情形主要进行了类型化。只有在例外情况下，才真正地以从事法律行为的行为人的具体判断能力作为考察标准。参见［德］迪特尔·梅迪库斯：《德国民法总论》，邵建东译，409－410 页，北京，法律出版社，2000。

② 李宜琛先生认为：“查无能力制度之由来，原系为保护无能力者个人之收益而设，若因此而使其相对人获得不测之损害，且影响及于一般交易之安全，自不得谓为法理之平。”李宜琛：《民法总则》，175 页，北京，中国方正出版社，2004。

护、相对人之信赖不受任何保护的思想[①]；在限制民事行为能力与完全民事行为制度中，相对人受保护的程度则呈现了逐步增强的趋势，相应地，本人受保护的状况也由优先保护逐步退位为平等保护。

二、民事行为能力的区分方法及类型体系

民事行为能力是践行私法自治的一种特别保护机制。鉴于私法自治原则的普遍性、根本性，自然人享有完全民事行为能力，仅在例外情形下不享有民事行为能力，应是基本的法律政策。在不能对人的意思能力依个案做逐一判断的情况下，如何确立判断有民事行为能力与无民事行为能力的外在标准，则成为重要问题。

（一）成年与未成年的区分

自然人的生长发育一般遵循一个明显的发展规律：随着年龄的增长，人的身体、心理、智力、德性等越来越向更高、更大、更强、更优的方向发展，这种渐趋增强的渐进性发展，通常是无法阻挡并不可逆转的。但是，人在身体、智力上的发展不是永不停歇或没有尽头的，而是成长、发展到一个特定的年龄时，人的心理、智力等内在的精神状况或能力则趋于一个比较成熟的状态。进入该年龄阶段后，一个人通常可以独立、自主地参与各种社会活动。人在心智上发展至成熟的状态，被称为成年。为了便于识别，同时也是出于无法对人的内在智力状态进行测评的无奈，人们根据人的智力或精神状态随年龄增长而增进至特定年龄

---

① 在设置无行为能力制度的德国及我国台湾地区，无行为能力人受绝对保护，相对人对交易的信赖不受保护，这是立法思想。参见［德］卡尔·拉伦茨：《德国民法通论》（上册），王晓晔等译，142 页，北京，法律出版社，2003。德国学者梅迪库斯因此认为："无行为能力及其原因无需具有可识别性。因此，他方当事人完全可能在没有任何过失的情况下信赖某项行为的有效性，而该项行为实际上因（行为人）没有行为能力而无效。我们的法律制度从来不是因为对交易能力的诚信导致交易效力而保护这种信赖：法律之所以规定了（无行为能力人从事的行为的）无效性，恰恰是为了保护无行为能力人。这种保护应当与对方当事人的善意或者恶意无关。""在通常情况下，每一个人都应当自行承担碰见无行为能力人并因此遭受信赖损害的风险。"参见［德］迪特尔·梅迪库斯：《德国民法总论》，邵建东译，417 页，北京，法律出版社，2000。

后趋于成熟的一般认识[①]，把年龄当作成年的判断标准。

但是，从法律上看，成年主要是一个近代法以来的概念，其意义经历了明显的时代变迁。在古代，家子或家女处父权支配之下，无论年龄大小均无自由可言。以《法国民法典》为代表的近代民法之所以规定成年制度，主要是为了将依法成年的人从父权之下解放出来，能够以独立的法律人格自由地从事民事活动。[②] 至《德国民法典》之时，一切自然人自出生时起皆具有权利能力且在法律上一律平等的原则得到普遍承认，民法上成年制度的规范重心由此发生重大嬗变：从把人从父权之下解放出来转变为，对未成年的自然人（未成年人）予以特别保护。为缓和以年龄作为唯一的成年标准所可能产生的极端或僵化后果，使事实上具备意思能力但未达成年年龄的自然人获得行为能力，《德国民法典》与《瑞士民法典》等一开始皆明确规定了未成年缓冲制度——成年宣告制度，即法院可根据申请宣告接近成年的未成年人成年，从而使他们提前享有行为能力。

由于成年主要由年龄所决定，所以关于成年的规定，主要表现为对成年年龄的规定。从比较法上看，对此存在不同的立法例。第一，仅对未成年的年龄作出明确规定，据此以反对解释方法得出成年年龄。如《奥地利普通民法典》第 21 条规定，未成年人是不满 18 周岁的人。第二，对未成年与成年皆作出明确界定。如《法国民法典》第 388 条规定，男或女未满 18 岁者，为未成年人；第 488 条规定，满 18 周岁为成年。第三，仅对成年年龄作出明确规定，《德国民法典》《日本民法典》《瑞士民法典》等皆采用此种立法模式。这些规定之间的差异主要体现在立法技术或方法上，就立法目的而言，它们都是为了对应当给予特别保护的自然人划定一个最高年龄上限。

我国《民法通则》选取了仅仅规定成年年龄的做法（第 11 条第 1

---

① 胡长清认为，“吾人之智识经验，通常与年俱进，未达相当年龄之人，多不能熟权利害”。参见胡长清：《中国民法总论》，76 页，北京，中国政法大学出版社，1997。

② 《法国民法典》规定，“解除亲权的未成年人不再处于其父与母的权力之下”（第 482 条）；“解除亲权的未成年人，如同成年人，有进行一切民事行为的能力”（第 481 条）。

款),《民法典》第 17 条在承继《民法通则》第 11 条第 1 款的规定的基础上,还对未成年人的年龄作出如下规定:不满 18 周岁的自然人为未成年人。这样做主要是考虑了立法的明确性、易理解性。

(二) 完全民事行为能力与非完全行为能力的区分

成年与未成年都为法律事实(状态),会产生特定的法律效果。根据《民法通则》第 11 条第 1 款与《民法典》第 18 条的规定,自然人一旦成年,则享有完全民事行为能力,可以独立实施民事法律行为。根据《民法通则》第 12 条和《民法典》第 19、20 条的规定,未成年意味着无民事行为能力或者仅享有有限的民事行为能力。因此,成年与未成年的区分,在法律效果上意味着完全民事行为能力与非完全民事行为能力的类型区分。

然而,从比较法上看,其他国家或地区的民法典通常不像我国民法这样对成年人享有完全民事行为能力作出明确规定。① 他们在对成年年龄作出规定后,笔锋直接转向重点规定未成年人之无民事行为能力或限制民事行为能力以及成年人不享有完全民事行为能力的情况。此种立法的基本考虑是,既然自然人享有民事权利能力,那么其原则上应具有独立实施民事法律行为的能力(完全民事行为能力)。这在立法上突出体现为:在规定民事行为能力时,应把自然人具有民事行为能力作为一项不言自明的一般规则;而不具有或欠缺民事行为能力作为一种例外情况,应予以特别规定。

在苏联民事立法与学说的影响下,我国《民法通则》第 11 条第 1 款对完全民事行为能力的享有也作出了明确规定。萧规曹随,《民法典》第 17 条不加批判地继承了《民法通则》的规定。这样的规定看起来比较利于增强法律的易接受性,但不利之处也比较明显,即它使很多人不能轻易地看到,民事行为能力制度的本旨,是为了对未成年人及意思能力有缺陷的成年人提供必要保护。由《民法典》制定过程中学界对本条

① 《法国民法典》第 488 条的规定可看作一种例外,该条第 1 款第二句规定,满 18 周岁的人,有能力实施民事生活之所有行为。

规定不持任何异议的学术态度看，包括立法者在内的很多人并没有意识到此种立法模式的缺陷。

（三）两级制行为能力与三级制行为能力的区分

从比较法上看，民事行为能力的类型化有两级制与三级制之分。

所谓两级制民事行为能力，是指以年龄为标准类型化民事行为能力时，仅对自然人作成年人与未成年人的区分，并在此区分之上规定：成年人原则上享有完全民事行为能力，可以独立实施法律行为；例外情形下，其民事行为能力依法受到限制（如《法国民法典》第488条与第491-2条）。未成年人原则上无缔结契约的能力，法定管理人代理未成年人进行所有民事行为（如《法国民法典》第389-3条与第1124条），或者，未成年人实施法律行为原则上应经其法定代理人同意，只要未征得同意，未成年人所为法律行为可被撤销（如《日本民法典》第4、120条）。

不设置以年龄为判断标准的无行为能力制度，是两级制行为能力制度的最大特色。在两级制行为能力制度下，未成年人不会因为未满特定年龄，而被抽象地、“一刀切”地认为无行为能力。这种行为能力制度仍然承认无行为能力制度，只不过，其在判断未成年人是否为无行为能力人时，不是依据年龄标准，而是根据有无意思能力进行实质性判断。例如，《日本民法典》第3条之二规定，法律行为的当事人为意思表示时如无意思能力，其法律行为无效。

三级制民事行为能力制度，是指以年龄为标准将自然人的民事行为能力划分为（完全）民事行为能力、限制民事行为能力、无民事行为能力三类。成年人（18或20周岁以上）有（完全）民事行为能力，某一周岁（如7岁）以上的未成年人有限制民事行为能力，未满某一周岁（如7岁）的未成年人无民事行为能力。《奥地利普通民法典》《德国民法典》《希腊民法典》及我国台湾地区“民法”等采纳这种立法例。

三级制行为能力的特别之处是，以年龄为标准，对未成年人的行为能力状态作无行为能力与限制行为能力的区分。相对于限制民事行为能力，无行为能力意味着，未成年人实施的法律行为自始、确定、绝对地无效，即使该未成年人实质上具有意思能力或者由法律行为纯获法律上利益，也无例外。相比于以意思能力判断有无行为能力的制度，以年龄来确定有无行为能力，实际上是不管未成年人真实的意思能力状况，仅仅凭借一个统一的形式标准对行为能力予以抽象、客观的判断。这种方法完全忽视了未成年人在意思能力方面的个体差异。

我国《民法通则》采纳了三级制民事行为能力制度，《民法典》应否继承三级制民事行为能力制度，在《民法总则》制定之前及制定期间，曾引起一些争论。一些学者从《儿童权利公约》确立的儿童权利思想出发，建议采纳两级制民事行为能力制度。但《民法总则》最终还是沿袭了《民法通则》的三级制民事行为能力制度。《民法典》完全吸收了《民法总则》的规定。

三、未成年人之行为能力状态及其规范意义

我国民法上的民事行为能力概念，在其他国家或地区的民法学说、立法或判例中，一般简洁地称作行为能力。《民法通则》之所以与众不同地使用民事行为能力概念，与它将私法领域内的交易、关系、行为、权利、责任等称作“民事活动”“民事关系”“民事法律行为”“民事权利”“民事责任”等的概念思维方式紧密相关。为保持法律的连续性，《民法典》承袭了《民法通则》把“民事”一词附加于一些民法核心概念之前的做法。

众所周知，无论是《民法通则》还是《民法典》，实际上皆是在民商合一体制下被当作私法之总则予以制定并加以适用的。对于《民法通则》与《民法典》第1条规定提到的“调整民事关系”，不应把“民事关系”狭隘地理解为是相对于“商事关系”而言的，而应把它扩张解释为，是相对于“公法关系”而言的。在行为能力、法律行为、权利等概念之前附加“民事”一词，并非意味着，在我国法律体系中，还存在《民法通则》和《民法典》之外的行为能力、法律行为、权利等概念或制度。添加“民事”这个限定词主要是为了强调，这些概念或制度主要适用于私法领域。这种概念使用方法很大程度上考虑了我国法律的一种

历史发展状况，即在很长一段时间里不区分私法与公法，且把民法当作公法看待。

(一) 民事行为能力

民事行为能力，即行为能力，是指有效实施民事法律行为的能力。所谓有效，是指民事法律行为可依当事人意思表示的内容发生法律效果。《民法通则》第 11 条第 1 款所谓“可以独立进行民事活动”，根据《民法通则》第 12、13 条所作“其他民事活动由他的法定代理人代理”的规定，应限缩解释为，可以独立实施民事法律行为，因为只有民事法律行为才可以被他人代理。[①] 为增强规范表达的明确性、准确性，《民法典》第 18 条第 1 款以“可以独立实施民事法律行为”的规定替代了《民法通则》第 11 条第 1 款规定的“可以独立进行民事活动”。“可以独立实施民事法律行为”，是对“可以有效实施”民事法律行为的一种描述性规定。在规制法律行为上，民法主要采纳了“有效—无效”的思维与规范方法。有效意味着法律认可当事人的意思表示。从行为自由的角度看，行为被法律所认可或被法律承认为有效，意味着行为人可以独立、自主地行为。因此，“可以独立实施”在法律行为范畴下意味着“可以有效实施”，即自然人独立自主实施的民事法律行为是完全得到法律承认的。从行为效果或法律对法律行为的规制上看，法律关于行为能力的规定，应纳入法律行为制度进行理解。《德国民法典》及我国台湾地区“民法”即着重在法律行为一章规定行为能力制度。我国民法对行为能力的规定则独具特色。[②]

民事行为能力制度旨在保护未成年人及欠缺意思能力的成年人，法律为此作出的一切规定，具有不能以私人意思予以排除或者限制的强制性。这与法律关于民事权利能力的规定是一样的。但是，不同于民事权利能力制度的是，不是任何自然人皆可依据出生之事实而自然享有民事

① 谢怀栻认为，《民法通则》第二章规定的民事行为能力，不包括侵权行为责任能力，只是一种实施法律行为的能力。参见谢怀栻：《民法总则讲要》，78－79 页，北京，北京大学出版社，2007。

② 参见本书《民事行为能力制度的体系性解读》一文。

行为能力。能否享有民事行为能力取决于自然人的年龄、智力或精神健康状况。成年人原则上具有民事行为能力，未成年人只有在符合法律规定的条件才可以享有完全或部分民事行为能力。根据《民法典》第20、21条的规定，不满8周岁的未成年人及不能辨认自己行为的成年人、8周岁以上不能辨认自己行为的未成年人不具有民事行为能力。

民事行为能力也不同于民事责任能力。民事责任能力，主要指侵权责任能力，即对自己致人损害的行为独立承担损害赔偿责任的能力。民事责任能力制度的根本目的，在于使无辨识能力的未成年人或成年人免于为自己的致害行为独立承担侵权责任，以此为他们提供一定程度的特别保护。这与民事行为能力制度的立法思想基本上是一致的。但是，由于民事行为能力是一种独立实施民事法律行为的能力，所以相比于民事责任能力，其在构造上也将交易的敏捷与安全作为一种重要价值观念。而在民事责任能力制度的构造中，则不存在兼顾交易的敏捷与安全的价值需求，有些国家或地区只是出于保障法的安定性的需要，采纳了以年龄为判断标准的侵权责任能力制度。①

另外，从比较法上看，民事行为能力大致可作出三级制与两级制的立法模式划分，而民事责任能力的规范模式则种类繁多，《法国民法典》《德国民法典》《瑞士民法典》《日本民法典》及新《荷兰民法典》各有特色。②

由《民法通则》第133条与《侵权责任法》第32条关于监护人责任的规定看，我国民事立法采纳了将民事行为能力与民事责任能力等同看待的做法。这种立法模式同样相当独特。《民法通则》第11条第1款以“可以独立进行民事活动”界定完全民事行为能力的规定方式，似乎也为把民事行为能力与民事责任能力等同视之提供了充分的法律依

① 关于民事行为能力与侵权责任能力的根本区别，参见本书《未成年人致人损害的赔偿责任》一文。

② 参见本书《未成年人致人损害的赔偿责任》一文。

据。[①] 但是，当《民法典》第 18 条明确将完全民事行为能力界定为"可以独立实施民事法律行为"之后，再将民事行为能力与民事责任能力相提并论，明显丧失合理性。

（二）未成年人之完全民事行为能力

完全民事行为能力，是一个相对于无民事行为能力、限制民事行为能力的法律概念。相对于完全不能独立实施民事法律行为的无民事行为能力，其是指完全可以独立实施民事法律行为；相对于仅能独立实施部分民事法律行为的限制民事行为能力，其是指可以独立实施任何民事法律行为。如果不与无民事行为能力、限制民事行为能力相比较，仅就其本身而言，完全民事行为能力是指独立实施民事法律行为的能力。

自然人一旦成年即享有完全民事行为能力，是民事行为能力制度构造的基本政策。《民法通则》第 11 条第 1 款对此作出规定之后，还于第 2 款作出一项比较独特的规定，即 16 周岁以上不满 18 周岁的公民（自然人），以自己的劳动收入为主要生活来源的，视为完全民事行为能力人。"视为"是一个拟制性立法技术概念，目的是将 A 事物当作 B 事物看待，从而使 A 事物获得与 B 事物完全相同的法律评价（法律效果）。《民法通则》第 11 条第 2 款通过拟制性立法技术，把 16 周岁以上的未成年人看作完全民事行为能力人，使其获得完全民事行为能力，由此缓和了 10 周岁以上的未成年人只能享有限制民事行为能力规定的极端和僵化。16 周岁的未成年人只要能够对"以自己的劳动收入为主要生活来源"作出证明，即可直接被当作完全民事行为能力人看待。当然，与未成年人实施民事法律行为的相对人，也可以通过证明 16 周岁的未成年人能够"以自己的劳动收入为主要生活来源"，使自己与未成年人实施的民事法律行为无须未成年人之法定代理人的同意或追认而直接在当事人之间发生法律约束力。在此情况下，16 周岁以上的未成年人因具有经济生活能力而被强制当作完全民事行为能力人看待，至于未成年人

① 主流观点认为，《民法通则》规定的民事行为能力包括了民事责任能力。参见佟柔主编：《中国民法学・民法总则》，99 页，北京，中国人民公安大学出版社，1990。

是否愿意提前获得完全民事行为能力，则无关紧要。

如前所言，民事行为能力的实质是意思能力，具有完全民事行为能力意味着，通过自主的意思表示设立、变更、终止的民事法律关系，得到法律的认可。以此而言，《民法通则》第 11 条第 2 款的完全民事行为能力拟制制度明显把经济生活能力而不是意思能力当作了立法依据。这种经济决定论思维是否合理，非常值得反思。[①]《民法典》第 18 条第 2 款承继了《民法通则》第 11 条第 2 款的规定。

完全民事行为能力拟制制度属于有中国特色的未成年人缓冲制度，它缓和了未成年人一律只享有有限民事行为能力制度的僵化和极端，使某些已经参加劳动并能够在经济上自食其力的未成年人获得了独立实施民事法律行为的能力。

（三）未成年人之限制民事行为能力

限制民事行为能力是介于完全民事行为能力与无民事行为能力之间的一种行为能力类型，具有缓冲“全有—全无”之极端思维的规范功能，应和了《儿童权利公约》秉执的“逐渐发展的儿童能力原则”。相对于无民事行为能力，限制民事行为能力意味着未成年人不是完全不能独立实施民事法律行为，而是可以有限地独立实施某些类型的民事法律行为；相对于完全民事行为能力，其意味着未成年人可以独立实施的民事法律行为是受到严格限制的、有限度的。因此，限制民事行为能力，是指可以依据法律的例外规定独立实施民事法律行为的能力。

原则上无行为能力、例外地享有行为能力是限制民事行为能力制度构建的基本法律政策。这种法政策在法技术上最终体现为，未成年人在哪些特别情形下可享有行为能力成为立法重心。大陆法系的许多民法典在以列举规定方式执行立法政策时使法律规定呈现出多姿多彩的特色。

对于限制民事行为能力人可以独立实施的行为，《民法通则》没有采取列举规定的立法技术，而只是概括地规定：限制民事行为能力可以

---

① 参见本书《拟制成年制度的反思与重建》一文。

进行与他的年龄、智力或精神健康状况相适应的民事活动（第 12 条第 1 款与第 13 条第 2 款）。最高人民法院在解释《民法通则》时规定，限制民事行为能力人接受奖励、赠与、报酬，他人不得以行为人有限制民事行为能力为由，主张以上行为无效。[①] 该规定等于对限制民事行为能力人可以独立实施的行为（不限于法律行为）进行了明确列举。其后，《合同法》第 47 条在《民法通则》及其司法解释的基础上，将限制民事行为能力人可以独立订立的合同明确列举为两种：一是“纯获利益的合同”；二是“与其年龄、智力、精神健康状况相适应而订立的合同”。《民法典》吸收《合同法》的立法思想，将限制民事行为能力人可以实施的法律行为规定为两种，即纯获利益及与年龄、智力、精神健康状况相适应的民事法律行为（第 19、22、145 条）。

对于限制民事行为能力可以独立实施的两种行为，在理解与适用上应作不同解释。

纯获利益的民事法律行为，是指那些纯粹获得法律上利益的民事法律行为，而不是纯粹事实上获得利益的民事法律行为。[②] 无负担的赠与、无须赋税的得利等皆属于典型的纯获法律上利益的民事法律行为；有负担的赠与，即使负担相对于获赠相当微小，也不属于纯获法律上的利益。限制民事行为能力人实施的行为是否属于此类行为，主要依据行为本身的内在构成从法技术上进行形式主义的判断。因此，此种立法属于典型的具体列举性规定。

“与其年龄、智力、精神健康状况相适应的民事法律行为”属于一种相当概括、抽象的规定。它不是依民事法律行为本身的性质、特征、内容等因素，而是根据民事法律行为与未成年人智力或精神能力之间的相称性或相当性，对可以独立实施的行为作出的特别规定。由《民法通

① 参见《民法通则意见》第 6 条。

② 有学者在解释《合同法》第 47 条规定中的“纯获利益的合同”时指出，该规定仿自《德国民法典》及我国台湾地区“民法”，所以应作相同解释，采“形式判断标准”。这一判断标准要求限制民事行为能力人既不负担义务，又不发生权利丧失的结果，而可以获取利益。参见韩世远：《合同法学》，103 页，北京，高等教育出版社，2010。

则意见》第 3、4 条所作规定看[①]，未成年人或精神病人对民事法律行为内容及后果的理解力、预见力是重要考量因素，所谓“与其年龄、智力或精神健康状况相适应”，实质上是指未成年人或具有精神障碍的成年人在实施行为时具有能够理解、预见民事法律行为的内容与后果的意思能力。未成年人的智力通常会随年龄增长而不断增强。依据这种成长规律，特定的年龄代表了特定的智力成熟度。年龄因而是判断智力状况或心智成熟度的外在标尺。以年龄与智力并行表达未成年人可以独立实施民事法律行为的能力，实质上是以形（年龄）与质（智力）的内外标准综合说明未成年人已具备独立实施民事法律行为的意思能力。这是一种极富弹力的规定。对未成年人之限制民事行为能力制度而言，它实质上在以年龄标准客观地确定未成年人不享有民事行为能力的一般规则之外，确立了一种以意思能力为标准主观地确定未成年人是否享有民事行为能力的特别规则。无论是未成年人还是与未成年人实施民事法律行为的相对人，只要能够举证证明未成年人在实施法律行为时具有与所实施民事法律行为相称的意思能力，即可使该民事法律行为在他们之间直接发生法律约束力。该民事法律行为主要指有偿法律行为，但也可能是像附负担的赠与这样的无偿法律行为。

除上述两种例外情形外，限制民事行为能力人原则上不具有民事行为能力，其只能通过以下两种途径实施民事法律行为，参与民事生活。

一是由法定代理人代理实施民事法律行为，即由未成年人的法定代理人以限制民事行为能力人的名义与他人实施民事法律行为。未成年人的监护人就是其法定代理人。

二是限制民事行为能力可以自己实施民事法律行为，但他们实施的民事法律行为，只有经过其法定代理人同意或追认，才能发生法律约束

---

① 这两条规定：10 周岁以上的未成年人或者不能完全辨认自己行为的精神病人进行的民事活动，是否与其年龄、智力状况或精神健康状态相适应，可以从行为与本人生活相关联的程度、本人的智力或精神健康状态能否理解其行为，并预见相应的行为后果，以及行为标的数额等方面认定。

力（生效），在法定代理人予以追认之前，民事法律行为的效力处于悬而未决的待定状态（《民法典》第 19 条与第 145 条）。所谓同意，指在民事法律行为实施之前或之时，法定代理人允许限制民事行为能力人与他人实施民事法律行为；所谓追认，指在民事法律行为实施之后，法定代理人对限制民事行为能力人与他人实施的民事法律行为表示认可。同意概念本来在解释上可包括事前允许与事后追认两种意义，但《民法总则》为使法律规定更为明确，将追认与同意并行规定出来。在此情况下，同意仅指事前允许。

同意与追认是两种以意思表示为核心的行为，但其法律效果并非取决于法定代理人的意思，而是由法律的规定所决定，学理上将它们称作准民事法律行为。

（四）未成年人之无民事行为能力

无民事行为能力是三级制民事行为能力区别于两级制民事行为能力的重要标识，是理解三级制民事行为能力制度的关键所在。无民事行为能力是有民事行为能力的对称，我国民事立法和学说把有民事行为能力称作完全民事行为能力，此所谓“完全”，实际上是指“完全有”。使用完全民事行为能力概念，主要是为了凸显该概念与无民事行为能力、限制民事行为能力的不同。以体系观念看，将完全民事行为能力与无民事行为能力看作两种完全对立的类型，并将限制民事行为能力看作克服“有—无”之极端思维的一种类型，比较合理。[①] 因此，在承认限制民事行为能力概念，并把有民事行为能力称作完全民事行为能力的情况下，把无民事行为能力称作完全无民事行为能力比较恰当和直观。创设三级制行为能力制度的《德国民法典》及继受《德国民法典》的我国台湾地区“民法”，即把无行为能力理解为完全没有任何民事行为能力。然而，根据我国民法学说、司法解释和法院判决，无民事行为能力不是在“完全无”的意义上被使用的，无民事行为能力人可以独立实施某些

① 谢怀栻认为：“无民事行为能力人与完全民事行为能力人正相反，而限制民事行为能力人则介乎二者之间。”谢怀栻.《民法总则讲要》，82 页，北京，北京大学出版社，2007。

民事法律行为。例如，《民法通则意见》第 6 条规定，无民事行为能力人接受奖励、赠与、报酬的，他人不得以其无民事行为能力，主张行为无效。

无民事行为能力制度肇始于古罗马法，系统形成于德国民法典。法律设置无民事行为能力制度的基本用意在于，完全禁止尚牙牙学语、蹒跚学步的幼儿独立参与法律交往。立法者作出这种行为自由禁止决策的基本考虑是，幼儿的意思能力或理智能力像其体格、心智、德性等人格要素那样正值发育、形成阶段。在此人生初期发展阶段，幼儿的言行举止多出于直觉或本能，独立性差，情绪性强，极易受他人影响或掌控。未成年人在这一阶段所受教育及所受影响，常常会对其今后的人生发展产生决定性作用。因此，为使其养成良好习惯，幼儿如何接人待物，特别需要父母或其他监护人的教育与照顾。

民事行为能力本质上为意思能力，设置无民事行为能力制度并非单纯地为了保全无民事行为能力人的财产，防止其作出不理智、有风险或有害无益的民事法律行为，而是更多地为了无民事行为能力人于人生之初期发展阶段健康、安全地发育、成长。① 像赠与之类能够增加无民事行为能力人财产总量的行为，是否真正属于纯粹获利的行为及是否真正有利于保护幼儿，必须立足于幼儿在德智体上的全面发展进行综合判断，不能孤立地就事论事。幼儿教育的常识告诉我们，缺乏父母鉴别、同意的物品赠送（如送玩具），有时可能会对儿童带来致命伤害，有时可能会使儿童形成不良习性。鉴于幼儿社会关系的简单性，将其参与法律交往的方式完全交给父母或法定代理人去决定，对婴幼儿自身通常不会带来任何不利，对想与幼儿实施法律行为的一方也不会带来过多的负担。

根据《民法典》的规定，无民事行为能力的未成年人主要指以下两种情形。

---

① 《儿童权利宣言》（联合国大会 1959 年 11 月 20 日通过）指出："儿童因其身心尚未成熟，于出生前及出生后均需特别保障与照料，包括适当之法律保护在内。"

第一，不满8周岁的未成年人。之所以将年龄界限由不满10周岁下调至不满8周岁，根本原因在于：按照一个固定年龄点将未成年人整齐划一地区分为无民事行为能力与限制民事行为能力人，根本无法顾及未成年人之间在意思能力上存在的个体差异。有些不满8周岁的未成年人，可能真正无意思能力，因而有加以保护的必要性。而有些不满8周岁未成年人，因发育较早或接受了比较好的教育，可能已具有一定的意思能力，将他们置于绝对受保护之下，会构成保护过度，造成剥夺行为自由的不良后果。根据未成年人发育成长的一般规律，儿童年龄越低，彼此间的个体差异尤其是意思能力之间的差异越小。因此，无民事行为能力人的年龄上限越低，无民事行为能力制度所存在的保护过度的缺陷就会越小。《民法总则（草案）》本来决定将年龄界限下调到不满6周岁，但非常遗憾的是，立法机关在法律表决通过的最后时刻，把不满6周岁修改为了不满8周岁。按照《义务教育法》满6周岁需开始接受义务教育的强制性规定，6周岁以上不满8周岁的儿童，已接受一到两年的义务教育，已存在独立乘车、购买零食及学习工具、支配零用钱等实施民事法律行为的客观需要。如严格遵守无民事行为能力人实施的民事法律行为无效的规定，必然会发生法律规定与现实生活明显脱节的现象。如认为无民事行为能力人可以独立实施与其年龄、智力及生活学习状况相适应的民事法律行为，法律关于无民事行为能力的强制性规定，则难免形同虚设。面对此二难选择，新的无民事行为能力制度在适用上必然重蹈《民法通则》的覆辙，即法律规定必须屈就现实生活，承认无民事行为能力人可以独立实施与其年龄、智力、学习生活状况相适应的民事法律行为。

第二，8周岁以上不能辨认自己行为的未成年人。这是《民法典》第21条第2款新增的一种无民事行为能力类型。它有两项判断标准：一是形式性标准，即8周岁以上；二是实质性标准，即无辨认行为的能力。根据《民法典》第19条，8周岁以上的未成年人具有限制民事行为能力。8周岁以上不能辨认自己行为的未成年人为无民事行为能力人的规定，显然应理解为《民法典》第19条规定的一种例外。将《民法典》第19条与第21条第2款结合在一起看，8周岁以上的未成年人，原则上具有限制民事行为能力，在不能辨认自己行为的特殊情形下，无民事行为能力。这种规定看似合乎逻辑，但实质上背离了限制民事行为能力制度的常理。如前所言，限制民事行为能力之中的“限制”，是指仅在法律规定的例外情形下享有民事行为能力，除了例外规定外，限制民事行为能力人原则上无民事行为能力。因此，对8周岁以上的未成年人而言，只要其实施的民事法律行为不属于法律例外允许实施的情形，即可经由限制民事行为能力制度的法定代理人同意或追求机制得到特别保护，这种保护方法因同时兼顾了对相对人合理信赖的保护，在法律效果上比无民事行为能力制度更为合理。

保护未成年人及丧失或部分丧失意思能力的成年人，是民事行为能力制度的宗旨。无民事行为能力制度与限制民事行为能力制度皆旨在落实此种立法目的，二者只是保护机制不同而已。比较而言，限制民事行为能力制度所采纳的“原则上无行为自由、例外情形下可独立行为”的二元保护机制，既为未成年人提供了积极、消极的双重保护，又给善意相对人提供了一定程度的保护，是一种机制灵活、操作灵便的未成年人保护制度。在此基础上，再建构一种无民事行为能力制度来保护未成年人，不仅显得多余，而且会滋生弊病。①

四、结语

近现代民法典建立在个人自由主义精神之上，它赋予每一个人类个体自由选择、自主决策的权利。但是，自由是有条件的，如果缺乏必要的理性能力，行为者难免会受到他人的损害，或者会使自己陷入交易风险之中。近现代民法典从私法自治原则出发，以意思能力为基础确立行为能力制度，对于无意思能力的自然人在行为自由方面给予特别保护。行为能力制度是践行私法自治的必要工具，其核心是意思能力，其功能是为未成年人或丧失意思能力的成年人提供特别保护。在每一个人皆普

① 对此，本书《民事行为能力制度的体系性解读》一文有比较详细的分析。

遍、平等地享有民事权利能力的情况下，有无及享有何种程度的行为能力，对自由具有决定性影响。为减少交易成本并兼顾交易的敏捷和安全，近现代民法采纳了原则上以年龄为标准判断有无行为能力的规范方法，并将无民事行为能力或限制民事行为能力作为立法重心。从比较法上看，民事行为能力的类型化方法有两级制和三级制之分。我国《民法通则》和《民法典》采纳了三级制民事行为能力制度，与创立三级制行为能力制度的《德国民法典》相比，我国关于民事行为能力的规定有诸多独特之处。

民事行为能力类型化的局限性及其克服

以年龄为标准整齐划一地决定自然人有无民事行为能力或有何种程度的民事行为能力，是现代世界各国（地）民法普遍采纳的一般法律规则。虽然这种做法免除了对意思能力的逐一证明和判断，确保了实施法律行为的安定性，但是，无论从关爱理智能力上的弱者，还是从保护交易相对人的角度看，其缺陷都相当明显：忽视了未成年人理智能力的自然差异，交易相对人的合理信赖有时也无法得到保护。以无民事行为能力制度为例，它可能为绝大多数未成年人提供了一种恰如其分的关爱或保护，但也可能剥夺了一些理智能力超常者的行为自由，使事实上完全有能力实施一些法律行为的未成年人，因法律的强行性规定而完全不能有效地实施任何法律行为。从另一个角度看，因无民事行为能力人享有绝对受保护的法律地位，交易相对人即使与实质上具有一定意思能力的人实施了交易，由于此种交易一律被定性为无效，其信赖利益同样会受到严重损害。如果无民事行为能力人享有绝对受保护地位为恒定不变的因素，减少绝对受保护效力附带产生的过分保护之弊，无疑能相应地减少交易相对人的信赖损失。限制民事行为能力制度同样存在对未成年人保护过度与损害交易相对人的合理信赖的双重局限性问题。

立法政策上的过分保护，表现在具体立法上，即为强行法之下行为自由的禁止过度。这通常会体现在两个方面：第一，因成年年龄标准线设定得过高，事实上具有意思能力的人在法律上只能享有部分民事行为能力；第二，因无民事行为能力的年龄界线规定得过高，事实上具有一定意思能力的人在法律上完全被禁止独立实施任何法律行为。我国现行法在此两方面皆存在值得检讨之处。本部分拟先简要分析大陆法系各国关于克服民事行为能力局限性的各种方法，然后指出我国学者在理解无民事行为能力制度上存在的诸多问题，最后在批判分析无民事行为能力规范意旨的基础上提出改进现行法的具体建议。

一、克服民事行为能力类型化局限性的主要方法

以年龄为标准划一地确定无民事行为能力、限制民事行为能力及完全民事行为能力之间的界限，利虽巨大，但弊亦如影随形、驱之不散。如何尽可能减少行为能力类型化的局限性，自古及今，乃行为能力制度必须考虑的重要问题之一。纵观自《法国民法典》以来的大陆法系民事立法，在克服民事行为能力类型化之局限性、抑制未成年人行为自由禁止过度上，大致有如下几种方法。

（一）采两级制民事行为能力制度，不以年龄为标准把无行为能力作为一种独立类型[①]

两级制民事行为能力制度，指以年龄为标准类型化民事行为能力时，仅把自然人划分为成年人与未成年人，并规定：成年人原则上享有完全民事行为能力，可以独立实施法律行为；未成年人原则上无缔结契约的能力，法定管理人代理未成年人进行所有民事行为（《法国民法典》第389-3、1124条），但法律或习惯上允许未成年人本人进行民事行为的情形除外[②]，或者，未成年人实施法律行为原则上应经其法定代理人同意，但在法律明确规定的例外情形下可以独立实施法律行为（《日本

① 2017年修订的《日本民法典》增补第3条之二规定（意思能力），“法律行为的当事人为意思表示时如无意思能力，其法律行为无效”。这实际上承认了以意思能力为主观标准方法的法律行为无效制度。即是说，日本民法也开始承认无行为能力制度，只不过，有无行为能力须以主观标准予以判断。

② 法国民法典的规范模式可总结为：未成年人实施的行为原则上应归于无效（抽象意义上），但当行为未对未成年人本身造成损害时，行为应当有效（具体意义上）。See Konard Zweigert，Hein Koetz，*Introduction to Comparative Law*，Third Revised Edition，Clarendon Press. Oxford，1998，p. 349.

民法典》第 5、6、120 条)。

为尽可能减少对未成年人行为自由的禁止过度问题，法国民法与日本民法皆确立了一些例外规则。概括地讲，法国民法采取了如下四种做法。

第一，未成年人可以实施法律或习惯上允许其本人进行的民事行为(《法国民法典》第 389－3 条第 1 款、第 450 条)。

第二，未成年人如果自己实施了法定管理人或监护人须经他人许可(主要指须经家庭会议或监护法官许可)方能实施的行为，如土地所有权买卖，该行为当然无效。

第三，未成年人如果自己实施了法定管理人或监护人可以独立实施的行为，只有交易会对未成年人造成经济上的不利或损害(lésion)，该行为才可经撤销之诉(*action en rescision*)被宣告为无效。[①] 由于《法国民法典》第 1125 条规定，“有能力缔结契约并且受所订契约约束的人，不得以与其缔结契约的人无能力而主张契约无效”，所以，只有无行为能力人或其法定代理人才有权提出合同无效，而有行为能力的相对人无权提出。[②]

第四，设置解除亲权制度，规定未成年人结婚，依法当然解除亲权(第 476 条)；即使未成年人未结婚，但在年龄达到 16 周岁时，应父母或其中一人的请求，如有正当理由，法官得在听取未成年人本人的意见后，宣布解除亲权(第 477 条)。

在缓和未成年人的行为能力上，《日本民法典》不仅规定未成年人结婚[③]后，视为因此而达成年(第 753 条)；还作了如下富有特色的规定。

第一，未成年人可以单独实施取得权利或免除义务的法律行为(第

---

① See Hein Koetz & Axel Flessner, *European Contract Law*: *Formation*, *Validity*, *and Content of Contracts*; *Contract and Third Parties*, Clarendon Press. Oxford, 1997, p. 100.

② 参见尹田:《法国现代合同法——契约自由与社会公正的冲突与平衡》, 2 版, 169－171 页, 北京, 法律出版社, 2009。

③ 根据《日本民法典》, 年满 20 岁为成年(第 4 条); 男不满 18 岁, 女不满 16 岁, 不得结婚(第 731 条)。

5 条第 1 款）。

第二，对于法定代理人设定目的、许可处分的财产，未成年人可在目的范围内自由处分；对于法定代理人未设定目的而许可处分的财产，未成年人可随意处分之（第 5 条第 3 款）。

第三，被许可从事一种或几种营业的未成年人，关于其营业，与成年人有相同的行为能力（第 6 条第 1 款）。

第四，未成年人无能力独立实施的法律行为，属于效力待定行为，法定代理人或未成年人成年后可撤销或追认该行为，相对人可催告法定代理人或已成年的自然人作出追认的表示，如在确定期限内未作出表示，则视为追认。

总的看来，两级制行为能力制度因未设无行为能力类型而根本消除了可能发生在幼儿身上的行为自由的绝对禁止问题（亦为过度保护问题）。与此同时，其也相应地消除了绝对不保护相对人合理信赖的问题。尤其是法国民法，由于在判断未成年人独自实施的法律行为是否有效上，仅以是否损害未成年人的经济利益为判断标准，所以，交易相对人在很大程度上可以将交易安全控制在自己可以把握的范围之内。

（二）采三级制民事行为能力制度，降低无民事行为能力人的年龄上限

三级制民事行为能力制度，指以年龄为标准将自然人的民事行为能力划分为（完全）民事行为能力、限制民事行为能力、无民事行为能力三类。成年人（通常为 18 周岁以上）有（完全）民事行为能力，7 周岁以上的未成年人有限制民事行为能力，未满 7 周岁的未成年人无民事行为能力。《奥地利普通民法典》、《德国民法典》、《希腊民法典》及我国台湾地区“民法”等采纳此种立法例。我国《民法通则》规定的民事行为能力制度亦可归入此种立法例。

相对于前一种立法例，三级制行为能力制度对于无民事行为能力人与限制民事行为能力人均存在禁止过度问题，尤其是因为对无民事行为能力人采取绝对保护的政策立场，交易相对人的合理信赖实际上完全得

不到保护。[①] 因此，三级制民事行为能力制度隐藏着更多的利益冲突。为尽可能减少不利影响，此种立法例根据限制民事行为能力人与无民事行为能力人的具体情况，采取了不同的应对措施。

1. 限制民事行为能力人

为避免产生极端后果，设置未成年缓冲制度。纵览各国立法，它主要表现为两种规定方式：第一，设置成年宣告制度，即规定年满一定岁数（通常为 18 周岁）的未成年人，得以监护法院的决定，宣告为成年[②]，如《德国民法典》原第 3 条的规定。不过，当德国后来将成年年龄由年满 21 岁修改为年满 18 岁后，成年宣告制度因存在的前提消失而被废止。[③] 第二，结婚享有行为能力制，即规定未成年但已结婚者，有行为能力。[④] 我国台湾地区“民法”第 13 条第 3 项对此有明确规定。[⑤]

除了上述做法，在克服限制民事行为能力之局限性上，三级制民事行为能力制度还设置了其他例外规定。例如，德国民法典第 110 条所作“用自己的金钱履行给付”的规定，第 112 条所作“独立经营营业”的规定，皆赋予限制民事行为能力人独立行为的自由。

2. 无民事行为能力人

为尽可能减少禁止过度的问题，《德国民法典》采取了如下做法：降低无民事行为能力人的年龄上限，规定未满 7 周岁的人，为无行为能力人（第 104 条）。这一做法渊源于古罗马法。古罗马优士丁尼皇帝在

---

① 如德国民法学者梅迪库斯认为：“在通常情况下，每一个人都应当自行承担碰见无行为能力人并因此遭受信赖损害的风险。”［德］迪特尔·梅迪库斯：《德国民法总论》，邵建东译，417 页，北京，法律出版社，2000。

② 该做法肇始于古罗马法。古罗马法虽以 25 岁为成年，但男子达到 20 岁，女子达到 18 岁者，得由皇帝宣告其有完全行为能力。

③ 根据 1974 年 7 月 31 日《关于新调整成年年龄的法律》的规定，《德国民法典》第 3 条被废除（1975 年 1 月 1 日生效）。

④ 未成年人已结婚者，虽为有行为能力人，但不因此而成年，仍为未成年人，虽得有效为财产上的行为，但其两愿离婚应得法定代理人同意。参见王泽鉴：《民法总则》，96 页，北京，北京大学出版社，2009。

⑤ 德国民法无这样的规定。根据《德国民法典》第 1303 条的规定，未成年人不得结婚；家事法院得依申请，于申请人为年满 16 岁的未成年人，且将来配偶已成年者，免除适用未成年人不得结婚的规定。

位时，确立了以年龄为基础、以适婚与否为区分标准的行为能力制度。男性 14 岁、女性 12 岁为适婚期的起始标准，适婚人可以自主地实施适法行为并且独立地承担相应的法律责任。未适婚人的行为能力被区分为如下两种类型：(1) 不满 7 岁的幼儿（*infans*），即"还不会讲话的人"（拉丁文本义），没有任何行为能力，只能通过监护人实施财产性行为；(2) 已满 7 岁不满 14 岁（男）或 12 岁（女）的少童（大幼儿）（*infantia maior*），具有有限的行为能力。[①]

依生理发育规律看，不满 7 周岁的人，尚为婴幼儿，其体形、心智、容貌、言语、神态、举止等皆处于幼稚期，能否实施法律行为，仅从外观即可辨别出来。此类人即使可能存在体貌、理智上的发育优常者，但概率较低。德国法学家拉伦茨因此认为：与无民事行为能力人订立合同或对之作出意思表示的人不受保护，即使其不知情，并依情况也不可能考虑到另一方当事人无行为能力时，也同样如此。这种情况不可能发生在 7 岁以下的儿童身上，但是很可能发生在精神病人或因精神病被宣告禁治产的人身上，这些人在某些交易中会表现得完全像正常人一样。[②]

（三）折中制：将年龄标准与实质判断能力标准相结合类型化民事行为能力制度

该种制度的基本做法是，以年龄为标准把自然人划分为成年人与未成年人，成年且有判断能力的人有行为能力，未成年人原则上无行为能力，但有判断能力的未成年人经法定代理人同意可以有效实施法律行为。此外，如果是未负有义务或责任而纯粹获益的法律行为，或者行使纯粹的人格权，则无须经法定代理人同意。

判断能力由智力能力与意志能力两要素组成。[③] 它是一个依具体案

---

① 参见陈朝璧：《罗马法原理》，62－63 页，北京，法律出版社，2006；黄风：《罗马私法导论》，104－105 页，北京，中国政法大学出版社，2003。

② 参见［德］卡尔·拉伦茨：《德国民法通论》（上册），王晓晔等译，142 页，北京，法律出版社，2003。

③ 参见［瑞］贝蒂纳·许莉蔓—高朴、［瑞］耶尔格·施密特：《瑞士民法：基本原则与人法》，纪海龙译，210 页，北京，中国政法大学出版社，2015。

件进行评价的相对概念。有无判断能力是被推定的。成年人原则上有判断能力，主张成年人无判断能力者，须负举证责任；未成年人原则上无判断能力，认为自己有判断能力的未成年人，应当予以证明。

《瑞士民法典》采纳了此种做法。① 为防止产生极端后果，《瑞士民法典》设置了成年宣告制（原第 15 条），即年满 18 周岁者，得申请法院宣告为成年人。1996 年，成年年龄由 20 周岁降至为 18 周岁的修正案生效后，宣告成年制被随同废止。

在涉及判断具体法律行为的效力时，瑞士法上的行为能力显然采取“全有或全无”原则。然而，如果就某人的一般性法律地位而言，瑞士法则把行为能力分为四个不同等级：完全无行为能力、限制无行为能力、限制行为能力及完全行为能力。② 无判断能力之人完全无行为能力，其实施的法律行为绝对无效。具有判断能力的未成年人为限制无行为能力人，仅在取得其法定代理人的同意后，使得承担义务或放弃权利，但无偿取得利益或者处理日常生活中非重要的事务，无须取得法定代理人的同意。完全行为能力人为具有判断能力的成年人，其可以实施设定权利和义务的法律行为，尤其是可订立合同及有效从事其他法律行为。限制行为能力主要适用于无判断能力的成年人。

（四）适时调整（降低）成年年龄或取消无民事行为能力类型

由当今世界各国的法律看，年龄是判断成年与否的基本标识。之所以这样做，是因为“吾人之智识经验，通常与年俱进，未达相当年龄之人，多不能熟权利害”③。人是社会存在物，其与自然、社会相互影响、协同共进。自然人的意思能力不是纯粹的生理问题，而是一个融社会、经济、文化、教育等复杂因素于一体的社会政策问题。人在何种情况下始能称作成年，完全取决于人类对自身发展状况的理解与评价。我国于

① 参见《瑞士民法典》第 13－19 条的规定。另外参见 F. Dessemontet，T. Ansay（ed.），*Introduction to Swiss Law*，third edition，Kluwer Law，2004，pp. 49－50。

② 参见［瑞］贝蒂纳·许莉蔓—高朴、［瑞］耶尔格·施密特：《瑞士民法：基本原则与人法》，纪海龙译，214 页以下，北京，中国政法大学出版社，2015。

③ 胡长清：《中国民法总论》，76 页，北京，中国政法大学出版社，1997。

20世纪30年代颁布现仍施行于台湾地区的“民法”所作年满20周岁为成年的规定，即参考了我国旧制中的“冠笄”[①]。

年龄标准因而具有很强的社会性、政策性、相对性。随着社会的不断发展、进步，成年年龄标准自古罗马法以来显现了明显的降低趋势。例如，法国、德国民法典初始均规定年满21周岁为成年，1974年二者皆将成年年龄调整为18周岁。另外，《瑞士民法典》也自1996年把成年年龄由年满20岁调整为年满18岁。《奥地利普通民法典》把成年年龄由年满19岁降低为年满18岁。英国1969年家庭法改革法令把成年年龄由年满21岁降至18岁，英国法律委员会的建议稿甚至考虑将它进一步降低到16岁，但该建议稿未被采用。德国也一直有人要求将部分行为能力的年龄降低到16周岁。[②]

克服无行为能力类型之局限性的方法，通常不是降低无民事行为能力人的年龄上限，而是摈弃无民事行为能力类型，规定未成年人一律为限制民事行为能力人。例如，德国民法学家卡纳里斯认为，德国民法典第104、105条对无行为能力的规定，均因违反德国基本法第2条第1款规定[③]的禁止过度（Uebermassverbot）而无效，对于（完全）无行为能力的人应类推适用民法典第107条（法定代理人的许可）及以下有关限制行为能力人的条款。[④]

取消无民事行为能力类型的思想也反映在个别最新民法典上。例如，在爱沙尼亚（Estonia），1994年民法总则像德国民法典那样以7周岁与18周岁为标准将民事行为能力划分为三类，并明确规定：成年人（18周岁以上）有行为能力（第9条第1款），7周岁以上不满18周岁的未成年人有限制行为能力（第10条第1款），不满7岁的未成年人无

① 胡长清：《中国民法总论》，76页，北京，中国政法大学出版社，1997。

② See Hein Koetz & Axel Flessner, *European Contract Law: Formation, Validity, and Content of Contracts; Contract and Third Parties*, Clarendon Press. Oxford, 1997, p. 98.

③ 该款规定：“人人享有个性自由发展的权利，但不得侵害他人的权利，不得违反宪法秩序或道德规范。”

④ 参见［德］卡尔·拉伦茨：《德国民法通论》（上册），王晓晔等译，142页，北京，法律出版社，2003。

行为能力（第11条第1款）。2002年修正的民法总则废除了无民事行为能力类型，规定年满18周岁的自然人（成年人）享有完全的行为能力，不满18周岁的自然人（未成年人）享有有限的行为能力（第8条第2款）。爱沙尼亚学者认为，做此修正的认识基础是：划定一个用来确定未成年人无行为能力的年龄界限是随意的、主观的，此种界限也无任何特别的实际需要。在非常年幼时期，儿童是享有有限行为能力还是无行为能力，无关紧要。一出生即享有有限行为能力，这样做不会损害儿童的权利；无行为能力制度并未使儿童的利益得到更好的保护。以享有有限行为能力的方式保护未成年人，对不满7周岁的儿童来说，也应当是足够的：原则上，此种未成年人可经其法定代理人同意实施交易，而法定代理人可以代表未成年人实施交易。①

20世纪下半叶以来颇受关注的一些新民法典，如《荷兰新民法典》《魁北克民法典》等，在规定自然人行为能力时，均采纳了只将自然人划分为成年人与未成年人的两级制行为能力制度，未设无民事行为能力类型。

二、《民法通则》及其司法解释的规定

《民法通则》（第11、12条）采纳了三级制民事行为能力制度。不过，相比于德国法，《民法通则》在类型化民事行为能力时独具如下特色：第一，以年龄与劳动收入为基础，设（完全）民事行为能力拟制制度，缓和了整齐划一的限制民事行为能力制度（第11条第2款）；第二，将10周岁规定为无民事行为能力的年龄上限（第12条第2款）。

《民法通则》实施以来，上述规定虽备受好评，但由学界就此发表的正式言论看，该规定的合理性其实自《民法通则》颁布之时即遭到怀疑。关于第一个特色及其合理性，下文将作专门分析②，以下仅分析第二个特色的合理性。

① See Paul Varul, Anu Avi, Triin Kivisild, *Restrictions on Active Legal Capacity*, Juridica International Ⅸ/2004, p. 101.

② 参见本书《拟制成年制度的反思与重建》一文。

关于无民事行为能力的年龄上限，《民法通则》施行之前，我国司法实践一般认为为不满6周岁。[①] 自1985年9月11日施行的最高人民法院《关于贯彻执行〈中华人民共和国继承法〉若干问题的意见》第7条更是明确规定，不满6周岁的儿童应当认定为无行为能力人。[②]《民法通则》制定期间，参与立法的学者曾对无民事行为能力的年龄上限发生过6周岁、7周岁、8周岁的激烈争论。[③] 在10周岁标准作为强行法被确定下来之后，学者们看似不再关注这一问题了，实质上则是变换了争议形式，即把争议焦点由年龄上限问题转变为无民事行为能力人可否独立实施某些法律行为的问题。这种问题意识转向并非典型的研究范式转变，即由立法论转向了解释论，而大多表现为问题形式的转变——由分界点问题（年龄问题）转到了无民事行为能力制度的合理性与适用性问题。当然，并不是完全没有人纯粹以解释论方法对民事行为能力制度予以研究。

不得不指出的是，这种问题形式的转变严重忽视了一个重要前提：在三级制民事行为能力制度中，无民事行为能力的规范功能为，未成年人不能独立实施任何法律行为，或者未成年人实施的任何法律行为皆一律无效。

20世纪90年代初期，一个相当权威的观点认为：关于无民事行为能力人实施的法律行为的效力问题，我国民法虽然采纳了“原则上无效、例外有效”的模式[④]，但从学理上讲，效力待定的规范模式“较符

---

① 参见佟柔主编：《民法原理》，45页，北京，法律出版社，1983。

② 该条规定：“不满六周岁的儿童、精神病患者，应当认定其为无行为能力人。已满六周岁，不满十八周岁的未成年人，应当认定其为限制行为能力人。”

③ “在民法通则制定过程中，有的建议定为六周岁、七周岁、八周岁，其理由是，现在孩子成熟早，民事活动范围又广，一些小学生也要进行一些民事活动，审判实践都以七周岁为界限；有的主张为十二周岁；也有的认为应规定为十四周岁，以便与刑法规定的承担刑事责任年龄统一起来。”王利明、郭明瑞、方流芳：《民法新论》（上），160-161页，北京，中国政法大学出版社，1988。

④ 《民法通则》第58条第1款第1项规定，无民事行为能力人实施的民事行为无效。然而，《民法通则意见》（1988年1月26日通过）第6条规定，无民事行为能力人可以实施接受奖励、赠与、报酬的民事行为。

合中国的实际”，理由为：第一，由于民法通则规定的无民事行为能力的年龄上限较高，现实生活中，无民事行为能力人实际上频繁地实施着许多既不属于与其日常生活密切相关并由习惯所承认、又不属于“纯获法律上利益”的行为；第二，这种立法可以促使法定代理人更为审慎地作出允许或承认，从而更好地保护无民事行为能力人的利益；第三，这种规定还有利于维护相对人的利益和社会交易环境的安全。[①] 这种看法实际上是赞成两级制民事行为能力制度的产物，不符合《民法通则》的规定，未被其他学者接受。

绝大多数学者认为，《民法通则》规定的无民事行为能力制度，并非绝对禁止不满10周岁的未成年人独立实施法律行为，而是既允许他们实施一些与其日常生活密切相关并由习惯承认的行为，又允许他们实施“纯获法律上利益”的行为。[②] 依解释论看，这种观点实际上完全超越了《民法通则》第12条第2款和第58条第1款第1项的规定。至于无行为能力人为何不但可实施纯粹获利的行为，而且可实施一些与其年龄、智力状况相适应的日常性民事行为，有四个常见的解释理由：一是现实生活如此，且为习惯所认可；二是比较法上有这样的立法例，如日本法；三是类推适用《民法通则》第12条关于“十周岁以上的未成年人可以实施与他的年龄、智力相适应的民事活动”的规定；四是民法设立未成年人之无行为能力制度的立法目的，在于维持或保全其财产，未成年人实施对其财产无不利益的行为，法律无干涉的必要，应允许其单

---

① 参见佟柔主编：《中国民法学·民法总则》，224-225页，北京，中国人民公安大学出版社，1990；佟柔：《佟柔中国民法讲稿》，148-149页，北京，北京大学出版社，2008。

② 参见王利明、郭明瑞、方流芳：《民法新论》(上)，385-386页，北京，中国政法大学出版社，1988；尹田：《民事主体理论与立法研究》，52、55页，北京，法律出版社，2003；李开国：《民法总则研究》，129页，北京，法律出版社，2003；王利明：《民法总则研究》，351页，北京，中国人民大学出版社，2003；魏振瀛主编：《民法学》，4版，59页，北京，北京大学出版社，2010。梁慧星教授曾经坚持此种观点，2011年3月以后他则明确建议：废除现行《民法通则》关于自然人民事行为能力的“三分法”，改采“二分法”，规定成年人有完全民事行为能力，未成年人属于限制民事行为能力。参见梁慧星：《民法总论》，4版，106页，北京，法律出版社，2011。

独实施。①

如果将纯粹获利行为视为一种当然的例外情况，那么无民事行为能力可独立实施与其年龄、智力状况相适应的日常性民事行为，其实严重扩张了无行为行为能力制度的内容，将《民法通则》第12条关于“十周岁以上的未成年人可以实施与他的年龄、智力相适应的民事活动”的规定类推适用到了无民事行为能力制度。尤其是持“原则有效、例外效力待定”观点的学者，更是直接将无行为能力人实施的一些民事行为划入限制行为能力制度之中进行了思考。

无民事行为能力制度之理解呈现出的光怪陆离景象，鲜明地揭示了我国无民事行为能力制度相对于社会现实的乖谬。视线往返穿梭于抽象制度与鲜活现实之间的学者们，其实在竭尽所能地消解现行无行为能力制度明显存在的禁止过度问题。具言之，在三级制民事行为能力制度与10周岁年龄界线的双重约束下，经由法解释协调法律与现实之间的紧张关系，对无行为能力制度予以二元区分：大多数情况下，无民事行为能力人实施的法律行为应绝对无效；少数情况下，无民事行为能力人实施的法律行为应属有效，或者应为效力待定。至于何时应无效或何时应有效，则取决于合理保护未成年人利益的个案需要。

显而易见，上述理解不仅严重模糊了无民事行为能力与限制民事行为能力之间的界限，将10周岁这个确定的年龄界线由实线变成了虚线；而且实质上将作为强行性规范的民事行为能力制度转变成了一种任意性规定。这种做法虽然总体上矫正了对无民事行为能力人的禁止过度问题，但其采取的置法律威信于不顾的方法则与法治原则背道而驰。

另须指出的是，像10周岁这样的分界线，虽然会导致僵化的制度效果，但总体上看，却非常有利于促进交易安全。无民事行为能力与限制民事行为能力界线的虚化，则严重损害了这个能够确保交易之船顺畅、安全行驶的浮标。形式化民事行为能力制度本有的便捷交易的功能也因此被大大削弱。

① 参见梁慧星：《民法总论》，3版，104页，北京，法律出版社，2007。

三、无民事行为能力制度的规范意旨

学者们为论证无民事行为能力人可独立实施一些法律行为所提出的四项理由，实际上皆值得商榷。《民法通则》并未将习惯规定为法源，即使习惯偶尔也被法院承认为一种法源，但像民事行为能力制度这样的强行性规范，根本不宜以习惯作为规范基础。更不可忽视的是，对于同一问题，既然已有明确的法律规定，怎么能使习惯超越法律发挥规范作用？对于来自比较法的解释意见，须注意的是，日本民法采纳两级制行为能力制度，由其民法典第 5、122 条规定可明显看出，其所言未成年人的行为能力，实质上相当于德国法系上的限制行为能力。[①] 因此，以日本民法关于未成年人行为能力的规定，解释我国的无民事行为能力制度，并不合理。

最值得分析的是，能否把纯粹获利作为承认无民事行为能力人可独立实施一定法律行为的理由。综合看来，虽然说这种看法同样存在明显的弊端，因为它不仅片面地将未成年人当作了纯粹的“经济人”，而且根本迷乱了法律设置无民事行为能力制度的根本意旨。

无民事行为能力制度肇始于古罗马法，系统形成于德国民法典。在德国民法典确立的三级制行为能力制度中，无民事行为能力与限制民事行为能力为行为能力制度的核心内容。享有限制行为能力者，原则上虽可实施法律行为，但这种意思表示的效力须依赖于法定代理人的同意（事前允许或事后追认）。无民事行为能力人既不能作出有效的意思表示，又不能有效地自己受领意思表示，无论该意思表示对该无行为能力人是纯粹带来了法律上的利益，还是经过了其法定代理人的同意。[②] 很显然，在三级制行为能力制度中，无行为能力之所以被规定为一种独立

① 参见［日］山本敬三：《民法讲义Ⅰ总则》，3 版，65－66 页，北京，北京大学出版社，2012；［日］我妻荣：《新订民法总则》，于敏译，64－70 页，北京，中国法制出版社，2008。

② 参见［德］迪特尔·施瓦布：《民法导论》，郑冲译，121 页，北京，法律出版社，2006。

类型，完全在于它既根本不同于（完全）民事行为能力，又与限制民事行为能力存在显然差异。诚如我国已故民法学家谢怀栻教授所言："无民事行为能力人与完全民事行为能力人正相反，而限制民事行为能力人则介乎二者之间。"① 采三级制行为能力制度的我国台湾地区"民法"同样如此认为。②

因此，法律设置无民事行为能力制度的基本目的，是使低幼儿童处于一个绝对受保护状态，这种法律政策与低幼儿童尚牙牙学语、蹒跚学步不能离开父母独立生活或活动的社会现实相一致。低幼儿童的大脑正处于初级发育阶段，他们在待人接物上总是被好奇心所驱使，理性能力极低。对于身外之物对自身可能带来的弊与利、好与坏，他们通常缺乏基本的辨识。很多低幼儿童甚至完全不知道如何利用或玩弄一些事物，并因使用或玩耍不当而使自己遭受损害。因此，对于低幼儿童与玩物之间的关系，不能从物在经济上是否有利于儿童，而应从儿童能否理解、把握并合理使用该物以及该物是否有利于促进儿童在德智体方面的全面发展，进行综合判断。对于无民事行为能力制度，未成年人相较于丧失意思能力的成年人，需要更全面、更深沉的人文关怀。

关于人文关怀的内容，虽然保全财产为其必要组成部分，但并非全部，更不是根本内容。原因在于，从政策考量上讲，不能孤立地看待纯粹获利行为对无民事行为能力人的社会影响或意义。孤立地看，像无任何负担的赠与，确实能增加无民事行为能力人的财产总量，并可能会为幼儿未来人格的自由发展提供必要的物质条件。但是，鉴于人类行为的互利性、关联性，无缘无故的赠与虽不是完全没有，但甚为少见。襁褓之中或严格看管之下的幼儿，社会关系极其单纯，像春节期间收到的

① 谢怀栻：《民法总则讲要》，82页，北京，北京大学出版社，2007。

② 芮沐教授认为，无行为能力人本身之意思表示无效，其法律行为不论有利或无利，皆为无效。如欲行为，该行为须由法定代理人代为之。因此，仅由法定代理人对其行为予以允许，尚不足以发生效力。且对于无行为能力人所已为之法律行为，法定代理人亦无嗣后予以追认之可能。无行为能力人之法律行为，于当事人成年后，或禁治产原因消灭后，亦仍无效。参见芮沐：《民法法律行为理论之全部（民总债合编）》，87－88页，北京，中国政法大学出版社，2003。

“压岁钱”或“红包”，有时与其说是想为孩子增添节日的喜气，毋庸说成年人旨在借孩子之手增进情感、加固关系网。在此情况下，纯获利行为不仅可能会为幼儿带来生活烦恼，而且会为幼儿的父母带来精神或心理负担。尤其是，一些严重背离父母教育计划的财产赠与，很难说对未成年人行为自由的发展到底是提供了适当的物质基础还是带来了潜在的不当诱惑或危险。毕竟，对于幼儿来讲，开启心智、塑造健全人格、培养健康的生活态度远比积累财富重要得多。因此，不能以“经济人”观念来狭隘地理解幼儿，应以幼儿期在人生历程中的重要性全面理解保护幼儿的政策意义。联合国《儿童权利公约》第3条规定：“关于儿童的一切行动，不论是由公私社会福利机构、法院、行政当局或立法机构执行，均应以儿童的最大利益为一种首要考虑。”① 所谓“儿童的最大利益”，是指以儿童的生存权、受保护权、发展权、参与权等四项基本权利为核心的最大利益组合。

尤其值得一提的是，考虑到未成年人（婴幼儿）通常只能通过像继承、接受奖励、获得报酬、受赠之类的事实行为或法律行为获得财产，对大多数未成年人来说，无民事行为能力制度的意义，更多地体现为对幼儿人格的培养与塑造。不满7周岁的幼儿，在身体、智力、性情、品格等一切方面皆处于人生启蒙阶段，此阶段的成长状况关乎整个人生。正是考虑到人类自身成长初期的这种特殊性，无民事行为能力制度实际上通过完全禁止行为的方式，为幼儿的健康成长创造了一种纯净的环境。从另一个角度讲，在伦理与法律的双重约束下，作为无行为能力人参与社会交往凭借的法定代理人，完全可以在不损害无民事行为能力人利益的情况下，代其参与一切法律交往。

总之，无民事行为能力制度并非单纯地为了保全无民事行为能力人的财产，防止其作出不理智、有风险或有害无益的法律行为，而是更多

① 1991年12月29日第七届全国人民代表大会常务委员会第二十三次会议决定，批准中国加入《儿童权利公约》，同时声明：中华人民共和国将在符合其宪法第二十五条关于计划生育的规定的前提下，并根据《中华人民共和国未成年人保护法》第二条的规定，履行《公约》第六条所规定的义务。

地为了无民事行为能力于人生之初期阶段健康、安全地发育、成长。[①]以此而言，像赠与之类的能够增加无民事行为能力人财产总量的行为，对幼儿而言是否真正属于纯粹获利的行为，必须从幼儿健康成长的高度进行综合判断，不能孤立地就事论事。鉴于幼儿社会关系的简单性，将其参与法律交往的方式完全交给父母或法定代理人，对婴幼儿自身根本不会带来不利，对想与幼儿实施法律行为的一方也不会带来任何负担。

另外应当批驳的一种观点认为，无民事行为能力人所实施的民事行为无效，应限于其根本不能实施的民事行为。该观点混淆了法定无民事行为能力与自然无民事行为能力概念。法律上所言无民事行为能力，并非指人自然无民事行为能力，而是指人根据法律规定无民事行为能力，未满 7 周岁或 10 周岁的人，无识无知者固然很多，但聪明颖慧者也不在少数，此种自然的差异，法律概不过问，而一律以 7 岁或 10 岁为标准，硬性地规定其无行为能力。[②]

总而言之，在三级制民事行为能力制度中，无民事行为能力规则旨在通过绝对禁止行为自由的方式为幼儿提供全方位的保护，在亲权或监护制度的辅助下，无民事行为能力人不仅不会因行为自由的剥夺而遭受不利，反而能在根本无辨识能力的情况下得到周全保护或教育。像 7 周岁或 10 周岁这样的分界线，虽然可能会导致僵化的制度效果，但整体上却利于促进交易安全。由于无民事行为能力为三级制行为能力制度的独特之处，无民事行为能力人实施的法律行为相对有效的理解方式，事实上根本摧毁了三级制民事行为能力制度的支柱，并使之名存实亡。这种不顾法律规则之整体的法律解释方式，实不可取。

四、克服无行为能力制度局限性的立法措施

现行无民事行为能力制度的不合理性，得到了许多学者的认可，他

① 《儿童权利宣言》（联合国大会 1959 年 11 月 20 日通过）指出：“儿童因其身心尚未成熟，于出生前及出生后均需特别保障与照料，包括适当之法律保护在内。”

② 参见郑玉波：《民法总则》，131 页，北京，中国政法大学出版社，20C3。

们为此明确提出了改进现行法的立法建议。这些立法建议主要表现为以下两种方案。

第一，继续坚持三级制民事行为能力制度，把 7 周岁作为无民事行为能力与限制民事行为能力的分界线。[①] 此种建议的主要考虑是：鉴于义务教育制度二十多来的深入实施[②]，年满 6 周岁的儿童应当入学接受并完成义务教育的强制[③]、普遍推行，未满 10 周岁的未成年人的意思能力，因是否接受系统初级教育，已出现阶段性、断裂式转变。以极端对比的方法讲，已受过 4 年系统教育的 10 周岁儿童，在意思能力上与不满 6 周岁的婴幼儿实际上已有巨大差别，他（她）们完全能够独立实施一些像购买学习用品、乘坐公共交通工具之类的民事行为。而不满 6 周岁的幼儿，虽然也受到不同程度的学前教育或家庭教育，但受人类自身生理、心理、智力发展规律的影响，其对他人及社会的认知基本上还处于一时性的、本能的感性理解阶段。由现实生活看，在计划生育政策的深刻影响下，为确保子女优育，不满 6 周岁的幼儿在日常生活的方方面面无不处于家人或保姆的悉心呵护下，他们基本上无独立实施民事活动的机会。基于此，考虑到抽象地保护相对人利益的社会需要，参酌《德国民法典》（第 104 条）及我国台湾地区“民法”（第 13 条）的规定，应将无民事行为能力人的上限修正为未满 7 周岁。

第二，废除三级制民事行为能力制度，改采两级制民事行为能力制度，规定成年人有完全民事行为能力，未成年人属于限制民事行为能力人。基本理由是，我国现行民事行为能力制度的立法目的，过分强调交易安全和财产管理，而无视对于有精神、智力障碍的成年人和未成年人

---

① 参见王利明：《民法总则研究》，351 页，北京，中国人民大学出版社，2003；李永军：《民法总论》，222 页，北京，法律出版社，2006；魏振瀛主编：《民法》，4 版，59 页，北京，北京大学出版社，2010。

② 我国虽然在 1986 年 4 月 12 日《民法通则》颁布之前就颁布了《义务教育法》（1986 年），并明确规定“凡年满六周岁的儿童，不分性别、民族、种族，应当入学接受规定年限的义务教育”，但由于经济、社会发展状况所限，一直到十多年后，义务教育制度才真正发展起来。

③ 修订后的《义务教育法》（2006 年）第 11 条增加规定了延缓入学审批制度，即只有经过乡镇人民政府或者县级人民政府教育行政部门的批准，适龄儿童、少年才能延缓入学。

自己意思的尊重，与 20 世纪末以来的民法发展潮流不相符。[①]

以上两种法律修正案，第二种方案更为可取，主要理由可进一步阐述如下。

第一，从立法技术上讲，两级制民事行为能力制度（实质上为未成年人制度）不设置以年龄为判断标准的无民事行为能力类型，从而完全避免了三级制民事行为能力制度所必然产生的对不满 7 周岁或 10 周岁的未成年人过度保护（完全禁止自由行为）问题，使幼儿获得了一定的意思与行为自由。幼儿的此种意思与行为自由，与当今世界各国普遍采纳的“幼儿亦应当得到尊重”的育儿理念相契合。

第二，从生活常识上讲，两级制民事行为能力制度符合未成年人意思能力渐进发展、逐渐成熟的发展特点，避免了未成年人今日完全无民事行为能力而明日遽然具有行为能力的不正常现象。

第三，从立法目的上讲，两级制民事行为能力制度符合自 20 世纪 50 年代以来国际范围内关于未成年人保护的立法发展趋势。这种立法趋势表现为，未成年人从一个受法律保护的消极主体或受他人决定的目标发展为，有权要求尊重其基本权利、保障其固有的人格尊严及考虑其最大利益与具体需求的主体。1989 年 11 月 20 日被第 44 届联合国大会第 25 号决议通过的《儿童权利公约》是这一发展趋势的集中体现。《儿童权利公约》将“儿童应当对在社会上过独立生活作出充分准备，并应在《联合国宪章》正式宣布的理想的精神，特别是在和平、尊严、宽容、自由、平等与团结的精神下被教育成长”作为基本考虑因素，以儿童的“最大利益”与“渐进能力”作为基本原则，赋予儿童（未满 18 周岁的自然人）包括生存权、受保护权、发展权、参与权等四项基本权利在内的涉及其人格发展、精神自由及未来独立生活的一系列自由与权利。因此，即使是幼儿，也应被看作一个具有自主意思并享有基本权利的市民。只不过，鉴于其身体与精神的渐趋发展性、非成熟性，未成年

① 参见梁慧星：《民法总论》，4 版，106 页，北京，法律出版社，2011；梁慧星主编：《中国民法典草案建议稿》，2 版，5－6 页，北京，法律出版社，2011。

人是一个需要特别保护与照料的“成长中的市民”。完全否认未成年人行为能力的无民事行为能力制度，明显已严重违背《儿童权利公约》的基本要求。

第四，两级制民事行为能力制度代表了最新立法趋势，不仅荷兰民法典、魁北克民法典皆采纳了两级制民事行为能力制度，而且像爱沙尼亚等国甚至将三级制民事行为能力制度修改为两级制民事行为能力制度。

五、结语

总而言之，以年龄为标准划一地确定自然人有无民事行为能力或有何种程度的民事行为能力，无论如何确定年龄界线，皆难免存在过分保护未成年人与使交易相对人的合理信赖无法得到保护的双重局限性问题。为尽可能减少此种局限性，像法国、德国、瑞士等国的著名民法典在类型化民事行为能力制度上分别采取了不同的规范模式。我国《民法通则》在规定民事行为能力制度时，虽然以完全民事行为能力拟制制度缓和了限制民事行为能力类型的局限性，但对无民事行为能力类型的局限性则明显认识不足。一些学者由于对未成年人保护的意蕴缺乏深刻理解，对现行无民事行为能力类型作出了严重背离强行法属性的解释。根据联合国《儿童权利公约》的理念与规定，为尊重幼儿的人格尊严与行为自由，我国民法典应考虑完全取消无民事行为能力类型，规定未成年人不管年龄大小原则上享有限制民事行为能力。

（本文首次发表于《法学评论》2014 年第 1 期，吸收进本书时作了一定调整和修改。）

拟制成年制度的反思与重建

成年即享有完全民事行为能力，成年与否则依年龄标准予以判断，这是现代各国民事行为能力制度中的主要规则。《中华人民共和国民法通则》（以下简称《民法通则》）第 11 条第 1 款除对这项规则作出明确规定外，第 2 款还进一步规定："十六周岁以上不满十八周岁的公民，以自己的劳动收入为主要生活来源的，视为完全民事行为能力人。"《民法通则》第 11 条第 2 款关于未成年人之民事行为能力的这种特别规定，在法学方法论上可概括为拟制成年制度。①

其实，早在 20 世纪 50 年代，对有些虽未满 18 岁而已从事劳动并在生活上亦已独立自主的公民，法院有时也根据具体情况，认定他们是具有行为能力的人。② 拟制成年制度在很大程度上是对过去审判实践的总结。由此可见，拟制成年制度实际上在我国经历了一个较长的发展过程。不过，令人颇感意外的是，如此独特、重要的一项制度，很多年来竟然未能引起学界的重视，与此相关的研究成果寥若晨星即为明证。③此种状况是否意味着，学界认为此项制度已至善至美？事实完全不是这样！从中国民法典草案学者建议稿来看，学者们在这项制度的未来立法选择上明显形成了保留与废止两种截然不同的意见。具言之，梁慧星教授主持完成的"中国民法典草案建议稿"认为，应继续保留拟制成年制

---

① 也有学者将其概括为"劳动成年制"。参见张俊浩主编：《民法学原理》，109 页，北京，中国政法大学出版社，1997。

② 参见中央政法干部学校民法教研室编：《中华人民共和国民法基本问题》，65 页，北京，法律出版社，1958。

③ 通过中国知网仅检索到一篇文章。参见王占明：《论劳动成年制的理论基础与法律适用》，载《法律适用》，2009（5）。

度，主要理由是，根据我国劳动法，16 周岁以上的自然人享有劳动权，这类人一旦就业，即取得独立生活的地位。[①] 王利明教授主持完成的“中国民法典草案建议稿”则主张，应彻底废止拟制成年制度，因为以劳动收入为主要生活来源与一个人的智力状况并无必然联系，而且这种规定在实践中很难掌握，它尤其不利于保护交易第三人的利益。[②]

也许，为编纂一部科学的中国民法典计，现在已真正到了对拟制成年制度予以深刻反思的时候了。有鉴于此，笔者拟对这一制度作出系统研究，提出具体的立法建议，以期裨益于立法。

一、拟制成年制度的认识之争

保护、教育未成年人并兼顾交易的安全，是民事行为能力制度的基本功能。[③] 依此衡量，目前关于拟制成年制度的两种立法建议，在立论上似乎皆存在顾此失彼的弊端。其实，不唯在立法选择上，就是在具体的法律解释上，学界对《民法通则》第 11 条第 2 款也同样存在着针锋相对的见解，可以概称为“具体民事行为能力论”与“抽象民事行为能力论”之争。

(一)“具体民事行为能力论”

持这种观点的学者认为，《民法通则》第 11 条第 2 款规定中的“视为”并不等于“就是”，而是一种法律上的推定，即 16 周岁以上的未成年人只是有条件地相当于完全民事行为能力人。[④] 如果该类未成年人不再参加劳动，不能以劳动收入作为主要生活来源，就丧失了作为完全民

① 参见梁慧星：《中国民法典草案建议稿附理由》（总则篇），43－44 页，北京，法律出版社，2004。

② 参见王利明：《中国民法典草案建议稿及立法理由》（总则篇），42 页，北京，法律出版社，2005。

③ Vgl. Ignacio Czeguhn，Geschaeftsfaehigkeit-beschraenkte Geschaeftsfaehigkeit-Geschaeftsunfaehigkeit，Erich Schmidt Verlag GmbH &Co.，Berlin，2003，S. 21.

④ 参见王利明、郭明瑞、方流芳：《民法新论》（上），160 页，北京，中国政法大学出版社，1988；佟柔主编：《中国民法学・民法总则》，101－102 页，北京，中国人民公安大学出版社，1990。

事行为能力人的条件，不得再像完全行为能力人那样独立从事民事活动。该种观点在《民法通则》生效后不久即被提出，至今仍有一定的影响力。[①]

这种将享有民事行为能力作为未成年人参加工作的法律后果的主张，虽然适应了未成年人生活状况的多变性，有助于灵活保护未成年人的利益，但“以自己的劳动收入为主要生活来源”的具体判断标准，难免会对法的安定性带来不良影响。最高人民法院虽然很快觉察到了这个问题，并将“以自己的劳动收入为主要生活来源”进一步解释为“能够以自己的劳动取得收入，并能维持当地群众一般生活水平”[②]，但如何理解“劳动”与“收入”这两个概念的内涵，则至今争议不断。[③] 总之，“以自己的劳动收入为主要生活来源”所隐含的诸多悬疑，与类型化、形式化的民事行为能力制度所承载的交易安全保护功能，明显有些失调。

（二）“抽象民事行为能力论”

也许是意识到了“具体民事行为能力论”所存在的问题，另有一些学者从不同角度提出了应抽象理解《民法通则》第 11 条第 2 款规定的三种意见。

第一种意见认为，《民法通则》第 11 条第 2 款规定的“视为完全民事行为能力人”，“以其接近成年年龄且能自谋生活的事实，证明了他已具有进行民事活动所要求的成熟的理智，法律因而承认这一事实状态，使其提前具有行为能力”[④]。此种主张的立论前提是，《民法通则》第 11

① 参见江平主编：《民法学》，107 页，北京，中国政法大学出版社，2000；孙宪忠主编：《民法总论》，109 页，北京，社会科学文献出版社，2004。

② 《民法通则意见》第 2 条。

③ 关于“劳动”，则存在是固定工作还是临时工作的争议；而关于“收入”，则存在是固定收入还是包括兼职收入的不同观点。参见孙宪忠主编：《民法总论》，109 页，北京，社会科学文献出版社，2004；尹田：《民事主体理论与立法研究》，50 页，北京，法律出版社，2003；王利明：《民法总论》，142 页，北京，中国人民大学出版社，2009；马俊驹、余延满：《民法原论》，90 页，北京，法律出版社，2007。

④ 彭万林主编：《民法学》（修订本），87 页，北京，中国政法大学出版社，1999。

条第2款是一般取得行为能力的年龄标准之例外规则，对其应以行为能力的实质标准——自然人的理智成熟状态——进行判断。[①] 以劳动谋生的事实，只是为了补充证明未成年人理智的成熟度。按此逻辑，作为一种内在的、抽象的能力，人的理智一旦成熟，除非意外地遭受精神疾患，不可能因像就业状况这样的外在因素而退化或丧失。换言之，一般情形下，人的理智能力会因年龄、就业等因素的影响不可逆转地趋向成熟。因此，16周岁以上的未成年人如能证明"以自己的劳动收入为主要生活来源的"，即可抽象地、不可逆转地提前获得完全民事行为能力。

第二种意见认为，16周岁以上的未成年人，如能证明其在实施民事行为时，曾以自己的劳动收入为主要生活来源，即可被视为完全民事行为能力人。即使其后来又失了业，也不能否定其为完全民事行为能力人。[②] 这种观点虽然明确指出"这里的'视为'为法律推定，没有相反的证明不得推翻"[③]，但"视为"拟制技术具有超越具体案件的抽象效果。也就是说，一旦作为"视为"基础的前提条件得到了确证，法律效果即可普遍地获得，相对人不得以作为"视为"之基础的前提条件的丧失为由，主张未成年人不可享有完全民事行为能力。

第三种意见认为，对《民法通则》第11条第2款的规定可参考未成年人结婚就具有完全行为能力的立法例，如瑞士、日本民法的有关规定作出解释。[④] 须指出的是，在日本与我国台湾地区学界虽然存在结婚后又离婚的未成年人不应继续保有行为能力的意见，但通说认为，未成年人一旦结婚即可确定的、不可改变地享有行为能力。[⑤] 如以这种思路

---

① 参见彭万林主编：《民法学》（修订本），86页，北京，中国政法大学出版社，1999。

② 参见郭明瑞主编：《民法》，2版，46页，北京，高等教育出版社，2007。

③ 同上书。

④ 参见魏振瀛主编：《民法》，3版，57页，北京，北京大学出版社、高等教育出版社，2007。尹田教授认为，《中华人民共和国民法通则》第11条第2款的规定"与法国、日本及我国台湾地区'民法'所规定的因结婚取得行为能力（拟制成年制度）具有相同的实质和立法理由"。尹田：《民事主体理论与立法研究》，49页，北京，法律出版社，2003。

⑤ 参见［日］我妻荣：《新订民法总则》，于敏译，64页，北京，中国法制出版社，2008；王泽鉴：《民法总则》（修订版），120页，北京，中国政法大学出版社，2001。

来解释《民法通则》第 11 条第 2 款，16 周岁以上的未成年人自然可以劳动收入抽象地获得行为能力，即其所获得的民事行为能力不受失业的影响。

上述三种意见看似既有利于保护 16 周岁以上未成年人的利益，又有助于增进交易安全，但如深入分析则不难发现，其在未成年人保护与交易安全维护两方面皆存在值得质疑之处：（1）相对人能否以 16 周岁以上未成年人有可作为主要生活来源的劳动收入为据，请求法院强行认定该未成年人为完全民事行为能力人？法院如接受相对人的请求，就会明显存在不顾 16 周岁以上未成年人的自主意思而纯粹以经济收入来决定其法律地位的问题。（2）即使认为 16 周岁以上的未成年人获得的完全行为能力可不受职业变动的影响，但因任何一次法律交往都是一个具体事件，当事人如果因法律行为产生纠纷，对相对人来说，16 周岁以上的未成年人是否享有完全行为能力，无论如何必须根据《民法通则》第 11 条第 2 款的规定进行实质性判定。在此情况下，交易相对人对交易安定性的期待会像“具体民事行为能力论”之下那样具有很大的不确定性。

综上所述，关于拟制成年制度的“具体民事行为能力说”与“抽象民事行为能力说”不仅存在严重不利于交易安全的问题，而且在未成年人保护上也存在明显不足。这种分析结果发人深省：到底是我们的立法先天不足，还是学者们在法律解释上方法失当？笔者以下以解释论之方法对《民法通则》第 11 条第 2 款作全面、细致的分析。

二、拟制成年制度的规范分析

在具体分析《民法通则》第 11 条第 2 款的规定时，学者们大多指出，这是关于完全民事行为能力人的特别规定[①]或例外规定。[②] 相较于第 11 条第 1 款依（成年）年龄当然获得完全民事行为能力的一般规定，

① 参见马俊驹、余延满：《民法原论》，89 页，北京，法律出版社，2007；魏振瀛主编：《民法》，3 版，57 页，北京，北京大学出版社、高等教育出版社，2007。

② 参见王利明：《民法总论》，142 页，北京，中国人民大学出版社，2009。

第 11 条第 2 款在完全民事行为能力的获得依据上确实设置了特别的以具体事实为要素的判断标准。但是，认识还不能止步于此，因为其中明显存在的疑问是：如果认为《民法通则》第 11 条第 2 款是第 1 款的特别或例外规定，立法者为何不像第 1 款的规定那样，以“是”而不是“视为”来表示构成要件与法律效果之间的逻辑关联？或者，立法者为何不干脆将第 2 款明确地规定为：“16 周岁以上不满 18 周岁的公民，以自己的劳动收入为主要生活来源的，具有完全民事行为能力”呢？这说明，如果纯粹以解释论立场来理解《民法通则》第 11 条第 2 款的规定，则必须对“视为”这个概念作出合理解释。

（一）“视为”的意义与功能

“视为”是一项重要立法技术方法，学理上一般称其为“法定的拟制”。其基本特点是：法律有意识地将两个不同的事实构成等同，以期待取得预期的法律后果。[①] 所谓两个不同的事实构成，一个是尚未获得法律评价的拟被处理的事实（A），另一个为已获得法律评价——构成要件明确、法律效果确定——的事实（B）。A、B 事实明显不同，是应用“视为”拟制技术的前提。立法者之所以不尊重事实真相，强行将 A 事实当作 B 事实，目的是使 A 事实获得 B 事实的法律效果。在将 A 事实拟制为 B 事实的过程中，A 事实之有关当事人是否愿意接受这样的安排，在立法者看来根本不值得一提。因此，“视为”拟制技术具有“指鹿为马”的特性。[②] 就采用“视为”拟制技术的法律规则的法律适用来讲，当事人一方一旦证明了 A，即可确定地享有 B 事实的法律效果；而对方当事人只有证明 A 事实根本不存在，才能阻止 B 事实法律效果的发生。

B 事实的法律效果同样适用于 A 事实，在法学方法论上可表述为，A 事实“引用”了 B 事实的法律效果。“视为”拟制技术因此在立法技

① 参见［德］伯恩·魏德士：《法理学》，丁小春、吴越译，66 页，北京，法律出版社，2003。

② 参见苏永钦：《立法学札记（六）——视为的立法技术》，见 http://www.yadian.cc/paper/18586/，2010 - 12 - 01。

术上被看作简化法律的有效手段之一。对此，有人也许会提出这样的问题：立法者为何不采用诸如参照、准用、亦同之类的纯引用性立法技术方法，在很多情况下[①]偏偏运用这种具有引用功能[②]的“视为”拟制技术呢？大致看来，立法者采用这种做法的原因有三：第一，为了维持原有规定之继续性的外观而进行“表见的拟制”。例如，当事人为自己的利益不正当地阻止条件成就时，视为条件已成就；不正当地促成条件成就的，视为条件不成就。第二，在不十分肯定两个事实构成是否同一时进行“推定式的拟制”。例如，法定代理人未作表示的，视为拒绝追认。第三，为了立法的简洁而进行“引用性拟制”。例如，法人至清算终结止，在清算之必要范围内视为存续。[③]

在拟制技术的三种应用情形中，推定式的拟制与引用性拟制最为常见。[④] 引用性拟制为引用技术与拟制技术的精巧结合，“拟制是其手段，引用则为其目的”[⑤]。不过，不同于常规引用性立法技术的是，引用性拟制只是通过事实构成之拟制，来达到引用某一既定法律效果的目的。如果仅仅立足于“引用”这个因素，引用性拟制主要是关于法律效果的引用；而常规的引用性技术，则为构成事实与法律效果的全部引用。由于两种事实构成存在明显差别，因此，使用引用性拟制技术，可能会产生“拟处理之案型在归类上被过当地归于被拟制之法条所规范之案型”的现象。[⑥]

采用“视为”拟制技术的法律条文，在法学方法论上通常被称为拟制性法条。从构成要件与法律效果的思维方法看，拟制性法条只是确定了某种案型的构成要件，而该案型的法律效果则经由“视为”被导向其

---

① 我国台湾地区“民法”近60处采用了“视为”拟制技术。我国主要民事法律运用“视为”的情况大致为：《民法通则》用了3次，《合同法》用了14次，《物权法》用了3次，《继承法》用了2次。

② 参见黄茂荣：《法学方法与现代民法》，15-16页，北京，中国政法大学出版社，2001。

③ 参见上书，157-165页。

④ 参见上书，160-162页。

⑤⑥ 同上书，164页。

他条文（款）。因此，拟制性法条属于一种仅规范了事实构成的不完全法条。

（二）《民法通则》第11条第2款运用“视为”概念的用意

就《民法通则》第11条的两款规定而言，第1款不仅明确规定了构成要件（成年人）和法律效果（完全民事行为能力），而且指明了构成要件与法律效果之间的逻辑关系，因而属于典型的完全法条。[①] 由上文谈到的拟制技术的应用原因看，采用“视为”拟制技术的第2款，则应归入不完全法条中的拟制性法条。不过，依构成要件与法律效果之逻辑关系看，第2款对拟制技术的利用，在立法设计上也存在模糊之处。成年人具有完全民事行为能力，是第11条第1款关于完全民事行为能力的一般规定。按“视为”之拟制技术的要求，旨在引用第1款之法律效果的第2款，采取如下表达方式，无疑更能揭示第11条两款规定之间的逻辑关系：“16周岁以上不满18周岁的公民，以自己的劳动收入为主要生活来源的，视为成年人。”“视为完全民事行为能力人”之表述，虽然也能达意，但由于“完全民事行为能力人”很容易被看作一种法律效果[②]，因此在解释《民法通则》第11条第2款的规定时，人们常常采取如下做法：将第11条第2款直接当作完全法条。这种做法要么根本无视“视为”概念，要么径直将“视为”理解为“是”。显而易见，这两种做法均极为不妥。不管立法者在《民法通则》制定之时是否意识到了“视为”之拟制技术的独特性，而在解释《民法通则》第11条第2款时则必须以法条之文义为基点。因此，对“视为”的意义作出规范解释是理解《民法通则》第11条第2款的基本要求。

理解“视为”概念的关键，在于如何看待《民法通则》第11条第2款规定中的“完全民事行为能力人”之用语。由于该用语首次出现于第11条第1款，因此，有必要将第11条的两款规定联系起来，从规范体系中寻找“完全民事行为能力人”的规范意义。由《民法通则》第2

---

① 参见黄茂荣：《法学方法与现代民法》，127页，北京，中国政法大学出版社，2001。

② 从《民法通则》第11条第2款的规定可明显看出，“完全民事行为能力人”以享有完全民事行为能力为前提。

章第 1 节“民事权利能力和民事行为能力”关于民事行为能力的具体规定，尤其是第 13 条的规定看，第 11 条第 1 款显然旨在一般性地规定，18 周岁以上的公民是成年人，具有完全民事行为能力，是完全民事行为能力人。[①] 如果仅仅立足于《民法通则》第 11 条第 1 款的规定，“完全民事行为能力人”只是为了进一步在民事行为能力意义上申明“成年人”的私法意义（具有完全民事行为能力）。也就是说，在第 11 条的规范范围内，指明一个人是成年人与指明一个人是完全民事行为能力人其实是同一个意思，只不过后者在表意上更为直接、具体。如果不回避第 11 条第 2 款的“视为”概念，完全可以说，《民法通则》第 11 条所提“完全民事行为能力人”只能是成年人。

不管立法者是否清楚“视为”概念的技术特性，其在设计《民法通则》第 11 条第 2 款时特别选用“视为”而放弃继续使用第 11 条第 1 款规定中的“是”本身即已充分说明，其显然意识到了 16 周岁以上不满 18 周岁的公民（16 周岁以上的未成年人）能否像成年人那样获得完全民事行为能力应当特别对待。由于《民法通则》第 11 条第 2 款对“完全民事行为能力人”概念的使用不仅根本无意改变其在第 1 款中的规范意义，而且也不可能改变其在第 1 款中的规范意义，因此完全可以认为，第 11 条第 2 款规定中的“完全民事行为能力人”只能是“成年人”。也许是为了表述更为直接，也许是为了取得良好的修辞效果，立法者最终采用了“视为完全民事行为能力人”，而不是“视为成年人”的用语。

“视为成年人”，即是说，16 周岁以上的未成年人以自己的劳动收入为主要生活来源的，在实施法律行为时，应获得成年人的法律地位：具有完全民事行为能力，可以独立进行民事活动。

总之，依体系解释看，将《民法通则》第 11 条第 2 款理解为旨在引用第 11 条第 1 款的拟制性法条，比较合理。这种理解既充分考虑了

① 根据《民法通则》第 13 条的特别规定，成年人在不能辨认自己行为时，是无民事行为能力人；在不能完全辨认自己行为时，是限制民事行为能力人。

“视为”概念的规范意义，又很好地顾及了第11条两款规定之间的逻辑关联。至此，我们至少可得出如下结论：“视为”不同于“是”，第11条第2款规定中的“视为完全民事行为能力人”与第11条第1款规定中的“是完全民事行为能力人”具有完全不同的意蕴。后者是为了进一步具体化成年人具有完全民事行为能力这个规则，前者只是为了“引用”完全民事行为能力这个法律效果。也就是说，《民法通则》第11条第2款使用“视为”概念的目的是“引用”第1款的法律效果，并非将“以自己的劳动收入为主要生活来源的16周岁以上不满18周岁的公民”看作一类特殊的成年人。毕竟，从其他任一国家或地区的民事立法或判例看，人成年与否，只能依年龄来判断。反过来讲，即使“以自己的劳动收入为主要生活来源的16周岁以上不满18周岁的公民”具有完全民事行为能力，可以称为完全民事行为能力人，但其并不是成年人，仍是未成年人。以此而言，《民法通则》第11条第2款的规定实际上属于《民法通则》第12条“未成年人是限制行为能力人”规定的例外规定。这种解释结果，与其他国家或地区将宣告成年制或结婚成年制看作未成年缓冲制度的认识完全一致，因而也是妥当的。

（三）拟制成年制度的规范地位、效果

关于《民法通则》第11条的两款规定，许多人之所以将第2款当作第1款的特别或例外规定，根本原因在于不知采用“视为”的目的是“引用”，并进而将“视为”误解成为“是”[①]。

从法律适用上讲，将《民法通则》第11条第2款看作第12条的一种例外规定而不是第11条第1款的一种例外规定，意义重大。因为这样就明确了应基于何种立场来解释第11条第2款的问题。学者们之所以长期以来对如何理解“劳动收入”争议不止，很大程度上是没有意识到拟制成年制度只是一种未成年缓冲制度。所谓未成年缓冲制度，是指为了舒缓纯形式化的年龄成年制之僵化性，使事实上具有行为能力的大龄未成年人有条件地获得完全民事行为能力的制度。

---

① 王利明：《民法总论》，347页，北京，中国人民大学出版社，2009。

从《民法通则》第 12 条和《合同法》第 47 条的规定可明显看出，无论是相对于未成年人自身的行为自由还是相对于交易相对人的交易安全保护，谨慎对待未成年人的自由决定，加强对未成年人的保护和教育，是未成年制度（即无民事行为能力和限制民事行为能力制度）的根基。拟制成年制度虽然旨在破除常规，有条件地赋予未成年人完全的行为自由，但其如此规定的目的，是矫正未成年人完全无行为能力或仅有限制行为能力制度的极端与僵化，而不是不管未成年人自由行为的具体条件（生理、心理、社会等诸方面）轻率地让其参与社会交易。一言以蔽之，拟制成年制度之设立目的，是缓冲《民法通则》第 12 条第 1 款关于限制民事行为能力制度规定的僵化，使部分事实上具有行为能力的未成年人提前获得完全民事行为能力。基于此，从理论上讲，对于《民法通则》第 11 条第 2 款规定中“以自己的劳动收入为主要生活来源”由法官自由裁量比较适宜。但是，在支撑法官自由裁量的外部约束条件尚不具备的中国现行法制状况下，两害相权取其轻，最好还是对“劳动收入”概念采取严格解释的立场，即所谓劳动收入，应指稳定的、专职的劳动收入。

明确了《民法通则》第 11 条第 2 款的规范地位后，前文所言“具体民事行为能力论”与“抽象民事行为能力论”之间的是非曲直则不难判断。如前所言，从法学方法论讲，《民法通则》第 11 条第 2 款虽然仅注重于事实构成的拟制，但借助“视为”拟制技术的引导，很容易找到拟处理案件的法律效果。相较于作为完全法条的《民法通则》第 11 条第 1 款，第 2 款规定的不完全性仅仅限于该款规范要素是否齐备上。从法律适用上讲，通过引用第 11 条第 1 款的法律效果，第 2 款同样可以作为独立的规范基础。在此情况下，但凡可纳入《民法通则》第 11 条第 2 款规范范围内的案件，法官只能像适用其他法律规则一样，立足于个案的具体情况，依循构成要件与法律效果的常规思维模式作出裁断。由于判决不像规范性法律文件那样，具有普遍的约束力，故而，未成年人根据《民法通则》第 11 条第 2 款获得的民事行为能力，只能局限于个案之中。换言之，如果同一未成年人其后又与其他人因行为能力之有无发生争议，法官必须根据《民法通则》第 11 条第 2 款的规定进行判断，而不能想当然地采用前一个判决的结论。这就有可能发生这样的情况：在前一个案件中被判定为有完全民事行为能力的未成年人，在后一个案件中因其失去了职业而不能被判定为完全民事行为能力人。总之，《民法通则》第 11 条第 2 款只是一项解决个案的一般规则，而不是一项具有普遍效力的行为能力宣告制度。

就“视为”这项立法技术来讲，之所以说它具有不可推翻或反驳的效果，是因为在个案中，根据“视为”拟制技术而享有或接受法定效果的一方不能以其他事实为据，证明 A 事实根本不同于 B 事实，并借此阻止 A 事实享有 B 事实的法律效果，而只能就 A 事实本身是否符合法定要件来阻止将 A 事实视为 B 事实。因为 16 周岁以上未成年人的就业状况是一个变数，所以在不同案件中，同一未成年人在不同时间可能存在不同的就业状况，此案中未被驳倒的 A 事实在彼案中却完全可以被驳倒。

据此分析，就“抽象民事行为能力论”而言，如果没有把拟制成年制度误解为宣告成年制，其所谓提前获得行为能力也只能是针对某一个特定案件而言的。

（四）拟制成年制度的规范缺陷

根据以上分析，《民法通则》第 11 条第 2 款明显存在如下值得检讨之处。

1. 忽视了未成年人的自主意思及法定代表人的保护意思

由于对“视为”拟制技术缺乏必要的认识，《民法通则》在未成年人保护上明显矫枉过正。具言之，“视为”拟制技术具有强制性，其适用根本不考虑拟处理案件当事人的意思，16 周岁以上的未成年人一旦被拟制为成年人，其法律地位就具有绝对性，即“16 周岁以上不满 18 周岁的公民，只要有独立劳动收入并以它作为主要生活来源的，即使他不愿意成为完全民事行为能力人，也不允许”①。在此情形下，未成年

① 江平：《民法中的视为、推定与举证责任》，载《政法论坛》1987（4）。

人自身是否愿意独立参与民事生活的自主意思以及法定代理人是否同意未成年人参与民事活动的意思，皆得不到起码的尊重。

2. 忽视了实质判断标准对交易安全的妨害

如前所言，《民法通则》第 11 条第 2 款赋予 16 周岁以上未成年人以完全民事行为能力，是进行实质判断的结果。相较于以形式化的年龄标准获得完全民事行为能力的规则，未成年人依拟制成年制度所获得的完全民事行为能力，不能为相对人依外在标准加以判断。在具体交易中，相对人往往无法凭借一种比较客观的或形式化的标准便宜地判断未成年人是否享有民事行为能力。在此情况下，为了杜绝隐患——防止法定代理人事后以未成年人不能独立实施法律行为为由主张合同无效——交易相对人须事先对与其交易的未成年人进行必要的调查。这显然不利于交易的安全进行。

在立法论上，拟制成年制度存在的上述立法缺陷是否已到了足以彻底摈弃这种制度的地步？鉴于我国民法的显著继受性，为对该问题进行透彻的分析，有必要从功能主义的角度进行全面的比较法考察。

三、拟制成年制度的比较法考察

从与我国民法具有一定渊源关系的一些立法例看，与拟制成年制度具有功能类似性的缓冲未成年制度，大致有三类。

（一）因宣告成年或结婚而获得完全行为能力

1. 宣告成年制

所谓宣告成年制，即接近成年的未成年人得以监护法院的决定，宣告为成年。该做法肇始于古罗马法，后被《德国民法典》所继受。但是，当德国后来将成年年龄由年满 21 周岁修改为年满 18 周岁后，成年宣告制度即被废止。瑞士的情况也是如此。

《法国民法典》规定的宣告解除亲权制在功能上非常类似于宣告成年制。根据《法国民法典》第 477—478 条的规定，未成年人即使未婚，在年龄达到 16 周岁时，应父与母或其中一人的请求，如有正当理由，法官得在听取未成年人本人的意见后，宣告解除亲权；既无父亦无母的未成年人，应亲属会议的请求，也可以解除亲权。但稍微不同于宣告成年制的是，解除亲权的未成年人不得为商人。解除亲权的未成年人，如同成年人，有进行一切民事行为的能力。

2. 结婚成年制

结婚成年制是对未成年人可凭结婚之事实而享有行为能力的概称。该制度以适婚年龄低于成年年龄为前提。其大致有三种立法模式：(1) 未成年人已结婚者，有行为能力，如《俄罗斯民法典》第 21 条第 2 款的规定[①]；(2) 未成年人结婚后，视为因此而成年，如《日本民法典》第 753 条的规定；(3) 未成年人结婚，依法当然解除亲权，如《法国民法典》第 476 条的规定。

上述两种未成年缓冲制度在法律适用上存在显著差异。对于结婚成年制，未成年人可依结婚之事实，当然获得行为能力；而对宣告成年制，未成年人是否可被宣告为成年，须取决于未成年人的法定代理人或未成年人本人的意思。至于宣告成年的理由，法律基本上不作限制性规定。这样做的原因在于，迥异于（成年）无行为能力或限制行为能力宣告制度，宣告成年制旨在缓冲未成年人不能独立实施法律行为的规定，其对未成年人的成长利大于弊，不宜做太多限制。立法者深信，未成年人的法定代理人——父母或法院指定的其他近亲属——会从切实保护未成年人的角度出发，慎重作出请求宣告未成年人成年的决定。

这两种制度确立的动因也有所差异。结婚成年制主要是源于社会交往、家庭生活等特殊需要。试想，结婚后的未成年人如果不能独立行为，如何能营造私人生活、维护家庭利益，又如何能抚养子女（因无亲权）。宣告成年制，则是为了使部分生活能力超常的未成年人早日参与社会交往，以促进其人格的发展。

---

① 《瑞士民法典》第 14 条第 2 款原来也有这样的规定，但后来被废止，原因在于修改后的成年年龄（年满 18 岁）与适婚年龄完全相同。

(二) 因独立营业或参加劳动而获得部分行为能力

1. 在营业范围内有行为能力

根据《德国民法典》第112条、《瑞士民法典》第412条、《日本民法典》第6条的规定，经许可或授权独立从事营业的未成年人，关于其营业，有行为能力。营业是指以营利为目的的各种事业，农、工、商、服务业皆可。在日本与我国台湾地区，营业许可由法定代理人作出；在德国和瑞士，法定代理人在授权未成年人从事独立营业前，需事先取得监护法院或监护官署的批准。监护法院的批准可发生于授权之前或之后。法定代理人在监护法院批准前授权的，授权可持续存在到监护法院批准之后。监护法院在决定应否批准时必须评价未成年人是否具有必要的能力和知识，像其所计划的那样去执行营业。至于授权哪些法律行为，则由监护法院依营业活动的方式和范围而定。能够归入营业之执行范围内的所有法律行为，均可纳入授权之列。[①]

未成年人经许可或授权获得的营业行为能力，并非一定能恒定不变地保有到成年。依《德国民法典》的规定，经监护法院批准，法定代理人可以收回对未成年人的营业许可。监护法院为此需审查收回是否在时间上适当或收回原则上是否符合未成年人的利益。日本的民法虽然同样规定，法定代理人可限制或撤销营业许可，但为减少法定代理人行为的任意性，同时尽量减少对交易安全的妨害，特明确规定，只有在未成年人就其营业有不能胜任的情形时，法定代理人才能限制和撤销营业许可。

为保障交易的安全，我国台湾地区"民法"第85条明确规定，营业许可之限制或撤销，不得对抗善意第三人。而根据日本学界通说，营业许可的撤销可以对抗善意第三人，但如果撤销商业性营业许可在未进行涂销登记前，善意第三人受到保护。[②]

① See Vgl. Ignacio Czeguhn, Geschaeftsfaehigkeit-beschraenkte Geschaeftsfaehigkeit-Geschaeftsunfaehigkeit, Erich Schmidt Verlag GmbH &Co., Berlin, 2003, S. 86.

② 参见［日］我妻荣：《新订民法总则》，于敏译，66－67页，北京，中国法制出版社，2008。

2. 因劳动或雇佣关系而取得部分行为能力

除规定未成年人因独立营业享有行为能力外，根据《德国民法典》第113条的规定，未成年人不仅可以独立订立、变更劳务合同，请求并收受工资，而且可以加入工会。[①] 另外，未成年人也可以无须取得法定代理人的同意而调换工作。但是，未成年人不能自由处分其因劳动获得的报酬。[②] 需要指出的是，学徒合同不适用于《德国民法典》第113条的规定，因为该类合同的目的是教育未成年人。

与其第112条有所不同的是，《德国民法典》第113条规定，法定代理人不仅可以无须监护法院的批准直接授权未成年人从事劳动，而且在授权之后也可以不经监护法院的批准直接限制或撤销授权。授权的限制或收回由法定代理人决定。法定代理人在作出限制或收回授权的决定时，必须考虑未成年人的福利或幸福。法定代理人不这样做时，根据《德国民法典》第1666—1667条的规定，监护法院可进行干预。[③]

（三）因工作合同或经营活动取得完全民事行为能力

《俄罗斯民法典》第27条第1款规定："年满16岁的未成年人，如果依照劳动合同工作，其中包括按其他合同工作，或经父母、收养人或保护人的同意从事经营活动，可以被宣告为具有完全民事行为能力人。宣告未成年人为完全行为能力人（取得完全行为能力），经父母双方、收养人或保护人的同意时，根据监护和保护机关的决议进行；没有父母、收养人或保护人的同意时，须根据法院的判决进行。"该规定其实也可纳入宣告成年制之中。之所以对之单独加以分析，在于这种制度在宣告成年的前提条件设置上非常类似于《民法通则》第11条第2款的规定。

---

① 参见［德］迪特尔·梅迪库斯：《德国民法总论》，邵建东译，438页，北京，法律出版社，2000。

② 参见［德］卡尔·拉伦茨：《德国民法通论》（上册），王晓晔等译，154页，北京，法律出版社，2003。

③ See Vgl. Ignacio Czeguhn, Geschaeftsfaehigkeit-beschraenkte Geschaeftsfaehigkeit-Geschaeftsunfaehigkeit, Erich Schmidt Verlag GmbH &Co., Berlin, 2003, S. 91.

从俄罗斯民法演化史看，上述第 27 条第 1 款之规定并无先例可循。以 1964 年《苏俄民法典》为例，虽然《苏俄劳动法》第 173 条规定未成年人从 16 岁起，在特殊情况下从 15 岁起，有权参加劳动关系，但《苏俄民法典》第 13 条第 2 款仅规定，15 岁至 18 岁的未成年人有权独立地支配自己的工资或助学金；另外，未成年人不能自由处分用工资购买的物品。①

考虑到未成年人尚不具备足够的生活经验，且可能出现不合理使用工资和助学金的情况，1964 年《苏俄民法典》第 13 条第 3 款特别规定，在有充分根据的情况下，监护和保护机关可以根据自己的倡议或社会团体及其他有关人员的请求，限制或剥夺 15 岁以上未成年人独立支配工资或助学金的权利。上述组织和人员所关心的，不只是未成年人对自己金钱的不当支配会侵犯某人（如家庭成员）的财产利益，而且更为重要的是，未成年人的不当行为会对其自身发展、教育以及世界观的形成带来不良影响，并可能与社会利益相抵触。因此，当未成年人花钱的目的与法律和道德规范相抵触（如买酒精饮料、赌博）或花钱不当、花钱不考虑衣食需要时，皆可认为有充分的根据。②

1994 年《俄罗斯民法典》第 30 条除了将 1964 年《苏俄民法典》第 13 条规定中的“年满 15 岁不满 18 岁”修改为“年满 14 岁不满 18 岁”外，还继承、深化了上述规定。

（四）小结

享有劳动权，提供劳务或从事劳动，甚至是独立营业，并非未成年人可享有完全行为能力甚至是部分行为能力的充分条件。对尚处于人生成长紧要关头的未成年人来说，参与法律交往，尤其是商业性的法律交往，并由此取得一定的工资或报酬，利弊俱存。因此，许多国家或地区的立法，虽然同意未成年人可因独立营业或参加劳动享有部分行为能力，但却坚决禁止他们自由支配工资。然而，异乎寻常的是，《民法通

① 参见［苏联］B. П. 格里巴诺夫、C. M. 科尔涅耶夫：《苏联民法》（上册），中国社会科学院法学研究所民法经济法研究室译，105 页，北京，法律出版社，1984。

② 参见上书，108 页。

则》却将劳动收入看作未成年人享有完全民事行为能力的实质条件。有些学者甚至想当然地认为，如不允许参加劳动的未成年人独立参与各种民事活动，不仅会给他们的工作、生活带来不便，而且不利于社会经济的发展和稳定。[①] 这种只见其利、不问其弊的经济乐观主义观念，值得反思。

虽然精神能力的丧失或残缺可作为成年人部分或全部丧失行为能力的基本根据，但健全的智力能力或精神能力能否作为未成年人提前获得行为能力的主要根据，同样值得探讨。民事行为能力是决定自然人能否独立参与社会交往的法律资格。由社会经验可知，社会交往能力是人各种具体能力的综合，融合了知识、智力、经验、意志等各种因素。如果仅仅具有智力一项因素，并不足以使未成年人立足于社会。"高分低能""高知低能"所引发的社会问题，即为明证。依意思自治之现代民法精神，行为能力之本质为意思能力，而意思能力实质上是理智地作出法律交往决定的能力，其综合了识别、判断以及对未来的预见等各种具体能力。[②] 现实地讲，意思能力之状况应依每个自然人的具体情况进行判断。然而，如果每遇纷争就考察未成年人的意思能力，既不利于保护未成年人，也会使与未成年人进行法律交往的相对人陷入不安之境地。无奈之下，人们只好依人类经验将年龄作为判断行为能力之有无的基本标准。[③]

然而，对旨在克服年龄标准之单一性、绝对性而设置的未成年缓冲制度来说，再以单纯的年龄为标准来决定哪些未成年人可以享有行为能力，显然就不合时宜了。为此，一些国家或地区多以年龄与意思为基础来设计未成年缓冲制度：一是将年龄标准与未成年人的自主意思及法定代理人的许可结合起来，如宣告成年制；二是未成年人可否享有行为能力取决于未成年人之法定代理人的意思（授权）。在决定未成年缓冲制度的两种要素中，整齐划一的年龄标准表示了立法者允许未成年人享有

---

① 参见马俊驹、余延满：《民法原论》，90页，北京，法律出版社，2007。

② 参见张驰：《自然人行为能力新思考》，载《法学》，2009（2）。

③ 参见胡长清：《中国民法总论》，76页，北京，中国政法大学出版社，1997。

行为能力的最低年龄容忍度；对未成年人及其法定代理人意思的尊重表明了被保护者自愿承担因提前享有行为能力所可能带来的不利后果。将“以自己的劳动收入为生活来源”作为一种重要事实构造要件的拟制成年制度，既没有充分认识到劳动收入对未成年人可能造成的复杂影响（积极的和消极的），又严重忽视了未成年人的父母或法定代理人在保护、教育未成年人上所具有的无可比拟的优势。

就未成年缓冲制度的立法而言，未成年人可享有有限的或全部行为能力的规定只是未成年人不能独立实施法律行为之一般规则的例外情形。此种立法源于对未成年人的尊重、保护和教育。未成年人享有行为能力既然只是一项例外规则，那么在具体制度设计上就必须贯彻例外从严的立法思想。具言之，除因结婚而当然取得完全行为能力外，在其他情况下，未成年人获得部分或完全行为能力必须经由法定代理人甚至是监护法院的许可。更为重要的是，未成年人经许可获得的行为能力，不能不管情势变化一直保有到成年。如果其自主行为之结果对其自身或家庭带来不利影响，法定代理人可请求限制或撤销其行为能力。立法只有作出此种灵活的规定，充分考虑未成年人成长过程的复杂性、不稳定性，才值得肯定。

在切实保护未成年人利益之前提下，还应充分考虑交易的便捷与安全。宣告成年制、结婚成年制以及完全行为能力的宣告制度，以官方的宣告警示了与未成年人交易的其他人。对于由独立营业所获得的部分行为能力，因营业多为商业行为，借助商业登记制度，交易相对人的利益也能在很大程度上得到保护。至于因参加劳动所获得的行为能力，由于该制度严格限制未成年人自由支配由工资购买的物品，因而交易相对人的交易风险也被控制到最低限度了。

四、拟制成年制度的立法完善

就拟制成年制度的存废而言，《德国民法典》第 113 条的规定不仅不妨害未成年人的工作与生活，而且能灵活应对参加工作或劳动所可能给未成年人带来的不良影响，因此不足以作为保留拟制成年制度的根据。拟制成年制度存在的根本意义，在于其能克服未成年制度——未成年人不能独立实施法律行为的规定——的极端与僵化，增强未成年人保护制度的灵活性，提高未成年人保护的总效益。

对主张完全废止拟制成年制度的人来说，拟制成年制度的缺陷并非仅仅表现为对交易安全的忽视上。除此之外，“视为”之拟制技术的应用所导致的对未成年人的保护过度问题、立法思想上过分看重经济因素在未成年人保护中的作用，也是现行拟制成年制度的重大缺陷。

未成年人的成长状况不仅与未成年人个人及其家庭利益休戚相关，而且事关国家的未来、民族的希望。因此，保护未成年人的财产或人身权利，只是未成年人保护的表面问题，保护未成年人的身心健康，使未成年人在品德、智力、体质等方面得到全面发展，将未成年人塑造成有理想、有道德、有文化、有纪律的人，才是未成年人保护制度的根本。①

鉴于保护、教育未成年人的复杂性，在确立、解释未成年缓冲制度时，应当谨慎对待未成年人参加工作或劳动这个事实，尤其应警惕劳动收入在未成年人成长中所可能造成的不良影响。拟制成年制度不仅片面地以未成年人的劳动收入为构造基础，而且以“尽可能地给参加社会活动的人以完全的民事能力”② 为指针，这种做法几乎完全忽视了经济收入在思想、观念、生活方式等方面对未成年人所可能产生的消极影响。

本来，不用说相对于欧陆的法国、德国、瑞士等国在民法典制定之初确立的成年年龄标准，就是相较于东亚的日本、韩国及我国台湾地区所作年满 20 岁为成年的规定，《民法通则》所确立的年满 18 周岁为成年的标准已显得较低。尽管如此，从《民法通则》第 12 条的规定可以看出，我国的未成年缓冲制度在立法精神上已不是为了尽可能地给参加社会活动的人以完全的民事能力，而是旨在进一步使想参与民事活动的未成年人获得行为能力。

---

① 参见《未成年人保护法》第 1 条。

② 佟柔：《中华人民共和国民法通则疑难问题解答》（第 1 辑），1 页，北京，中国政法大学出版社，1986。

总之，拟制成年制度之缺陷在很大程度上根源于褊狭的未成年人保护、教育观念。因此，在考虑拟制成年制度之存废时，不宜将视线仅仅停留于该制度本身，而应将之纳入科学、合理的未成年缓冲制度之总体设计中。

基于此种体系性思考，应在促使未成年人健康成长、全面发展的思想指导下，严格解释《民法通则》第 12 条规定的未成年人“可以进行与他的年龄、智力相适应的民事活动”。因为未成年人以此获得的行为能力，会受法律解释之不确定性影响。这既不利于其自身成长，又妨害交易安全。在此情况下，为适应接近成年的未成年人参加劳动或独立营业的现实需要，在废除拟制成年制度之同时，可设立宣告成年制度。

笔者建议未来立法应作如下规定：法定代理人可以向人民法院申请，要求宣告 16 周岁以上的未成年人具有完全民事行为能力。法定代理人提出申请前，必须取得未成年人的同意。取得完全民事行为能力的未成年人，其行为如果严重不利于自身或家庭时，法定代理人或其他对未成年人负有保护义务的团体或个人，可以申请人民法院限制或撤销赋予未成年人以民事行为能力的许可。

（本文曾以《我国民法拟制成年制度的反思与重建》为题，发表于《法商研究》2011 年第 1 期，吸收进本书时略作修改。）

未成年人民事行为能力的立法完善

民事行为能力制度是民法总则的重要法律规范之一，它既牵涉未成年人权益保护、未成年人独立人格培养，又与交易相对人的信赖保护紧密相关，在制度构造上交织着多种法政策考量因素。这使得民事行为能力制度在法律观念、制度设计等方面成为学术研讨的富矿，多年来一直受到学界的关注。《中华人民共和国民法总则（草案）》（2016 年 6 月 27 日审议稿，以下简称《民法总则草案》）尊重民事立法的历史延续性、适应当前经济社会发展的客观要求，并立足中国实际、借鉴国外立法有益经验[①]，以《民法通则》的规定为基础，对民事行为能力制度作了诸多修改补充。但是，依未成年人保护、相对人信赖保护的法律思想看，《民法总则草案》关于未成年人之民事行为能力的规定仍然存在一些值得反思、改进之处。本部分立足于前文对民事行为能力制度的多维度探讨，对民事行为能力的规范模式、无民事行为能力的存废、限制民事行为能力制度构造中的信赖保护等问题展开研究，并对如何完善《民法总则草案》的规定提出具体建议。

一、民事行为能力制度的规范模式

我国现行民事行为能力制度主要体现在《民法通则》、《合同法》及最高人民法院《关于贯彻执行〈中华人民共和国民法通则〉若干问题的意见（试行）》（以下简称《民法通则意见》）的规定中。在这三部规

① 参见李适时：《关于〈中华人民共和国民法总则（草案）〉的说明》，2016 年 6 月 27 日在第十二届全国人民代表大会常委会第二十一次会议上。

范性法律文件中，《民法通则》确定了民事行为能力制度的规范模式和规范结构，《合同法》与《民法通则意见》只是因应法律进化的时代需要，对《民法通则》的规定作了个别补充或修正。

《民法通则》关于民事行为能力的规范模式特色是，在两个章节对民事行为能力分别作了规定。其第二章第一节（民事权利能力和民事行为能力）以完全民事行为能力、限制民事行为能力、无民事行为能力的规范结构，依年龄与精神健康状况为标准，对自然人的民事行为能力作了明确的类型区分，并具体规定了限制民事行为能力人、无民事行为能力人如何参与民事活动。其第四章第一节（民事法律行为）在规定民事法律行为的效力时，明确规定，无民事行为能力人实施的民事行为、限制民事行为能力人依法不能独立实施的民事行为，无效。这种立法模式其实是从民事主体与民事法律行为两个侧面对民事行为能力作了不同规定。《民法总则草案》完全沿袭了《民法通则》的规范模式，其在第二章（自然人）第一节（民事权利能力和民事行为能力）对民事行为能力做出区分规定及对限制民事行为能力人、无民事行为能力人实施民事法律行为的范围或途径做出明确规定之后，又于第六章（民事法律行为）第三节（民事法律行为的效力）对无民事行为能力人、限制行为能力人实施的法律行为的效力状况作了明确规定。

这种从不同侧面对同一制度予以规范的立法模式是否合理，不无反思与检讨余地。它最明显的一个弊端是，立法重复。例如，对于限制民事行为能力，《民法总则草案》第 18 条第 1 款规定："六周岁以上不满十八周岁的未成年人，为限制民事行为能力人，可以独立实施纯获利益的民事法律行为或者与其年龄、智力相适应的民事法律行为；实施其他民事法律行为由其法定代理人代理，或者征得其法定代理人的同意。"第 21 条规定："不能完全辨认自己行为的成年人，为限制民事行为能力人，可以独立实施纯获利益的民事法律行为或者与其智力、精神健康状况相适应的民事法律行为；实施其他民事法律行为由其法定代理人代理，或者征得其法定代理人的同意。"第 123 条第 1 款规定："限制民事行为能力人实施的民事法律行为，经法定代理人同意或者追认后有效，但是纯获利益的民事法律行为或者与其年龄、智力、精神健康状况相适应的民事法律行为，不需经法定代理人同意或者追认。”对照第 18 条第 1 款、第 21 条与第 123 条第 1 款的规定，可明显看出，除“六周岁以上不满十八周岁的未成年人，为限制民事行为能力人”及“不能完全辨认自己行为的成年人，为限制民事行为能力人”这两项关于限制民事行为能力的定义性规定外，第 18 条第 1 款、第 21 条规定中的其余部分与第 123 条第 1 款的规定明显构成重复，除语言表达略有不同外，它们的规定意旨则完全相同。

这种立法重复现象难免引发这样的思考，关于民事行为能力制度，其他国家或地区是如何规定的？我国为何选择这种规范模式？如何修改完善草案的规定？

从比较法视角看，在规范民事行为能力上，主要有三种立法模式。

第一，在民法典总则编的法律行为章单独、集中规定行为能力制度。该模式由德国民法典创设，该民法典总则编第三章（法律行为）第一节以“行为能力”为名，对何为无行为能力、限制行为能力及无行为能力人、限制行为能力人实施法律行为的效力状况作了统一规定。

第二，在民法典人法编的自然人一章对行为能力制度作出统一规定。这是瑞士民法典采纳的规范模式。该民法典第 12—19 条对行为能力、无行为能力作了统一、抽象的规定。瑞士民法典采纳这种模式的一个体系制约因素是，其未像德国民法典那样设立总则编，德国民法典总则编所规范事项，被分散安排在其他不同编章之中。如关于法律行为的规范，主要规定在瑞士民法典第一编（人法）的自然人章及瑞士债法典第一编（总则）第一章第一节的合同之债。饶有趣味的是，日本民法典虽然借鉴德国民法典设立了总则编（第一编），并自成一体地规定了法律行为（第四章），但在规范行为能力上其于民法典第一编（总则）第一章（人）第二节以“能力”为名，对行为能力作了集中规定，而在法律行为章仅在规定无效及撤销（第四节）时涉及行为能力的个别规定。

第三，在民法典总则编的自然人章与法律行为章分别规定行为能力制度。我国台湾地区“民法”采取了这种做法，该“民法”总则编第二章（人）第一节（自然人）以年龄与心神或精神状况为标准确立了三级制行为能力制度；而在总则编第四章（法律行为）第二节以“行为能力”为名，对无行为能力人、限制行为能力人实施法律行为的效力状况、从事民事活动的方式或范围等，作了系统规定。1964 年苏俄民法典关于行为能力的规定，整体上类似于我国台湾地区“民法”的规定。但不同于我国台湾地区“民法”的是，苏俄民法典总则编第二章（人）第一节（公民）在规定行为能力时，不仅界定、区分了行为能力的三种类型[①]，而且对不完全的行为能力人（未满 15 岁的未成年人、年满 15 岁的未成年人）可以独立实施的法律行为及不能独立实施法律行为时参与民事生活的途径或方式作了明确规定。例如，该法典第 14 条规定：“未满十五岁的未成年人，由其父母、收养人或监护人以他们的名义实施法律行为。未满十五岁的未成年人，有权独立实施小额的生活性法律行为。未满十五岁的未成年人在信贷机关储蓄和支配存款的权利，由苏联立法规定。”苏俄民法典总则编第三章（法律行为）对行为能力的规定，主要是关于不完全的行为能力人实施的法律行为在何种情况下“一律无效”及在何种情况下可由法院“宣布无效”的规定。为避免出现立法重复，苏俄民法典采取了参照性规定的立法技术。例如，其第 51 条第 1 款规定：“未满十五岁的未成年人所实施的法律行为，除本法典第十四条第二款和第三款所规定的情况外，一律无效。”比较而言，我国台湾地区“民法”侧重于在法律行为章规定行为能力制度，而苏俄民法典则明显偏重于在总则编的人（公民）章规定行为能力制度。这种立法差异也许可从我国台湾地区“民法”将私法自治作为立足点而苏俄民法

① 根据苏联学者的解释，苏俄民法典规定了三种行为能力：完全的行为能力、不完全的（部分的）行为能力和受限制的行为能力。不完全的行为能力的特征是，公民有权以自己的行为取得、行使和履行的，不是任何权利和义务，而只是法律规定的某些权利和义务。未成年人具有部分的行为能力，其行为能力的范围取决未成年人的年龄。受限制的行为能力，即剥夺公民以自己的行为取得他依法可以取得的那些民事权利和承担的那些民事义务的能力。行为能力受限制的人，既可以是具有部分的行为能力的人，又可以是具有完全的行为能力的人。参见［苏联］В.П.格里巴诺夫、С.М.科尔涅耶夫：《苏联民法》（上册），中国社会科学院法学研究所民法经济法研究室译，102－110 页，北京，法律出版社，1984。

典则比较强调国家意志的不同私法理念上找到深层原因。

上述三种规范模式，各有千秋，很难作孰优孰劣的判定，尤其是由日本民法典的规定可以看出，在民法典的哪一章节规定行为能力，更多地取决于立法者的偏好或选择，在法律体系、法律技术上并不存在严格的制约因素。总体而言，德国法模式旨在强调，行为能力是一种法律行为能力，本质上是一种意思能力，应在法律行为范畴内理解、适用它。瑞士法模式非常有助于凸显行为能力作为自然人的重要法律属性或法律地位的特性，并可以将权利能力、成年、行为能力等作为自然人重要法律属性的规定连片、统一地规定在一起，方便人们更好地理解私法上的人。我国台湾地区及苏联的立法模式对于全面揭示行为能力制度的意义或价值则不无意义。

《民法通则》及《民法总则草案》关于民事行为能力的规定，整体上可归入第三种模式。由《民法通则》与苏俄民法之间的渊源关系可知①，我国民事行为能力制度受到了苏联民事立法、学说的深刻影响。《民法通则》在公民（自然人）一章着力规定民事行为能力的立法状况，在立法形式上非常类似于苏联民法。民事行为能力本质上是理智地形成意思的能力，其旨在规定，非完全行为能力人实施法律行为的效力状况，主要涉及两方面问题：一是非完全行为能力的类型划分及界定；二是非完全行为能力人可以独立实施法律行为的范围及不能独立实施法律行为的效力状况。苏俄民法典由于不太重视意思自治原则在法律行为制度构造中的价值，所以，比较偏重于在总则编的公民章规定行为能力。民法总则立法本来为全面反思、系统整理《民法通则》的规定提供了难得的契机，但立法者似乎对法律革新兴趣不大，在规定民事行为能力时，只是沿袭、整合了《民法通则》和《合同法》的规定。由于不太讲求科学的立法技术，《民法总则草案》在整合《民法通则》

① 《民法通则》是在1982年5月1日完成的《中华人民共和国民法草案（第四稿）》的基础上制定的，后者主要参考了1962年《苏联民事立法纲要》、1964年《苏俄民法典》和1978年修订的《匈牙利民法典》。参见梁慧星：《民法总论》，4版，20－22页，北京，法律出版社，2011。

《合同法》的规定时，拼凑色彩过重，以至于出现严重的立法重复问题。

建议借鉴我国台湾地区“民法”的规范模式，对《民法总则草案》关于民事行为能力的规定作出修改。具体建议为：《民法总则草案》第二章第一节在规定民事行为能力时应当仅限于，对完全民事行为能力、限制民事行为能力、无民事行为能力作出划分和界定，即仅仅规定自然人在何种情况下为完全民事行为能力人、何种情况下为限制行为能力人及何种情况下为无民事行为能力人。无民事行为能力如何参与民事活动，以及限制民事行为能力人可独立实施法律行为的范围与不能独立实施法律行为时如何参与民事活动，应全部放到民事法律行为一章予以规定。因此，《民法总则草案》第 18 条第 1 款与第 21 条可修改合并规定如下：限制民事行为能力人为，6 周岁以上不满 18 周岁的未成年人，以及不能完全辨认自己行为的成年人。如此修改之后，自然人章关于限制民事行为能力的规定则不可能再与第 123 条形成立法重复。关于无民事行为能力的规定，自然人章可以规定，未满 6 周岁的未成年人、不能辨认自己行为的成年人是无民事行为能力人；法律行为章可以规定，无民事行为能力人实施的法律行为无效，无民事行为能力人由其法定代理人代为民事法律行为。

经过上述修改后，《民法总则草案》第 18 条第 1 款、第 21 条与第 123 条之间的立法重复则不复存在，第 19 条、第 20 条与第 122 条的规定显得更加简洁、明确。

二、无民事行为能力制度的废止

关于自然人的民事行为能力，《民法通则》确立了三级制民事行为能力制度，即完全民事行为能力、限制民事行为能力与无民事行为能力。根据《民法通则》第 12、13 条的规定，限制民事行为能力，是指在一定范围内（与自然人年龄、智力或精神健康状况相适应的范围内）

有完全民事行为能力，而在其他方面则不能自主地独立进行民事活动[1]；无民事行为能力，指完全不能独立自主地进行任何法律行为。《民法通则》第 58 条第 1 款从另一侧面规定，无民事行为能力人实施的民事行为无效；限制民事行为能力人依法不能独立实施的民事行为无效。由此不难看出，无民事行为能力可绝对地、无例外地否定法律行为的效力（有效）；而限制民事行为能力仅可相对地、例外地作为否定法律行为有效的事由。据此，可进一步认为，无民事行为能力与限制民事行为能力制度，明显承载着不同的法律价值。无民事行为能力制度旨在通过完全否定自然人的自主性、独立性，从而使其处于一种绝对受保护状态，其只能消极、被动地参与民事活动。无民事行为能力人到底是得到了绝对完全的保护还是沦为一种任人宰割的状态，不取决于无民事行为能力人本人，而在于其监护人的意思和行为。限制民事行为能力制度在与自然人年龄、智力或精神健康状况相适应的有限范围内赋予自然人一定的行为自主性，限制行为能力人只是总体上处于一种绝对受保护的状态。《民法通则》第 58 条第 1 款将无民事行为能力、限制民事行为并列规定为民事行为（法律行为）无效的法定事由的做法，从根本上消解了其第 12、13 条将无民事行为能力、限制民事行为能力作为两种不同制度予以分别规定的初衷。总体而言，《民法通则》看似像德国民法典及我国台湾地区“民法”那样确立了三级制民事行为能力制度，实质上只是确立了两级制民事行为能力制度，即完全民事行为能力与无民事行为能力。这种“成年则有、未成年则无”的民事行为能力两级制，完全迥异于法国、日本民法典确立的“成年则有、未成年则受限制”的两级制行为能力制度，因此创造了一种十分独特的民事行为能力立法例。

更不应忽视的是，《民法通则意见》第 6 条规定：“无民事行为能力人、限制民事行为能力人接受奖励、赠与、报酬，他人不得以行为人无民事行为能力、限制民事行为能力为由，主张以上行为无效。”根据该规定，无民事行为能力人并非完全不能自主地独立实施任何法律行为，

① 参见谢怀栻：《民法总则讲要》，80 页，北京，北京大学出版社，2007。

而是可以实施纯获利益的法律行为。而且，根据学界较为一致的看法，无民事行为能力人可以进行与其年龄、智力相适应的民事活动。[①] 这在很大程度上消除了无民事行为能力与限制民事行为能力制度之间的不同功能。

无民事行为能力与限制民事行为能力制度的趋同化甚至是等同化现象，难免提出这样一个一般性问题：《民法通则》为何将未成年人区分为无民事行为能力人与限制民事行为能力人，或者《民法通则》为何设立无民事行为能力与限制民事行为能力制度。简单地讲，之所以将民事行为能力作出无民事行为能力与限制民事行为能力这样的区分[②]，是为了使二者在协调交易安全与未成年人保护这两种冲突的法律价值上发挥不同功能。无民事行为能力制度是为了对意思能力欠缺者提供全面、绝对的保护，在与无民事行为能力人实施法律行为时，不管相对人是善意或者是恶意，无民事行为能力人实施的法律行为本质应当一律无效。因此，"在通常情况下，每一个人都应当自行承担碰见无行为能力人并因此遭受信赖损害的风险。"[③] 关于未成年人的限制行为能力，根据《德国民法典》的规定，对于未成年人并不因之而纯获法律上的利益的意思表示，未成年人必须得到其法定代理人的允许（第 107 条）。未成年人未经法定代理人必要的允许而订立合同的，合同之生效取决于法定代理人的追认（第 108 条第 2 款）。到合同被追认时为止，另一方（相对人）有权撤回其向未成年人作出的意思表示，但是，其已知道未成年的事实

---

① 参见梁慧星：《民法总论》，4 版，105 页，北京，法律出版社，2011；魏振瀛主编：《民法》，5 版，59 页，北京，北京大学出版社、高等教育出版社，2013。

② 如德国学者梅迪库斯所言：将行为能力的欠缺等同于具体地、理智地形成意思能力的欠缺，本来倒是一种合乎逻辑的做法。然而，这种做法却与法律交往要求的简便性和安全性格格不入。一个人在从事每一项法律行为之前，不可能对行为相对人或行为对方进行某种形式的"成熟测试"。因此，民法典对行为能力受到限制的情形主要以年龄为标准进行了类型化。只有在例外情况下，才真正地以从事法律行为的行为人的具体判断能力作为考察标准。参见［德］迪特尔·梅迪库斯：《德国民法总论》，邵建东译，410 页，北京，法律出版社，2000。

③ ［德］迪特尔·梅迪库斯：《德国民法总论》，邵建东译，417 页，北京，法律出版社，2000。

的，仅在未成年人违背实情地声称已得到法定代理人的允许时，另一方才能撤回；另一方在合同订立时知道允许之欠缺的，即使在此情形下，其也不得撤回（第 109 条）。我国台湾地区“民法”在规定限制行为能力制度时同样考虑了对相对人的信赖保护。[①] 显然，限制民事行为能力制度在对意思能力欠缺者提供保护之时，又对相对人对交易的信赖提供了适当保护。[②]

也许认识到了《民法通则》第 58 条将限制民事行为能力与无民事行为能力同等对待的规范缺陷，《合同法》第 47 条改弦易辙，将限制民事行为能力人不能独立订立的合同，规定为一种效力待定的合同类型，从而彻底摈弃了把限制民事行为能力作为一种合同无效事由的旧制，使《民法通则》确立的二级制未成年人行为能力制度真正名实相符。然而，对于限制民事行为能力人实施的非合同法律行为（单方行为），《民法通则》第 58 条第 1 款仍然具有规范意义。

近年来，无民事行为能力制度受到越来越多人的质疑，批评理由主要是，把不满 10 周岁作为未成年人无民事行为能力的年龄上限，明显太高，与现实生活严重脱节；把不能辨认自己行为的精神病人宣告为无民事行为能力，既存在使成年精神病人与社会严重割裂而不利于其正常化之弊，又不符合加强人权保护的世界潮流。[③] 如何修改完善无民事行为能力制度，于是成为一个重要问题。梁慧星教授负责的《中国民法典草案建议稿〈总则编〉》建议取消无民事行为能力类别，民事行为能力只设完全民事行为能力与限制民事行为能力两类，未成年人或成年精神障碍者实施法律行为，应当由其法定代理人代理或者征得法定代理人同

① 我国台湾地区“民法”第 82 条规定：“限制行为能力人所订立之契约，未经承认前，相对人得撤回之。但订立契约时，知其未得有允许者，不在此限。”

② 王泽鉴教授认为，关于限制行为能力人的法律地位，如何在有效与无效之间加以规范，系立法政策上的重大问题。其应考量的因素包括：对之智虑不周者保护的必要、如何促进未成年人参与法律交易、为其成年后的行为而准备，以及兼顾交易安全。参见王泽鉴：《民法总则》，257 页，北京，北京大学出版社，2009。

③ 参见李霞：《禁治产制度的废止及我国相关制度的检省》，载《法学论坛》，2008（3）：126－132 页。

意；未成年人或者成年精神障碍者依法不能独立实施的法律行为，经法定代理人追认的有效。[①] 中国法学会向立法机关提供的《民法总则专家建议稿》认为，应保留无民事行为能力类别，但须对其作出修改：无民事行为能力的未成年人的年龄界线应下调为不满 6 周岁，其实施法律行为须由法定代理人代理，但法律另有规定的除外；不能辨认自己行为的精神障碍患者仍为无民事行为能力人，由其法定代理人代理实施法律行为；无民事行为能力人或者限制民事行为能力人实施的纯获法律上利益的法律行为有效。[②]

《民法总则草案》选定的方案是，保留三级制民事行为能力制度，把无民事行为能力的未成年人的年龄上限下调到不满 6 周岁，不能辨认自己行为的成年人仍应为无民事行为能力人。然而，依联合国《儿童权利公约》关于儿童基本权利的理念与规定及像荷兰民法典、魁北克民法典之类的代表新时代精神的民法典关于未成年人民事行为能力的规定看，立法机构关于无民事行为能力制度的修正与当代基本权利观念相比，显得有些落伍。建议取消无民事行为能力制度，基本理由如下。

如前所言，民事行为能力在法律构造上存在保护意思能力欠缺者的权益与保护相对人的合理信赖的价值冲突。相比于完全民事行为能力、限制民事行为能力，无民事行为能力之价值或功能在于为意思能力欠缺者提供一种绝对保护，即无民事行为能力人实施的法律行为，即使纯粹为无民事行为能力人带来利益，也应无效。这种制度设计实际上付出了完全未顾及交易相对人合理信赖的代价。由于作为无民事行为能力判断标准的年龄与法院裁决（宣告）皆缺乏明确的、易识别的公示标识，相对人事实上很难辨识未成年人或精神障碍者是否能够或是否有权实施法律行为，一旦辨识不当，他们则会处于正当信赖根本得不到保护的被动

① 参见中国民法典立法研究课题组（负责人梁慧星）：《中国民法典草案建议稿》，2 版，6、22－23 页，北京，法律出版社，2011。

② 参见中国法学会民法典编纂项目领导小组和中国民法学研究会组织：《中华人民共和国民法典·民法总则专家建议稿（提交稿）》，见中国民商法律网：http://www.civillaw.com.cn/zt/t/?id=30198，发布日期：2016－02－24。

地位。这显然不利于增进或便利交易，并对交易安全构成巨大妨碍。

除了在相对人信赖保护上存在无法克服的缺陷外，无民事行为能力制度在保护未成年人或成年精神障碍者的方式与实际效果上同样存在弊端。其所采取的一律使法律行为无效的绝对保护方式，使未成年人或精神障碍者沦为与基本社会生活完全脱离的被动地位。儿童天生的、潜在的对社会生活的好奇、兴趣或热情，随意思能力渐进发展而逐渐加强的社会交往意识或能力，以及渐渐觉醒的自主精神、独立人格意识，可能因此而被扼杀。成年精神障碍者因完全被迫脱离鲜活的社会生活，其参与基本社会生活的能力或兴趣也可能慢慢泯灭。人是社会的动物①，需要与同类交往，疏离或远离社会生活，不可能得到正常发展。

无民事行为能力还存在限制过度的制度缺陷。② 众所周知，未成年人意思能力的渐进成长存在显著的个性差异，同一年龄段的儿童因养育教育状况、生存环境状况及自身发育状况千差万别，在认识、理解事物或行为的意义、后果上有所不同。这导致同为不满 6 周岁的未成年人，一些人可以独立实施一些与自己意思能力相适应的日常性生活，一些人却可能不能独立实施任何法律行为。但是，由于未成年人之无民事行为能力仅以形式化的年龄为确定标准，那些事实上具有意思能力的儿童会因处于绝对受保护地位而被剥夺行为自由。绝对保护因而存在对行为自由限制过度之弊。

成年精神障碍者之无民事行为能力同样存在限制过度的问题。从生活、生理活动规律上讲，人的精神健康状况的正常化或意思能力的逐渐恢复或增强，不可能从无到有发生骤然转变，它大多是一个慢慢发展的过程。而且，由于个性差异，一些人可能恢复得较快，一些人可能恢复得很慢。这可能造成一些在被申请法院宣告撤销无民事行为能力之前，

---

① 马克思说："人是名副其实的政治动物，不仅是一种合群的动物，而且是只有在社会中才能独立的动物。"所谓政治动物，从更广泛的意义上来说是"社会动物"，这是亚里士多德在他的《政治学》第 1 篇开头给人下的定义。参见《马克思恩格斯选集》，2 版，第 2 卷，2、645 页，北京，人民出版社，1995。

② 参见［日］山本敬三：《民法讲义Ⅰ总则》，解亘译，3 版，34 页，北京，北京大学出版社，2012。

事实上已能够独立实施法律行为的人，因撤销申请尚未提出或法院尚未作出撤销裁决仍然处于行为自由受到完全限制的法律地位。这种状况显然会妨碍成年精神障碍者社会生活的正常化。鉴于成年之无民事行为能力制度的这种弊端，德国制定《照管法》（1992 年 1 月 1 日生效）废除了德国民法典规定的人因精神病被宣告禁治产从而无民事行为能力的规定，取而代之的是，确立自然无法律行为能力制度，即成年人仍然可成为无法律行为能力人，但这不再取决于法院的裁判，而是由其事实上的精神与心灵状态所决定。[①]

未成年人之无民事行为能力还存在一个难以克服的局限性，即到底应把年龄界限确定为未满多少周岁才更合理。如果确定得过低，则存在使一些应受保护的未成年人不能得到有效保护的保护不及问题；如果确定得较高，则存在使一些具有一定意思能力的未成年人受到过分限制的过度保护问题。《民法通则》制定时大家曾为此争论不休[②]，此次《民法总则草案》确定的未满 6 周岁在人大常委会审议期间再次受到一些质疑。如果考虑到未成年人之间在生理、心理、智力等方面所存在的发育成熟度差异，以一个年龄时点决定未成年人有无民事行为能力，其缺陷更为明显。

限制民事行为能力是一个极富弹性的制度，一方面，其既容许未成年人或成年精神障碍者独立实施一些与其年龄、智力或精神健康状况相适应的法律行为，又能通过不能使其独立实施法律行为的限制性规定而给未成年人或成年精神障碍者提供适当保护；另一方面，其兼顾了交易相对人的信赖保护。废弃无民事行为能力，不仅不会使未成年人丧失必要的法律保护，反而能够兼顾权益保护与行为自由的维护。具言之，对于年幼的儿童来讲，法律通过法定代理人这一制度安排，可以因人而异地保护未成年人的权益，即由法定代理人根据儿童成长状况灵活决定，到底是使儿童处于一种消极受保护地位还是处于一种积极受保护地位。

---

① 根据《德国民法典》第 104 条第 2 项，处于病理性精神紊乱而无法自由形成意思决定的状态且此种状态按其性质并非仅为暂时性状态的人，无法律行为能力。

② 参见王利明、郭明瑞、方流芳：《民法新论》（上），160－161 页，北京，中国政法大学出版社，1988。

法律将决定儿童受保护状态的权力完全交给了儿童的法定代理人。儿童的法定代理人通常是其父母或近亲属，这些人出于由血缘关系自然产生的舐犊之爱，会从有利于儿童最大利益出发，作出是否同意或追认儿童实施的法律行为的决定。如此之下，儿童可以在法定代理人的监护之下，通过逐渐参与社会生活而慢慢培养健全人格、自主意识，而不是被强制性地限制在温室之内被动地适应社会。总之，与无民事行为能力制度相比，限制民事行为能力制度不会使儿童处于遭受更多权益损害的风险中。

更值得一提的是，限制民事行为能力制度克服了无民事行为能力制度对意思能力欠缺者予以绝对保护而对相对人不予以保护的极端或偏颇，其虽然仍将意思能力欠缺者保护置于核心地位，但同时也为交易相对人的合理信赖提供了尽可能的保护。它是一种将静的安全与动的安全恰当结合起来的法律制度。

就我国立法状况而言，《民法通则》虽然确定了三级制民事行为能力制度，但从来没有像德国民法典、我国台湾地区“民法”那样承认不能独立实施任何法律行为的无民事行为能力制度。根据《民法通则》第58条第1款第1项，无民事行为能力人实施的民事行为无效。但晚《民法通则》一年施行的《民法通则意见》第6条却明确规定：“无民事行为能力人、限制民事行为能力人接受奖励、赠与、报酬，他人不得以行为人无民事行为能力、限制民事行为能力为由，主张以上行为无效。”依此规定，无民事行为能力人并非完全不能自主地独立实施任何法律行为，而是可以实施纯获利益的法律行为。梁慧星、魏振瀛等教授认为，无民事行为能力人可以进行与其年龄、智力相适应的民事活动。[①] 王利明教授也明确指出，无民事行为能力人并非不能实施任何民事行为，尽管较之于限制民事行为能力人而言，他们能够实施的行为受到更多的限制，但仍然能够独立实施某些民事行为。[②]

---

① 参见梁慧星：《民法总论》，4版，105页，北京，法律出版社，2011；魏振瀛主编：《民法》，5版，59页，北京，北京大学出版社、高等教育出版社，2013。

② 参见王利明：《民法总则研究》，351页，北京，中国人民大学出版社，2003。

基于上述立法与学说现状，中国法学会向立法机关提交的《民法总则专家建议稿》提出，无民事行为能力人实施的法律行为无效（第129条）；无民事行为能力人实施的纯获法律上利益的法律行为有效（第130条）。对于未成年人实施的民事法律行为，与其采取要么有效、要么无效的立法模式，不如干脆废除无民事行为能力制度，规定未成年人一律为限制民事行为能力人，这样做既可以赋予未成年人独立实施法律行为的行为自由，又将未成年人保护与相对人的信赖保护融为一体。

总之，废除无民事行为能力制度不但具有充分的法理依据，而且在整理、革新旧法并使新法呈现新时代观念方面不存在任何立法冒进问题。

三、限制民事行为制度构造中的信赖保护

给意思能力欠缺者以适当保护是民事行为能力制度的立足点，这种思想在限制行为能力制度中体现得也十分明显，即限制民事行为能力人实施的法律行为，如果属于不能独立实施的情形，该行为之有效取决于法定代理人的追认。但是，不分条件地将法律行为生效与否的决定权交给法定代理人，会严重危及法律交往的安定性。为此，适当兼顾相对人对交易安定的正当期待，也被纳入追认规则的设计中，这就是催告追认规则与拒绝追认的拟制规则。前者赋予相对人一种催告法定代理人在一定期限内对法律行为进行追认的权利，后者则将法定代理人自催告后不作表示的行为，强制性地看作对追认的拒绝。

上述规定虽然有助于减轻交易的不安定性，但较法定代理人而言，交易相对人实际上处于明显的消极被动地位，其为交易付出的合理信赖很可能会因法定代理人的拒绝追认而暴露于法律保护之外。为保护相对人的合理信赖，加强相对人与法定代理人博弈的主动性，并进而增进交易及确保交易安全，在构造限制民事行为能力制度时，世界各国或地区的民法普遍采取了一种对交易相对人进行积极救济的办法：赋予交易相

对人一种撤销法律行为的权利。[①]

撤销权是一种与法定代理人的追认权处于对立地位的权利，在法律行为被法定代理人追认前，为避免遭受损失，相对人可以积极行使撤销权，使自己与限制行为能力人实施的法律行为终局性地不发生效力。之所以将撤销权规定为一种与追认权地位相当的权利，根本理由在于：法律行为的最终无效即使可归责于限制民事行为能力人，但为了保护意思能力欠缺者的权益，相对人不能以保护合理信赖为由要求信赖赔偿。[②]由此法政策所决定，赋予相对人一种撤销法律行为的权利，使其能够审时度势地应对与限制民事行为能力人实施的法律行为可能带来的交易风险，积极防范交易风险的扩大，则显得相当重要。

受苏联民法的影响，《民法通则》第 58 条第 1 款规定，限制民事行为能力人依法不能独立实施的民事行为，无效。这种立法模式几乎完全抹杀了限制民事行为能力相对于无民事行为能力的独特功能，它不仅严重限制了限制民事行为能力人的自由行为，而且完全忽视了对相对人合理信赖的保护。《合同法》借鉴德国、我国台湾地区的立法，改弦易辙，以追认权、催告权、撤销权相互结合与对抗的权利结构，将限制民事行为能力人不能独立实施的法律行为，规定为一种效力待定的法律行为（《合同法》第 47 条）。

《民法总则草案》在规定限制民事行为能力人实施的法律行为的效力状况时，除了将“合同”替换为“民事法律行为”外，几乎完全照搬了《合同法》第 47 条的规定。其实，从相对人合理信赖保护的角度看，《合同法》第 47 条的概括规定存在着如何理解“善意相对人有撤销的权利”、限制民事行为能力人谎称有行为能力时法律行为的效力如何等问

① 参见《德国民法典》第 109 条、《意大利民法典》第 1425 条和我国台湾地区“民法”第 82 条的规定。

② 德国学者指出：有缺陷的行为能力条款的意义在于保护非完全行为能力人。他们应当被保护免受自己给自己带来的损害。即使该非完全行为能力人的合同相对人认为并且也可以认为该人具有行为能力，该保护功能也不能因法律交往中的利益而被违反。因此，对交易相对方行为能力的善意信赖并不受法律保护。参见［德］汉斯·布洛克斯、沃尔夫·迪特里希·瓦尔克：《德国民法总论》，张艳译，174 页，北京，中国人民大学出版社，2012。

题。民法总则立法完全可以借鉴德国民法典或我国台湾地区“民法”的规定，对上述问题作出明确规定，以提高法律适用的安定性。

关于如何理解“善意相对人有撤销的权利”规定中的“善意”，王利明教授认为，所谓善意，是指相对人在订立合同时不知道或不应知道对方为限制行为能力人。① 如果在实施法律行为时，知道对方为限制民事行为能力人，但却不知该限制民事行为能力人未得到法定代理人的允许或同意，是否属于“善意”?“不应知道”是否意味着相对人负有一定的调查义务，如因过失而未尽到此种义务，是否不构成“善意”? 这些问题有待进一步研究。

保护相对人的合理信赖是世界各国或地区限制民事行为能力制度构造中的普遍性问题。德国民法典、我国台湾地区“民法”对此有明确规定。德国民法典第 109 条规定：“（1）到合同被追认时为止，另一方有权撤回。该项撤回也可以向未成年人表示。（2）另一方已知道未成年的事实的，仅在未成年人违背实情地声称已得到法定代理人的允许时，另一方才能撤回；另一方在合同订立时知道允许之欠缺的，即使在此情形下，另一方也不得撤回。”德国法学家拉伦茨从举证责任分配的角度把上述规定理解为：如法定代理人不愿意让撤回生效，此时其应证明，对方当事人事先已知道未成年人的情况。对方当事人要达到撤回目的，就必须证明，该未成年人违反实情伪称已得到法定代理人的允许。相反，法定代理人则必须证明，对方明知未成年人未得到许可，从而也明知未成年人订立合同时的表示是虚假的。② 从实体法的角度看，第 109 条的规范意旨应为：相对人原则上享有撤回权，但该权利受到以下例外规定的限制：相对人事实上知道交易对方是未成年人时，无撤回权；但是，相对人虽然知道交易对方是未成年人，但当该未成年人违背真实情况，伪称已经取得法定代理人的同意时，则享有撤回权；如果相对人在订立合同时，既知道交易对方是未成年人，又明知其未取得法定代理人同意

① 参见王利明：《合同法研究》，第 1 卷，551 页，北京，中国人民大学出版社，2002。

② 参见［德］卡尔·拉伦茨：《德国民法通论》（上册），王晓晔等译，153 页，北京，法律出版社，2003。

的，不享有撤回权。这种由“原则—例外—再例外”构成的法律规范，相当清晰地界定了“相对人的善意”，非常便于法律的适用。

我国台湾地区“民法”第82条规定：“限制行为能力人所订立之契约，未经承认前，相对人得撤回之。但订立契约时，知其未得有允许者，不在此限。”该规定虽然比德国民法简略许多，但其采纳的“原则—例外”的规范结构也相当清晰。“但订立契约时，知其未得有允许者，不在此限”规定，是撤销权规定的例外规则。“知其未得有允许”，在文义上自然应以知道交易对方为无缔约能力的未成年人为前提，因为，未知对方为未成年人，不可能更进一步知道其未得有允许。准此以言，我国台湾地区“民法”与德国民法之间的区别仅仅表现为法律用语上，二者实质上乃立足于同一起点。

据上分析可知，相对人的善意包括两种情形：其一，指相对人在订立合同之时，不知对方未成年的事实；其二，指相对人在订立合同之时，知对方为限制行为能力人，但不知其未得法定代理人的允许。就实际交易情形看，在与实质上无缔约能力的限制行为能力人订立合同时，相对人既可能不知对方为限制民事行为能力人，又可能知道其为限制民事行为能力人但却不知其未得法定代理人的允许。毕竟，允许不仅无须具备特别的形式，而且仅发生在限制民事行为能力人与法定代理人之间，缺乏公开性，交易相对人难以知晓。

另外，在保护相对人的合理信赖时，无论是德国民法典还是我国台湾地区“民法”皆不要求相对人“应当知道”。这样规定是合理的，基本理由是：民事行为能力是自然人普遍拥有的基本法律属性，每一个自然人，不管成年与否，皆存在或可能存在行为能力受到限制的问题。如果要求当事人在缔结合同或实施法律行为时都必须调查、核实相对人是否具有行为能力，这将导致法律交往的极大不确定。因此，在保护相对人的善意时，不应向其强加一种调查对方是否具有行为能力或者能否实施法律行为的义务。

在保护相对人的合理信赖上，法国[1]、日本、意大利[2]等国家的民法典确立了一种撤销权限制规则，如《日本民法典》第21条规定，限制行为能力人为使相对人相信其为行为能力人而使用诈术时，不得撤销其行为。根据日本学者的解释，在相对人因诈术而相信限制行为能力人为行为能力人，或者相信有同意权人的同意的情形，限制行为能力人才丧失撤销权。[3] 由于在保护相对人方面，日本民法典仅仅赋予相对人一种催告权，却给予限制民事行为人包括追认权、撤销权在内的相当优厚的保护[4]，所以为提高相对人的受保护地位，日本现行判例认为，在限制行为能力人实施使相对人误信其为能力人的行为情形，不妨广泛地认定诈术。[5]

不同于日本民法典，我国台湾地区“民法”借鉴德国民法，赋予相对人一种撤回（撤销）契约的权利，而限制行为能力的法定代理人（或限制行为能力人）仅享有承认（追认）权。在此情形下，对于在限制民事行为能力人使用诈术而使相对人对其产生误信时如何保护相对人的合理信赖问题，我国台湾地区“民法”根本无法借鉴日本民法的模式，而是创造了一种规范模式，即法律行为强制有效的模式，具体规定（第83条）为：“限制行为能力人用诈术使人信其为有行为能力人或已得法定代理人之允许者，其法律行为为有效。”根据我国台湾地区学者的解释，该规定的要旨为，限制行为能力人本人及其法定代理人，与相对人

① 《法国民法典》第1307条规定：“未成年人在订立契约时，自述其已成年的简单声明，不妨碍取消其订立的契约。”关于该规定，有研究认为，未成年人如果以“特殊方式”亦即以比一般的撒谎更为严重的欺诈手段使相对方误认为其具有行为能力（如出示伪造的出生证明文件等），则其不得主张合同无效。参见尹田：《法国现代合同法——契约自由与社会公正的冲突与平衡》，2版，170页，北京，法律出版社，2009。

② 《意大利民法典》第1426条规定，如果未成年人以欺骗的方式隐瞒了他的未成年的年龄，则契约不得撤销。

③ 参见［日］山本敬三：《民法讲义Ⅰ总则》，解亘译，3版，73页，北京，北京大学出版社，2012。

④ 《日本民法典》第121条（撤销权人）规定，可以撤销的行为，以无能力人或进行有瑕疵意思表示的人及其代理人或承受人为限，可以撤销。

⑤ 参见［日］山本敬三：《民法讲义Ⅰ总则》，解亘译，3版，72-73页，北京，北京大学出版社，2012。

均不得拒绝承认或撤销法律行为。[①] 之所以强制法律行为有效，原因在于，限制行为能力人既已能使用诈术，不仅智力不薄，且竟能玩弄手段，无保护的必要。[②] 其立法理由虽然无可厚非，但对于此种立法模式，有学者却提出了批判：限制行为能力人，或因童心未泯，或因争强好胜，以有行为能力之姿态出现，而法律却因此强令其履行法律行为，如其竟因此蒙受经济上重大不利，而其相对人坐享暴利，岂能谓平？[③] 该意见不无道理。

在《民法总则草案》拟定期间，有专家建议稿提出，借鉴我国台湾地区“民法”第 83 条规定，确立法律行为强制有效制度，以保护相对人的合理相信。[④]《民法总则草案》未接受这种立法建议。限制行为能力人使用诈术使相对人误信其能够实施法律行为，是世界各地普遍存在的法律问题，大多数国家或地区的民法对此有明确规定。为增强法律的明确性，《民法总则草案》应当敞开心胸，借鉴、吸收其他国家或地区的合理立法，将“善意相对人有撤销的权利”的概括规定予以具体化。建议借鉴德国民法典第 109 条的规定，将《民法总则草案》第 123 条第 2 款规定中“善意相对人有撤销的权利”修改为“相对人有撤销的权利”，同时增加一款作为第三款，规定：相对人已知道对方为限制民事行为能力人的，仅在限制民事行为能力人违背实情地声称自己有民事行为能力或者已得到法定代理的允许时，才能撤销；相对人在实施民事法律行为时知道限制民事行为能力人未得到法定代理

① 参见黄立：《民法总则》，221 页，北京，中国政法大学出版社，2002。

② 郑玉波先生言：“盖法律对于限制行为能力人之法律行为，原则上规定须其法定代理人之补充者，乃以其既为成年，智虑薄弱，难能熟权利者，应特予以保护故也。兹如上所述，限制行为能力人已能使用诈术，则不仅智力不薄，且竟能玩弄手段，殊无再予保护之必要。”郑玉波：《民法总则》，328－329 页，北京，中国政法大学出版社，2003。王泽鉴教授持相同看法。参见王泽鉴：《民法总则》，265 页，北京，北京大学出版社，2009。

③ 参见黄立：《民法总则》，222 页，北京，中国政法大学出版社，2002。

④ 中国法学会民法典编纂项目领导小组组织撰写的《中华人民共和国民法典·民法总则专家建议稿（提交稿）》第 132 条（合理相信）规定：“因限制民事行为能力人的欺诈使相对人合理信赖其有相应的民事行为能力或者其法律行为已经获得法定代理人同意的，该法律行为不因民事行为能力的欠缺而影响其效力。”

人的允许的，不得撤销。

四、结语

关于民事行为能力的规定，《民法总则草案》在立法模式上明显存在重复立法问题；对无民事行为能力的修改完善，在制度构造与法律理念上皆存在突出缺陷；对限制民事行为能力的规定，在保护相对人的合理信赖上，存在立法过于简单、概括之弊。民事行为能力制度旨在规定自然人在何种情形下不能独立地实施民事法律行为，在法政策上涉及意思能力欠缺者的保护与相对人合理信赖的保护，而意思能力欠缺者的保护在制度构造上则存在如何处理不因过度保护而限制行为自由的问题。只有对这些法政策的价值及它们之间的关系作出深入、系统的思考，并对未成年人、成年精神障碍者的现代人权保护趋势有清醒的认识，才能构造出内容合理、理念先进的民事行为能力制度。《民法总则草案》关于民事行为能力的规定，在以下三方面值得反思、改进：在规范模式上，应注意采取科学的立法技术以避免立法重复；在修改完善无民事行为能力制度时，应考虑以限制民事行为能力制度替代该制度的法理依据；在规定限制民事行为能力时，应以具体、明确的立法增强对相对人合理信赖的保护。

（本文曾以《民事行为能力制度的立法完善——以〈中华人民共和国民法总则（草案）为分析对象〉》为题，发表于《当代法学》2016年第6期，吸收进本书时作了适当调整和增删。）

民事行为能力制度的体系性解读

从《民法通则》开始施行（1987 年）至 2017 年 3 月 15 日通过并公布《民法总则》，时光一晃三十载。三十年虽然仅为“天运”之“小变”[①]，但是我国社会经济发展于此期间却发生沧桑巨变，民法立法、判决与学说的发展同样如此。“总则”与“通则”尽管只一字之差，但二者在立法理念、规范构建、立法技术等方面存在显著差异。《民法总则》立法如何在《民法通则》的基础上革故鼎新，展现新兴大国风范，并为“编纂一部体例科学、结构严谨、规范合理、具有中国特色、体现时代精神的民法典”[②] 走好第一步，备受各界关注。《民法总则》在章节架构与重要概念、制度上虽然维持了《民法通则》的“旧模样”，但“新规定”也随处可见。其第二章第一节关于民事行为能力的规定，在沿袭《民法通则》的概念、结构乃至表达方式之时，也至少存在四方面的重大变化[③]：一是将无民事行为能力与限制民事行为能力的分界线由“10 周岁”修改为“8 周岁”（涉及第 19—21 条）；二是以但书规定的立法技术对限制民事行为能力的规定进行了重述（涉及第 19、22 条）；三

---

① 司马迁在《史记·天官书第五》中写道：“夫天运，三十岁一小变，百年中变，五百载大变；三大变一纪，三纪而大备：此其大数也。”韩兆琦译注：《史记（三）书》，2144 页，北京，中华书局，2010。

② 这是立法机关提出的民法典编纂目标。参见李适时：《关于〈中华人民共和国民法总则（草案）〉的说明》，2016 年 6 月 27 日在第十二届全国人民代表大会常委会第二十一次会议上。

③ 其他修改包括：一是将成年人之不完全民事行为能力的“宣告”修改为“认定”，新增“有关组织”为申请人之一，并将该规定的体系地位由监护一节调整到民事权利能力与民事行为能力一节；二是把《民法通则》规定中的“精神病人”修改为“成年人”；三是把《民法通则》规定中的“同意”修改为“同意、追认”。

是创设“八周岁以上的未成年人不能辨认自己行为的，适用前款规定”的新规则（涉及第21条第2款）；四是新增“不满十八周岁的自然人为未成年人”的规定（涉及第17条）。另外，由立法过程看，完全民事行为能力拟制制度的体系地位也曾发生过重大变动。《民法总则（草案）》一审稿、二审稿及三审稿皆将完全民事行为能力的拟制与未成年人之限制民事行为能力规定在一个条文中，《民法总则》最终却退回到《民法通则》的旧制。应如何理解这些重大立法变革，它们能否称得上完善规范体系、顺应新时代需求的制度创新？本文拟从我国民事行为能力制度的整体着眼，对这些新规定作出体系性思考。

一、民事行为能力制度的中国模式

民法以私人自治为基本原则，允许民事主体“按照自己的意思设立、变更、终止民事法律关系”（《民法总则》第5条）。然而，诚如一位德国学者所言：私法自治允许每个人按照自己的意愿缔结法律行为。然而，只有当行为人能够理解其意思表示的后果时，这才是有意义的，因此，他必须具有最低程度的理解和判断能力，即行为能力。[①] 民事行为能力因而本质上是一种理性地形成意思的能力。在民事交易中，确定一个人是否具有民事行为能力，本应对当事人从事交易时的意思能力状况进行个案审查。然而，果真依此而为，民事交易必将坠入极其不确定的状况中，交易的敏捷与安全将荡然无存。因此，为兼顾交易安全，民事行为能力制度采纳了以年龄为一般判断标准的形式化、类型化规范方法。

《民法通则》以18周岁与10周岁为标准将自然人的民事行为能力区分为三类：完全民事行为能力、限制民事行为与无民事行为能力。《民法总则》承继了这种三级制民事行为能力制度，只是将自然人之无民事行为能力与限制民事行为能力的年龄界限由“10周岁”下调到“8

① 参见［德］汉斯·布洛克斯、［德］沃尔夫·瓦尔克：《德国民法总论》，张艳译，173页，北京，中国人民大学出版社，2012。

周岁”。从比较法上,《民法总则》在类型化民事行为能力制度上具有鲜明的中国特色。

由其他国家或地区的民事立法看，但凡采纳三级制民事行为能力制度（根本标志是，在类型化未成年人的民事行为能力时，作无民事行为能力与限制民事行为能力的区分）者，主要使用了两种规范方法。

一是直接以无民事行为能力与限制民事行为能力为纲对非完全民事行为能力的自然人作出区分，即把所有类型的无民事行为能力人或限制民事行为能力人，集中规定在无民事行为能力或者限制民事行为能力的类型之下。它实质上是以行为能力类型为标准对自然人进行了区分，从而实现哪些种类的自然人享有限制民事行为能力及哪些种类的自然人无民事行为能力的立法目的。德国民法典采纳了此种规范方法，如其第104条（无行为能力）规定：“无行为能力的是：1. 未满7岁的人；2. 处于不能自由决定意思的精神错乱状态的人，但以该状态按其性质来说不是暂时的状态为限。”在确立无行为能力类型之后，紧接着以一般规则与特别规则的思维规定了无行为能力的法律效果：一般情况下意思表示无效（第105条），例外规定下有效（第105a条）。然后，再以类型—效果相区分的思维对限制行为能力类型及其效果逐一作出规定。这种规范方式在法律思维上作了两种区分：非完全行为能力的类型区分，非完全行为能力的类型与其法律效果的区分，前一个区分是总纲。经此双重区分而对行为能力作出的规定，结构清晰、条文简练、法律条款之间的逻辑关系井然有序。

二是以成年人—未成年人的区分为前提、以人的区分（年龄、婚姻或精神状况为标准）为基础类型化民事行为能力制度。我国台湾地区“民法”采用了这种规范方法，如其第13条（未成年人及其行为能力）以三款规定：“未满七岁之未成年人，无行为能力。满七岁以上之未成年人，有限制行为能力。未成年人已结婚者，有行为能力。”第15条（受监护宣告之人行为能力）规定：“受监护宣告之人，无行为能力。”迥异于德国民法典的是，我国台湾地区“民法”不是在民法总则编的法律行为一章对非完全行为能力的类型及其法律效果集中予以规定，而是采取在总则编的自然人章节规定人的行为能力类型、于法律行为一章规定非完全行为能力之法律效果的类型—效果分别立法模式。

不过，仔细对比不难发现，德国与我国台湾地区在规范民事行为能力制度上虽然在立法体例上存在显著不同，但是在将非完全行为能力类型与其法律效果予以严格区分并分别加以规定上则完全一致。因此，台湾地区“民法”关于行为能力的规定，规范结构也相当清晰。

《民法通则》虽然亦采纳在自然人章与民事法律行为章分别规定民事行为能力制度的立法体制，但不同于我国台湾地区“民法”的是，其明显侧重于在自然人一章规定民事行为能力制度。《民法总则》不仅完全沿袭了《民法通则》的立法体制，而且强化了这种立法体例（主要表现为，新增内容皆规定在自然人一章）。相比于德国民法典和我国台湾地区“民法”，《民法总则》在类型化民事行为能力及规定各类民事行为能力的法律效果上具有如下特色。

第一，以成年人—未成年人的区分为架构，以自然人的区分为前提，分别规定完全民事行为能力与非完全民事行为能力。《民法总则》第 17 条关于成年人与未成年人的说明性规定，可以看作整个民事行为能力制度的基础性条文，第 18 条第 1 款，第 21、22、24 条对成年人之完全行为能力与非完全行为能力的分别规定，以及第 18 条第 2 款，第 19、20 条关于未成年人之完全民事行为能力与非完全行为能力的分别规定，正是以第 17 条规定为基础实现民事行为能力类型化目标的。新增“不满十八周岁的自然人为未成年人”的规定，相对于“十八周岁以上的自然人为成年人”的规定，虽然在逻辑上有些多此一举，但它凸显了成年人—未成年人的结构性区分，并增强了法律规定的明确性、易接受性，因此，不能认为这样的规定毫无意义。

在作出成年人—未成年人区分这种基础性规定之后，《民法总则》重点以年龄和辨认能力为标准把自然人进一步具体区分为“成年人”“十六周岁以上的未成年人”“八周岁以上的未成年人”“不满八周岁的未成年人”“不能辨认自己行为的成年人”“不能完全辨认自己行为的成年人”等六种形态，并逐一为这些不同形态的人匹配了完全民事行为能力、限制民事行为能力或无民事行为能力。从而实现了民事行为能力的类型化立法。

第二，采用“……成年人或未成年人为完全民事行为能力人、限制民事行为能力人或无民事行为能力人”的定义性立法技术，间接地对民事行为能力进行了类型化规定。其实，本来可以像我国台湾地区“民法”那样规定：……成年人或未成年人具有完全民事行为能力、限制民事行为能力或者无民事行为能力，然而，《民法通则》却使用了“完全民事行为能力人”、“限制民事行为能力人”及“无民事行为能力人”的概念，以及以“人”定义“人”的循环定义的表达方式。[①]《民法总则》不假思索地承继了这种立法模式。这种表达方式，虽然也能达意，但缺陷也非常明显：不仅违背逻辑常识，而且不够简洁明确。经对比不难看出，“八周岁以上的未成年人具有限制民事行为能力”这种表达方式明显要优于“八周岁以上的未成年人为限制民事行为能力人”的规定。毕竟，此种规定的基本意旨，是为了确立限制民事行为这个类型。

从比较法上看，鲜有国家或地区的民事立法采取这种循环定义的民事行为能力类型化立法模式。我国台湾地区“民法”虽然也采用了以自然人的区分为前提分别规定各类民事行为能力的模式，但它却采纳了像“不满七岁之未成年人，无行为能力”这样的表达方式。因此，在类型化民事行为能力上，《民法通则》与《民法总则》塑造了一种新模式。

第三，未对民事行为能力的类型及其法律效果作出明确的区分，而是将二者紧密结合在一起进行了一体规定。《民法总则》第二章第一节关于民事行为能力的系统规定完全采取了这种做法。它在规定每一类民事行为能力时，在确立民事行为能力的类型之后，紧接着规定：（完全民事行为能力人）可以独立实施民事法律行为；（限制民事行为能力人）实施民事法律行为由其法定代理人代理或者经其法定代理人同意、追认，但是可以独立实施纯获利益的民事法律行为或者与其年龄、智力相

① 《民法总则》关于说明性法条的规定在很多处采用了循环定义法，如第 76 条、第 87 条、第 102 条、第 133 条关于营利法人、非营利法人、非法人组织、民事法律行为的规定等。

适应的民事法律行为；（无民事行为能力人）由其法定代理人代理实施民事法律行为。由于这样的规定是在以成年人—未成年人的区分为架构、以人的区分为前提的基础上进行的，所以它自然形成未成年人之完全民事行为能力、限制民事行为能力、无民事行为能力与成年人之完全民事行为能力、限制民事行为能力、无民事行为能力的法条结构，从而造成完全民事行为能力、限制民事行为能力、无民事行为能力概念类型及其法律效果至少出现两次的重复立法问题。

这种立法特点主要受到了苏俄民法典的影响。例如，1964 年《苏俄民法典》第 14 条（不满 15 岁的未成年人的行为能力）规定："未满十五岁的未成年人，由其父母、收养人或者监护人以他们的名义实施法律行为。未满十五岁的未成年人，有权独立实施小额的生活性法律行为。未满十五岁的未成年人在信贷机关储蓄和支配存款的权利，由苏联立法规定。"

第四，在自然人一章与民事法律行为一章以不同视角分别规定无民事行为能力、限制民事行为的法律效果。自然人一章立足于对行为自由的允许与限制、以"可以"与"不可以"独立实施民事法律行为的表达方式，对无民事行为能力与限制民事行为能力的法律效果进行了描述性规定。例如，限制民事行为能力人实施民事法律行为由其法定代理人代理或者经其法定代理人同意、追认（行为自由的限制），但是可以独立实施纯获利益的民事法律行为或者与其年龄、智力、精神健康状况相适应的民事法律行为（行为自由的允许）。民事法律行为一章则按照有效性思维、以民事法律行为的"有效—无效"的表达方式，对无民事行为能力、限制民事行为能力的法律效果进行了规范性规定。例如，把限制民事行为能力的法律效果规定为：限制民事行为能力人实施的纯获利益的民事法律行为或者与其年龄、智力、精神健康状况相适应的民事法律行为有效；实施的其他民事法律行为经法定代理人同意或者追认后有效（《民法总则》第 145 条第 1 款）。

民事行为能力是一种理性地自由行为的能力。因而，从行为自由的允许与限制的角度，理解、分析各类民事行为能力的法律效果，并非不可行。但是，不容忽视的是，民事行为能力的规定作为一种法律规范，只有对行为自由或行为不自由的法律后果作出明确规定时，才能作为裁判依据，才能对人们的行为发挥预测或引导作用，而描述性规定只是划定了行为自由的界限，根本无法发挥裁判规范的功能。既然明确把民事行为能力限定为一种实施民事法律行为的能力，那么就应当按照民事法律行为制度所秉执的有效性思维模式，以"有效"或者"无效"的效力模式，明确规定限制民事行为能力与无民事行为能力的法律效果。

从不同视角分别规定无民事行为能力、限制民事行为能力之法律效果的做法，使立法出现明显的重复，例如，对于限制民事行为能力的法律效果，《民法总则》第 19、22 条及第 145 条第 1 款皆作了这样的规定：实施纯获利益的民事法律行为或者与其年龄、智力、精神健康状况相适应的民事法律行为。

从比较法上，鲜有国家或地区采取像我国这样的规范模式，即使是曾作为我国民事立法重要参考、学习对象的苏俄民法典也没有这样的立法。

《民法总则》关于民事行为能力的规定，具有鲜明的中国特色，其规范结构可以图示如下。

- 民事行为能力
  - 成年人
    - 1. 18 周岁以上 ⇒ 完全民事行为能力 ⇒ 可以独立实施行为（第 18 条第 1 款）
    - 2. 不能辨认自己行为 ⇒ 无民事行为能力 ⇒ 不可以独立实施行为（第 21 条）
    - 3. 不能完全辨认自己行为 ⇒ 限制民事行为能力（第 22 条）
      - 原则：不可以独立实施行为
      - 例外：可以独立实施行为
  - 未成年人
    - 1. 16 周岁以上 ⇒ 完全民事行为能力 ⇒ 可以独立实施行为（第 18 条第 2 款）
    - 2. 不满 8 周岁 ⇒ 无民事行为能力 ⇒ 不可以独立实施行为（第 20 条）
    - 3. 8 周岁以上
      - 例外：无民事行为能力 ⇒ 不可以独立实施行为（第 21 条第 2 款）
      - 原则：限制民事行为能力（第 19 条）
        - 原则：不可以独立实施行为
        - 例外：可以独立实施行为

法律规定的清晰明确及由此带来的易理解性、易接受性效果，不能简单地理解为法条表达上的简洁、通俗，更为重要的是法律规范体系结构的简洁明快、合乎逻辑。《民法通则》关于民事行为能力的规定，规范结构复杂、重复立法严重，《民法总则》不仅完全沿袭了《民法通则》的旧制，而且进一步强化了它。

二、无民事行为能力与限制民事行为能力划界的合理依据

无民事行为能力与限制民事行为能力的年龄界限由《民法通则》规定的“十周岁”下调到“六周岁”是否恰当，是《民法总则》制定过程中最具争议的问题之一。“十周岁”作为无民事行为能力与限制民事行为能力的分界线，多年来一直受到学界的非议，有些人主张下调该年龄界限[①]，有些人认为应取消该年龄界限。[②] 全国人大常委会法制工作委员会民法室在草拟民法总则草案时，接受中国法学会 2015 年 6 月 24 日向其提交的《民法总则专家建议稿》的建议，在 2015 年 8 月 28 日起草的《民法总则民法室室内稿》中将无民事行为能力与限制民事行为能力的分界线下调到“六周岁”。《民法总则（草案）征求意见稿》（2016 年 1 月 11 日稿、2016 年 5 月 20 日与 6 月 13 日修改稿）接受了《民法总则民法室室内稿》提出的年龄界限下调方案。2016 年 6 月 27 日首次提交全国人大常委会审议的《民法总则（草案）》第 18 条第 1 款与第 19

① 参见魏振瀛主编：《民法》，5 版，59 页，北京，北京大学出版社、高等教育出版社，2013；王利明：《民法总则研究》，351 页，北京，中国人民大学出版社，2003。

② 参见梁慧星：《民法总论》，4 版，106 页，北京，法律出版社，2011；张强：《民事行为能力制度的反思与重构》，载《法学论坛》，2005（5）；董学立：《民事行为能力制度重构》，载《河北法学》，2007（11）；朱广新：《民事行为能力类型化的局限性及其克服》，载《法学评论》，2013（1）。

条规定将无民事行为能力与限制民事行为能力的年龄界限下调到“六周岁”[①]。其后的《民法总则（草案）》二审稿、三审稿皆未对此种规定作出任何修改。然而，直至《民法总则》被通过的前夕，全国人大常委会的一些委员们还在为6周岁的年龄界限发表不同意见[②]，并且，这种反对意见[③]在《民法总则（草案）》交付表决之前的短暂时间内，得到了一些全国人大代表的应和。[④] 在这种持续不绝的反对意见所形成的强大压力下，立法机关在《民法总则》被交付表决的前夜，决定将“六周岁”调整为“八周岁”[⑤]。

（一）8周岁作为分界线的重要意义

8周岁是限制民事行为能力与无民事行为能力的分界线，8周岁以上的未成年人具有限制民事行为能力，不满8周岁的未成年人无民事行为能力。因此，在未成年人之民事行为能力类型化上，8周岁是一个分水岭一样的关键概念。由于无民事行为能力概念是三级制民事行为能力制度相对于两级制民事行为能力制度的显著标志，所以作为界分未成年人之民事行为能力的8周岁，作为无民事行为能力之年龄上限的意义要远大于其作为限制民事行为能力之年龄下限的意义。

限制民事行为能力是一个介于完全民事行为能力与无民事行为能力

① 作出此种调整的主要考虑是：随着经济社会的发展和生活教育水平的提高，未成年人生理心理的成熟程度和认知能力都有所提高，适当降低年龄有利于其从事与其年龄、智力相适应的民事活动，更好地尊重这一部分未成年人的自主意识，保护其合法权益。这一调整也与我国《义务教育法》关于年满6周岁的儿童须接受义务教育的规定相呼应，实践中易于掌握、执行。参见李适时：《关于〈中华人民共和国民法总则（草案）〉的说明》，2016年6月27日在第十二届全国人民代表大会常委会第二十一次会议上。

② 参见张璁：《民法总则草案分组审议民法总则草案已渐趋成熟》，载《人民日报》，2016-12-21，4版。

③ 反对意见主要有两种：一是认为根本不应该作出调整或修改，应维持《民法通则》规定的“十周岁”；二是认为年龄界限不应下调幅度太大，下调到“八周岁”比较妥当。

④ 参见赵秀红、刘博智：《限制民事行为能力年龄下限改为八岁》，载《中国教育报》，2017-03-14，3版。

⑤ 第十二届全国人民代表大会法律委员会《〈关于中华人民共和国民法总则（草案）〉审议结果的报告》，2017年3月12日第十二届全国人民代表大会第五次会议主席团第二次会议通过。

之间的类型，具有缓冲全有与全无之极端性的规范功能。相对于无民事行为能力，其意味着，未成年人不是完全不能独立实施民事法律行为，而是可以有限地独立实施某些民事法律行为；相对于完全民事行为能力，其意味着，未成年人可以独立实施的民事法律行为是受到法律限制的、是有限的。限制民事行为能力制度因此具有不可以独立实施行为与可以独立实施行为的双重调整机制。而且，对于限制民事行为能力人可以独立实施的民事法律行为，《民法总则》除列举规定“纯获利益的民事法律行为”之外，还作出了“与其年龄、智力相适应的民事法律行为”这样的概括规定。由《民法通则意见》第 3 条的规定[①]看，所谓“与其年龄、智力相适应”，本质上指与未成年人的意思能力相适应，它要求从认识力、理解力、辨识力等能力方面全面分析，未成年人能否认识法律行为的性质、理解其内容与后果并对相关交易风险有所辨识。因此，限制民事行为能力是一项极富弹力的制度，无论限制民事行为能力人的年龄下限设定得多么高或多么低，皆不可能造成限制或剥夺未成年人之行为自由及造成未成年人权益保护不及的消极后果。理由在于，当年龄界限设定得较高时，可以依据“与其年龄、智力相适应”的规定，使事实上具有意思能力的未成年人获得独立实施民事法律行为的自由或权利；当年龄界限设定得较低时，可以根据未成年人“实施民事法律行为由其法定代理人代理或者经其法定代理人同意、追认”的一般性规定，将无意思能力的未成年人置于法定代理人的保护之下。

故而，无民事行为能力与限制民事行为能力的年龄界线确定或下调为“六周岁”还是“八周岁”，对于限制民事行为人根本无关紧要。

然而，对无民事行为能力的未成年人而言，情况就完全不同了。无民事行为能力是有民事行为能力的对称，有民事行为能力被我国民事立法称为完全民事行为能力。使用完全民事行为能力的概念，主要是为了与无民事行为能力、限制民事行为能力形成显著对比。以体系观念看，

① 该条规定：“十周岁以上的未成年人进行的民事活动是否与其年龄、智力状况相适应，可以从行为与本人生活相关联的程度、本人的智力能否理解其行为，并预见相应的行为后果，以及行为标的数额等方面认定。”

将完全民事行为能力与无民事行为能力看作两种完全对立的类型，并将限制民事行为能力看作克服“有—无”之极端思维的一种类型，比较合理。[①] 因此，无民事行为能力是一项极其僵硬的制度，未成年人一旦被规定为无民事行为能力人，不管其意思能力或者智力状况如何，一律没有独立实施民事法律行为的能力。[②] 这是无民事行为能力乃至三级制民事行为能力制度得以确立、存在的根本所在，是无民事行为能力制度的独特功能。如果认为无民事行为能力人可以独立实施一些与其日常生活相关的民事法律行为及纯获利益的民事法律行为，那么无民事行为能力实际上就变异为一种限制民事行为能力制度，因为它与限制民事行为能力的区分不再表现为有一定的行为自由与无任何行为自由的差异，而是表现为哪一种民事行为能力之下的行为自由较大而已。

因此，无民事行为能力之未成年人的年龄界线设定为多少岁，涉及非常重要的法政策选择。如果设定得太高，必然会发生这样的弊端：具有意思能力或智力状况优异的未成年人，因整齐划一的年龄界线而被归入无民事行为能力人之列，其行为自由被完全剥夺。

（二）下调年龄界限的合理性分析

值得深入分析的是，《民法总则》为何要下调无民事行为能力人的年龄上限，将“十周岁”下调到“八周岁”是否比将其下调到“六周岁”更为合理。

如何确定无民事行为能力与限制民事行为能力的分界线，是一个老话题。三十多年前制定《民法通则》时，参与立法的学者就曾对此发生

---

① 我国已故民法学家谢怀栻认为：“无民事行为能力人与完全民事行为能力人正相反，而限制民事行为能力人则介乎二者之间。”谢怀栻：《民法总则讲要》，82 页，北京，北京大学出版社，2007。

② “无行为能力人的意思表示无效，无论是对其有利或是不利。”Vgl. Ignacio Czeguhn, Geschaeftsfaehigkeit-beschraenkte Geschaeftsfaehigkeit-Geschaeftsunfaehigkeit, Erich Schmidt Verlag GmbH &Co. , Berlin 2003, S. 31.

过激烈争议。[①]

客观地讲，未成年人的意思能力存在个体差异，以年龄为唯一标准对未成年人的民事行为能力作出不同界分，确实很难断定，到底哪一个年龄点最为合适。大多数人只是依据自己的生活观察或社会经验对此作出有些武断的判断。然而，这丝毫不意味着，以年龄界分无民事行为能力与限制行为能力，根本无理论可言、无规律可循。

确立无民事行为能力的年龄上限，必须首先明白无民事行为能力制度的利弊得失。比较而言，以年龄为标准对未成年人之民事行为能力作出区分，是保护未成年人权益并兼顾交易安全的最大选择，这是德国、苏联及我国（包括台湾地区）据此立法的主要原因。然而，对于无民事行为能力制度而言，这种立法也存在两个缺陷：一是根本无法顾及未成年人意思能力的个体差异。这一点得到了发展心理学最为确定的调查结果的证实。几乎在他们行为和思想的每一个方面，儿童之间存在广泛的个体差异。而且，在整个儿童时期，易变性时常随年龄的增加而增大。调查显示，关于词汇知识或者数量，一些 6 岁的儿童表现得像平均 3 岁的儿童那样，而其他 6 岁的儿童表现得像平均 12 岁的青少年那样。在任何年龄组中，存在各种各样的成绩水平，该事实意味着，使用年龄作为标准而作出的任何决定将把一些儿童置于恰当地位，并把其他儿童置于不恰当地位。该不恰当的安置可能产生两个不良结果：某些儿童被迫长久等待以至于不能做其能够做的事情，一些儿童在其完全有能力做事之前却被允许去做该事。[②] 因此，以年龄为标准确立的无民事行为能力，不可避免地会剥夺某些意思能力优常者的行为自由，从而使无民事行为能力实际上沦为一种损害某些未成年人自治权的制度。

---

① “在民法通则制定过程中，有的建议定为六周岁、七周岁、八周岁，其理由是，现在孩子成熟早，民事活动范围又广，一些小学生也要进行一些民事活动，审判实践都以七周岁为界限；有的主张为十二周岁；也有的认为应规定为十四周岁，以便与刑法规定的承担刑事责任年龄统一起来。”王利明、郭明瑞、方流芳：《民法新论》（上），160－161 页，北京，中国政法大学出版社，1988。

② See Susan S. Stodolsky，Age Related Changes in the Individual：Childhood and Adolescence，*Chicago Kent Law Review*，Vol. 57，No. 4，1981，p. 854.

二是交易相对人的合理信赖根本得不到保护。与无民事行为能力人订立合同或对其作出意思表示的人不受保护，即使对方不知情，并依情况也不可能考虑到另一方当事人无民事行为能力时，也同样如此。[①] 而在限制民事行为能力制度之下，法律通过赋予交易相对人一种撤销权的方式对其合理信赖进行了适当保护。因此，虽然无民事行为能力、限制民事行为能力制度皆坚持对非完全民事行为能力人的保护优于对交易相对人的保护的政策立场[②]，但无民事行为能力制度对未成年人的保护具有绝对性，它根本不管交易相对人的信赖如何。

意思能力存在个体差异是自然形成的客观事实，对无意思能力者提供绝对保护是无民事行为能力的本质属性。故而，无民事行为能力制度的上述两种缺陷是先天性的，只能尽力减轻而无法予以根除。如何克服其缺陷是无民事行为能力制度立法始终面临的一个重要问题。对此，主要有三种解决办法。

一是尽可能降低无民事行为能力人的年龄上限。未成年人年龄越小，个体之间成长与发展的差异性越小[③]，未成年人在意思能力上的差异因而也越小。另外，未成年人年龄越小，其在体型外貌、言行举止、神态意思方面的幼稚性越显著，交易相对人越容易识别其是否具有民事行为能力。

二是承认无民事行为能力人可以实施其日常生活所必需的法律行

① 参见［德］卡尔·拉伦茨：《德国民法通论》（上册），王晓晔等译，142页，北京，法律出版社，2003。

② 诚如德国学者所言：有缺陷的行为能力条款的意义在于保护非完全行为能力人。他们应当被保护免受自己给自己带来的损害。即使该非完全行为能力人的合同相对方认为并且也可以认为该人具有行为能力，该保护功能也不能因法律交往中的利益而被违反，因此，对交易相对方行为能力的善意信赖并不受法律保护。参见［德］汉斯·布洛克斯、［德］沃尔夫·迪特里希·瓦尔克：《德国民法总论》，张艳译，33版，174页，北京，中国人民大学出版社，2012。

③ 纵观童年时期，大多数青年人的成长和发展可以看作向更大、更强、更好方向的运动。体形和体力的增长是显著的。儿童在许多方面变得一天比一天更好地使用语言、更好地作出思考，并且能够更好地处理复杂情况。See Susan S. Stodolsky, Age Related Changes in the Individual: Childhood and Adolescence, *Chicago Kent Law Review*, Vol. 57, No. 4, 1981, p. 853.

为，以克服意思能力与民事行为能力之间出现偏差的情形，使事实上具有意思能力者能够实施一定的民事法律行为。《民法通则》所规定的无民事行为能力制度实际上就是这样被理解、适用的。[①]

三是彻底废除无民事行为能力类型，规定未成年人具有限制民事行为能力。例如，爱沙尼亚于 2002 年修改其民法总则时，废除了未成年人之无民事行为能力制度，规定不满 18 周岁的自然人（未成年人）享有有限的行为能力（第 8 条第 2 款）。[②]

前述三种方法，第一种实质上是以缩小无民事行为能力人的范围的方式，相应地减轻了无民事行为能力制度的两种缺陷；第二种方法是在不对法律作出修改的情况下进行的，它事实上以判例法的形式修正了无民事行为能力制度在保护未成年人上的局限性，从而对无民事行为能力制度作出了改良，使之成为一种仅在相对人合理信赖保护方面与限制民事行为能力存在一定差异的制度；第三种方法认为只有废除无民事行为能力类型，才能真正克服其两种缺陷，它属于对无民事行为能力的彻底革新。

《民法通则》将无民事行为能力与限制民事行为能力的界线规定为“十周岁”，一开始就遭受诟病，对其作出修改早已是不争的事实，然而，如何修改却存在不同意见。在《民法总则》制定期间，立法机关虽然对如何调整年龄界线有比较全面的认识[③]，但最终还是作出了将“十

① 绝大多数学者认为，《民法通则》规定的无民事行为能力制度，并非绝对禁止不满 10 周岁的未成年人独立实施法律行为，而是既允许他们实施一些与其日常生活密切相关并由习惯承认的行为，又允许他们实施“纯获法律上利益”的行为。参见王利明、郭明瑞、方流芳：《民法新论》（上），385－386 页，北京，中国政法大学出版社，1988；尹田：《民事主体理论与立法研究》，52、55 页，北京，法律出版社，2003；李开国：《民法总则研究》，129 页，北京，法律出版社，2003；王利明：《民法总则研究》，351 页，北京，中国人民大学出版社，2003；魏振瀛主编：《民法学》，5 版，59 页，北京，北京大学出版社、高等教育出版社，2013。

② 爱沙尼亚 1994 年民法总则像德国民法典那样以 7 周岁为标准将未成年人的行为能力划分为两类：7 周岁以上的未成年人有限制行为能力（第 10 条第 1 款），不满 7 岁的未成年人无行为能力（第 11 条第 1 款）。

③ 参见全国人民代表大会法律委员会《关于〈中华人民共和国民法总则（草案）〉修改情况的汇报》，2016－11－29。

周岁”下调到“八周岁”而不是“六周岁”的决定。其实，《民法通则》施行之前，我国司法实践就曾将无民事行为能力人一般认定为不满6周岁[①]，自1985年9月11日施行的《最高人民法院关于贯彻执行〈中华人民共和国继承法〉若干问题的意见》第7条也明确规定，不满6周岁的儿童应当认定为无行为能力人。[②] 而且，根据《义务教育法》第11条第1款的规定，满6周岁是儿童应当入学接受义务教育的年龄。进入学校接受系统的义务教育之时，往往是儿童的意思能力发生跃进突变之时，同时也是儿童真正参与社会、塑造社交能力之时。因此，以“六周岁”作为无民事行为能力人的上限，完全存在历史与现实依据。

下调年龄界线虽然使部分年龄阶段的未成年人获得了自治的权利，但这并非最佳方案，因为它并没有真正克服无民事行为能力制度的双重缺陷。彻底废除无民事行为能力制度才是最优选择，20世纪下半叶以来颇受关注的一些新民法典，如荷兰新民法典（第1：234条）、魁北克民法典（第155—158条）等，无不如此而行。[③]

更进一步讲，联合国《儿童权利公约》（以下简称《公约》）施行以来，未成年人保护观念发生重大变迁，如公约起草工作组主席洛帕特卡（Lopatka）教授所言：公约认为，儿童不仅仅是关怀和照顾的目标；相反，它是基本权利和基本自由的主体。儿童具有自己尊严和个体性的人格。[④] 因而，儿童不再被视为法律保护的消极主体，而成为权利和基本自由的享有者。[⑤] 相对于作为父母或其他监护人之照管、施舍对象的福利消极接受者，儿童成为权利与基本自由享有者意味着，他像成年人

---

① 参见佟柔主编：《民法原理》，45页，北京，法律出版社，1983。

② 该条规定：“不满六周岁的儿童、精神病患者，应当认定其为无行为能力人。已满六周岁，不满十八周岁的未成年人，应当认定其为限制行为能力人。”

③ 在规定自然人行为能力时，均采纳了只将自然人划分为成年人与未成年人的两级制行为能力制度，未设无民事行为能力类型。

④ See Adam Lopatka, An Introduction to the United Nations Convention on the Rights of the Child, *Transnational Law & Contemporary Problems*, Vol. 6, No. 3, 1996, p. 254.

⑤ See Nuno Ferreira, *Fundamental Rights and Private Law in Europe: The Case of Tort Law and Children*, Routledge, 2011, p. 120.

一样属于自治的主体。[①]《公约》第 3 条第 1 款规定："关于儿童的一切行动，不论是由公私社会福利机构、法院、行政当局或立法机构执行，均应以儿童的最大利益为一种首要考虑。""关于儿童的一切行动"之措辞表明，立法机关考虑制定法律、法院适用法律之时，以及行政机关制定政策及预算被分配之时，儿童最大利益原则应当被适用。[②]

《公约》没有对最大利益作出界定，但它以列举权利的方法（赋予儿童权利）对最大利益原则进行了详细规定，生命权、受保护权、发展权、参与权是儿童享有的四种最基本的权利。有人据此认为，最大利益概念已经脱掉其福利主义外衣，应被理解可以与儿童的自治原则相提并论。[③]

《公约》第 12 条关于参与权的两款规定体现了其最具革新性的特征，它赋予能够形成自己见解的儿童在所有影响其事务的事项中自由表达自己观点的权利。参与权要求缔约国采取措施和机制以确保儿童不仅有机会表达他们自己的观点，而且在影响其生活的决策过程中发表意见。儿童的见解应依据其年龄和成熟度而被给予应有的重视。根据儿童权利委员会前书记玛尔砉·桑托斯·派斯（Marta Santos Pais）的看法，公约平衡了两种情形下的儿童：作为基本权利和自由的享有者的儿童与作为特别保护接受者的儿童，后者旨在确保作为个体的儿童的协调发展，并帮助其在社会中发挥建设性作用。[④]

《公约》第 4 条特别规定，缔约国应采取一切适当的立法、行政和其他措施以实现本公约所确认的权利。我国 1990 年 8 月 29 日签署公

---

① 有学者认为，儿童运动发生一个重大变迁：儿童的形象从作为被动的施舍受益人转变为被看作自治的个体法律主体。See Rebeca Rios-Kohn，The Convention on the Rights of the Child：Progress and Challenges，*Georgetown Journal on Fighting Poverty*，Vol. 5，No. 2，1998，p. 139.

② See Rebeca Rios-Kohn，The Convention on the Rights of the Child：Progress and Challenges，*Georgetown Journal on Fighting Poverty*，Vol. 5，No. 2，1998，p. 144.

③ See Nuno Ferreira，*Fundamental Rights and Private Law in Europe：The Case of Tort Law and Children*，Routledge，2011，p. 123.

④ See Rebeca Rios-Kohn，The Convention on the Rights of the Child：Progress and Challenges，*Georgetown Journal on Fighting Poverty*，Vol. 5，No. 2，1998，p. 144.

约，1991 年 12 月 29 日批准公约，1992 年 4 月 2 日公约对中国生效。虽然《民法总则》的立法者了解公约的内容，但由其将公约理解为尊重和保护儿童的自我意识的观点[①]看，其显然未真正认识到公约保护儿童的根本理念，是赋予其自治地位或自治权，而不是仅仅尊重和保护其自我意识。

总之，《民法总则》关于未成年人之无民事行为能力年龄上限的立法变革，不仅难以说得上“符合国际上的发展趋势”[②]，而且难以说得上比较合理。

三、8 周岁以上未成年人之无民事行为能力

在承继、变革《民法通则》规定的民事行为能力制度上，《民法总则》第 21 条还作出这样的规定：不能辨认自己行为的成年人为无民事行为能力人，由其法定代理人代理实施民事法律行为（第 1 款）。8 周岁以上的未成年人不能辨认自己行为的，适用前款规定（第 2 款）。第 1 款规定的创新之处是将“精神病人”修改为“成年人”，第 2 款属于一种全新的规定。由立法过程看，《民法总则》第 21 条的两款规定最早由《民法总则（草案）征求意见稿》（2016 年 5 月 20 日修改稿）第 20 条所提出，之后的《民法总则（草案）》一审稿（第 20 条）、二审稿（第 21 条）、三审稿（第 20 条）乃至最后交付全国人大代表大会审议的《民法总则（草案）》，只对《民法总则（草案）征求意见稿》第 20 条的规定作了些微修改。由民法总则草案建议稿看，梁慧星教授负责撰写的建议稿根本未设立无民事行为能力制度。中国法学会 2015 年 6 月 24 日正式提交给全国人大常委会法制工作委员会的建议稿第 22 条关于精神障碍者的民事行为能力的规定，在对精神障碍者之无民事行为能力与限制民事行为能力作出明确规定后，还特别规定，“其他不能辨认或者不能完全辨认自己行为的人，其民事行为能力适用本条规定”（第 4

① 参见全国人民代表大会法律委员会《关于〈中华人民共和国民法总则（草案）〉修改情况的汇报》，2016-11-29。

② 同上。

款）。所谓“其他不能辨认或者不能完全辨认自己行为的人”，应指精神障碍者之外的其他自然人，如果将“精神障碍者”理解为“成年人”，那么其只能是未成年人。《民法总则（草案）征求意见稿》第 20 条第 2 款也许是受到了这种立法建议的影响。总的看来，在立法过程中，《民法总则》第 21 条第 2 款几乎没有受到任何质疑或挑战。

然而，由民事行为能力规范体系综合地看，第 21 条第 2 款规定的合理性则不无问题。

第 2 款没有直接规定法律效果，而是在法律效果部分应用“适用前款规定”的方法，引用了第 1 款规定的法律效果。从立法技术上看，“适用前款规定”属于引用性法条的典型标识，这样规定主要是为了避免再对“为无民事行为能力人，由其法定代理人代理实施民事法律行为”的内容作出重复规定。因此，将第 21 条两款规定结合起来看，第 2 款实际上确立了这样一种民事行为能力类型：8 周岁以上不能辨认自己行为的未成年人，无民事行为能力。如此之下，对于未成年人，《民法总则》在两种情形下承认了无民事行为能力制度：一是不满 8 周岁；二是 8 周岁以上不能辨认自己的行为。二者的区别在于，前者以年龄为标准予以形式性判断；后者主要以有无辨认能力为标准予以实质性判断。尽管存在判断标准上的差异，但不得不承认的是，《民法总则》无疑确立了可适用于未成年人之全部年龄阶段的无民事行为能力制度。

《民法总则》第 20 条通过降低年龄上限缩减了未成年人之无民事行为能力制度的适用范围，而其第 21 条第 2 款则以另一种方式将无民事行为能力类型扩充适用于所有年龄阶段的未成年人。对于未成年人之无民事行为能力制度而言，此真“可谓失之东隅，收之桑榆”。这与世界各地一些新民法典适应未成年人保护理念的时代变迁多选择取消无民事行为能力制度的立法趋势形成强烈反差！

由于其同样适用于 8 周岁以上的未成年人，只是根据辨认能力（意思能力）而对民事行为能力之有无予以特别的实质判断，所以《民法总则》第 21 条第 2 款构成其第 19 条规定的一种例外规定。把这两个条款结合在一起看，8 周岁以上的未成年人，原则上具有限制民事行为能力，在不能辨认自己行为的特殊情形下，无民事行为能力。

如何理解这种以 8 周岁以上未成年人为适用条件的“原则—例外”规定？对于 8 周岁以上的未成年人，在一般性确立限制民事行为能力制度之时，再建立一种无民事行为能力的例外规则，是否合理？对此可从三个方面予以分析。

第一，从未成年人保护的角度看，无民事行为能力制度固然非常有助于保护未成年人权益，且其所采实质判断标准亦能顾及未成年人真实的意思能力，从而可能做到使真正无意思能力而实在需要保护的未成年人得到恰如其分的保护。然而，不容忽视的是，这种保护目的的实现是以必须提供未成年人“不能辨认自己行为”的事实证据为前提的。辨认能力本质上是指意思能力，它由包括认识、理解、辨别、预见、判断、控制等各种能力在内的复杂因素构成。8 周岁以上的未成年人正处于快速成长、发展阶段，意思能力的发展具有渐进性、迸发性、不确定性，在行为发生之后（纠纷产生后）再对其意思能力状况予以事后证明、判断绝非易事。这通常要比对成年人的意思能力予以事后判断要困难许多。毕竟，人成年之后，意思能力已经相对稳定、健全，其是否无辨认能力或者有何种程度的辨认能力可以依据一般成年人的意思能力状况，或者可以与同一成年人之前的意思能力状况予以对比、衡量。

为此，确立未成年人之无民事行为能力制度的德国和我国台湾地区，皆采纳年龄标准，明确规定未满 7 周岁的人无行为能力。而对于 7 周岁以上可能根本无意思能力或者事实上确实无意思能力的未成年人，则通过限制民事行为能力予以保护。具体保护机制是：法定代理人可以不允许未成年人本人实施民事法律行为（反过来讲，法定代理人代理未成年人实施民事法律行为），如果未成年人未经允许擅自实施民事法律行为，法定代理人可不给予追认或者明确拒绝追认，从而使未成年人实施的民事法律行为最终归于无效。这种保护机制的基本预设是，未成年人的法定代理人（绝大多数情况下是其父母）既最为了解未成年人的意思能力状况，又能够从未成年人最大利益出发作出是否允许、追认的决定。

另须注意的是，对于未成年人与他人实施的民事法律行为，即使未成年人在实施行为时无意思能力，也并不必然意味着，该民事行为完全会损害未成年人的权益。人皆有怜悯之心，与未成年人交易的相对人，不可能皆会实施有害于未成年人的民事法律行为。对此，以自始、绝对无效的无民事行为能力制度保护未成年人权益显然有些极端、僵化，在此种情形下，将未成年人纳入限制民事行为制度的保护之下明显要灵活许多。法定代理人可以从儿童最大利益原则出发，认为未成年人实施的民事法律行为有利于未成年人保护的，则予以追认；不利于未成年人保护的，则拒绝追认。

第二，从交易相对人保护（交易安全）的角度看，以无民事行为能力保护 8 周岁以上的未成年人也不无问题。未成年人之无民事行为能力制度以绝对保护未成年人为原则，无民事行为能力人实施的民事法律行为不仅自始无效，而且相对于任何人绝对无效，即使交易相对人对交易产生完全正当的信赖也不例外。因此，无民事行为能力制度付出了完全不保护交易相对人合理信赖的代价。[①] 比较而言，8 周岁以上的未成年人，尤其是接近成年的未成年人，在言谈举止、待人接物、沟通交流等方面比不满 8 周岁的人更容易被交易相对人信赖。

然而，以限制民事行为能力制度保护 8 周岁以上的未成年人，不仅可以借助法定代理人的同意或追认机制，灵活地达到保护未成年人权益的目的，而且通过赋予相对人一种撤销权的方式，适当兼顾了对相对人合理信赖的保护。从权益保护的便宜性上讲，以行使撤销权的方式使民事法律行为归于无效，显然比通过证明未成年人“不能辨认自己行为”以确认未成年人为无民事行为能力人从而得出法律行为无效的结果，更为简便易行。毕竟，撤销权的行使仅向对方发出通知即可（《民法总则》

① 参见［德］迪特尔·梅迪库斯：《德国民法总论》，邵建东译，417 页，北京，法律出版社，2000；王泽鉴：《民法总则》，251 页，北京，北京大学出版社，2009。

第 145 条第 2 款）。

第三，从规范体系的角度看，第 21 条第 2 款为与未成年之限制民事行为能力人实施民事法律行为的恶意相对人提供了规避《民法总则》第 145 条第 2 款规定的便道。根据《民法总则》第 145 条第 2 款，对于限制民事行为能力人不能独立实施的民事法律行为，“民事法律行为被追认前，善意相对人有撤销的权利”。该规定旨在保护相对人对交易的合理信赖。所谓“善意”，指不知对方无民事行为能力或者不知对方未得到法定代理人的同意。如果相对人在实施交易之时，知道对方无实施民事法律行为的能力或者知道其未得到法定代理人的同意，属于自愿承担交易风险，无保护之必要——不能享有撤销权。

然而，当相对人通过撤销权而使民事法律行为归于无效的意图根本无法实现时，《民法总则》第 21 条第 2 款则为其“另辟蹊径”。这就是，相对人可以根据第 21 条第 2 款的特别规定，证明未成年人属于“不能辨认自己行为”应被认定为无民事行为能力的人，进而依据《民法总则》第 144 条所作“无民事行为能力人实施的民事法律行为无效”的规定，使民事法律行为自始、确定地无效。毕竟，无民事行为能力所导致的无效，是一种任何人皆可主张的绝对无效。虽然“不能辨认自己行为”在证明上存在一定难度，但由于其判断具有相当大的自由裁量余地，所以在法律适用上隐含着不确定性。

总之，第 21 条第 2 款关于 8 周岁以上无民事行为能力人的特别规定，属于一种有害无益的规定。其在保护未成年人权益和相对人正当信赖保护上皆逊色于限制民事行为能力制度。完全可以预见，在法律适用上，没有人愿意舍弃机制更为灵活、应用更为方便的限制民事行为能力制度而首先选择这一规定。在规定 8 周岁以上的未成年人为限制民事行为能力人的情况下，再以无辨认能力为标准确立同样适用于 8 周岁以上的未成年人的无民事行为能力制度，有些狗尾续貂。为不使其对第 145 条第 2 款关于撤销权的规定造成消极影响，建议对第 21 条第 2 款在适用上作出适当限制。

值得深思的是，《民法总则》为何会作出这样的规定？由立法过程看，这可能与立法者对限制民事行为能力制度的规范功能和特点缺乏全面理解有关。

限制民事行为能力是一个有些误导性的概念，它很容易使人误认为，限制民事行为能力人本来具有民事行为能力，但是因为法律的特别规定，其民事行为能力受到了一定限制。其实，限制民事行为能力的基本含义应是，具有有限或限定的民事行为能力。如此界定的潜台词是，限制民事行为能力人一般情形下不能独立实施民事法律行为，只有在特别规定的情形下才可以实施民事法律行为。

限制民事行为能力是缓冲完全（有）民事行为能力与（完全）无民事行为能力之极端对立规定的产物，它既禁止限制民事行为能力人独立实施民事法律行为，又允许其独立实施某种性质的民事法律行为。当限制民事行为能力人不能独立实施民事法律行为，尤其是必须由法定代理人代理其实施民事法律行为（或者法定代理人不追认其所实施的民事法律行为）时，其实质上处于与无民事行为能力人完全相同的法律状态：无行为自由。只不过，无民事行为能力人之无行为自由是绝对的、无例外的，而限制民事行为能力人之无行为自由是相对的、有例外的。因此，无民事行为能力与限制民事行为在自然人无行为自由（不能独立实施民事法律行为）上无本质差异。二者的根本差异在于：其一，限制民事行为能力人可经其法定代理人同意、追认而实施民事法律行为，甚至可以独立实施纯获利益的民事法律行为或者与其年龄、智力相适应的民事法律行为；而无民事行为能力人只能通过法定代理人代理实施民事法律行为。其二，无民事行为能力所导致的民事法律行为无效，是自始确定的无效；而限制民事行为能力人实施的其不能独立实施的民事法律行为，其效力类型不是自始确定无效，而是效力待定。

《民法通则》第 12 条第 1 款与第 13 条第 2 款在规定限制民事行为能力的法律效果时并没有清晰地展现其基本特征，其规范表达方式为：限制民事行为能力人可以进行与他的年龄、智力相适应的民事活动；其他民事活动由他的法定代理人代理，或者征得他的法定代理人的同意。该规定没有将限制民事行为能力人原则上无独立实施民事法律行为的能力、例外情形下有独立实施法律行为的能力的一般规则与特别规定之关系展现出来，从而使一些人错误地认为，限制民事行为能力人原则上具有独立实施民事法律行为的能力。这为在未成年人之限制民事行为能力制度的基础上规定一种无民事行为能力规则提供了依据。

《民法总则（草案）》一审稿、二审稿、三审稿在规定限制民事行为能力之法律效果时，完全遵循了《民法通则》第 12 条第 1 款与第 13 条第 2 款的规范模式，并在规定成年人之无民事行为能力制度时一起规定了 8 周岁以上未成年人的无民事行为能力规则。然而，在《民法总则（草案）》被交付全国人大代表大会表决通过的前夕，立法机关可能是受到了《合同法》第 47 条第 1 款规定的启发，临时决定以但书规定的立法技术对限制民事行为能力的法律效果进行大幅度调整。《民法总则》第 19、22 条规定中的“但是”，极其清晰地表明，限制民事行为能力人原则上不可以独立实施民事法律行为，仅于例外情形下可以独立实施民事法律行为。然而，遗憾的是，在对限制民事行为能力的规定作出重要修改之时，立法机关没有注意到，《民法总则》第 21 条第 2 款也应相应地作出修改——删除。立法疏漏使《民法总则》滋生出第 21 条第 2 款这个“毒瘤”。

四、完全民事行为能力拟制制度的局限性及其克服

《民法总则》第 18 条第 2 款规定：“十六周岁以上的未成年人，以自己的劳动收入为主要生活来源的，视为完全民事行为能力人。”该规定除根据《民法总则》第 17 条第 2 句的规定将“不满十八周岁的自然人”简化为“未成年人”之外，其他内容完全沿袭了《民法通则》第 11 条第 2 款的规定。另外，该款的体系地位也完全遵循了《民法通则》的做法，即把一种民事行为能力类型——完全民事行为能力——集中规定在一个条文之中。

然而，由立法过程看，该款的体系地位曾历经重大调整。《民法总则（草案）》一审稿、二审稿及三审稿皆以构成要件的一致性为基础，

将该款与未成年人之限制民事行为能力规定在一起，以凸显其基本规范功能——缓冲未成年人一律不可享有完全民事行为能力的极端与僵化。但是，在《民法总则（草案）》交付全国人大代表大会表决通过的最后时刻，立法者却突然改变初衷，将该款的地位由与未成年人之限制民事行为能力规定在一起调整为与成年人之完全民事行为能力规定在一个条文中。这实际上又使该款回到了《民法通则》的体系地位。尽管立法者未对为何于最后关头放弃以前的变革模式作出任何说明，但是不难推知，因循守旧的立法思想最终占了上风。

从法律理解和适用的角度看，该款规定至少有两个问题值得一提。

（一）该款之命名

相对于成年人具有完全民事行为能力的规定，该款确立了一种以16周岁以上未成年人为适用前提的特殊完全民事行为能力制度。有学者以前将该规定简称为劳动成年制度①，或者拟制成年制度。② 此种简称不太恰当，称作完全民事行为能力拟制制度，比较合理，基本理由为：第一，以“人”（如不满8周岁的未成年人）定义“人”（无民事行为能力人）的循环定义方式类型化民事行为能力是《民法通则》与《民法总则》采取的特殊规范方式，它实际上旨在表达，某一年龄阶段的自然人具有某类民事行为能力（如不满8周岁的未成年人无民事行为能力）的意旨。“视为完全民事行为能力人”的真正含义是，具有完全民事行为能力。因此，“十六周岁以上的未成年人，以自己的劳动收入为主要生活来源的，视为完全民事行为能力人”应理解为，16周岁以上的未成年人，以自己的劳动收入为主要生活来源的，视为具有完全民事行为能力。因此，该规定不是对成年的拟制，而是对完全民事行为能力的拟制。未成年人被拟制为完全民事行为能力人，只是意味着其享有完

① 参见张俊浩主编：《民法学原理》（上册），3版，111页，北京，中国政法大学出版社，2000；王占明：《论劳动成年制的理论基础与法律适用》，载《法律适用》，2009（5）；戴孟勇：《劳动成年制的理论与实证分析》，载《中外法学》，2012（3）。

② 参见朱广新：《我国民法拟制成年制度的反思与重建》，载《法商研究》，2011（1）；王彬：《成年年龄的法律拟制》，载《学术交流》，2016（12）。

全民事行为能力，并不意味着其成年了，其实际上还属于未成年人。第二，《劳动法》第 58 条第 2 款规定："未成年工是指年满十六周岁未满十八周岁的劳动者。"依《民法通则》第 11 条第 2 款及《民法总则》第 18 条第 2 款的规定，年满 16 周岁未满 18 周岁的劳动者，显然可以被"视为完全民事行为能力人"，但依据《劳动法》，这个年龄类型的劳动者属于未成年工，而不是成年工。第三，16 周岁以上的未成年人能否被"视为完全民事行为能力人"，取决于其能否满足"以自己的劳动收入为主要生活来源"的实质条件。能够满足这一条件时，则具有完全民事行为能力；不能满足这一条件或者丧失这一条件时，则为具有限制民事行为能力（《民法总则》第 19 条）或无民事行为能力（《民法总则》第 21 条）的未成年人。《民法总则》第 18 条第 2 款所作"视为完全民事行为能力人"的规定，在认定是否享有完全民事行为能力上采取的是一种"一事一决"的办法，不像成年宣告制度那样，一经宣告则从此享有完全民事行为能力。在此情况下，如果将《民法总则》第 18 条第 2 款理解为一种特殊的成年制度，则会发生这样的结果：16 周岁以上的未成年人有经济能力时则可依"视为完全民事行为能力人"的规定而被拟制为成年，丧失经济能力时则因不能"视为完全民事行为能力"而不再被拟制为成年。成年具有不可逆性，不能说今日成年了，将来一天又变为未成年。而完全民事行为能力与限制民事行为能力之间则可以来回转换。

之所以造成将该款规定理解为一种特殊成年制度的认识错误，主要源于两方面的因素：一是体系地位之蒙蔽。也就是说，将"视为完全民事行为能力人"之规定与"成年人为完全民事行为能力人"规定在一个条文中，很容易使人误认为，自然人只有成年才能享有完全民事行为能力，从而将"视为完全民事行为能力人"的规定理解为一种特殊的成年制度。二是规范目的之蒙蔽。即是说，没有深刻认识到"视为完全民事行为能力"这种规定的根本意旨，是为了矫正未成年人一律不享有完全民事行为能力规定的极端性，使具备法定条件的未成年人获得完全的行为自由。该规定本质上属于一种特殊的未成年人之限制民事行为能力缓冲制度，而不是一种特殊的成年制度。

应当说，《民法总则（草案）征求意见稿》（2016年5月20日与6月13日修改稿）与《民法总则（草案）》一审稿、二审稿及三审稿将完全民事行为能力拟制制度与未成年人之限制民事行为能力规定在一个条文中是一种非常明智的抉择。[①] 因为这样规定，很容易使人们认识到，16周岁以上“以自己的劳动收入为主要生活来源的”的未成年人“视为完全民事行为能力人”的规定，是8周岁以上未成年人具有限制民事行为能力之一般规则的一种例外规定，其目的是使接近成年且具有经济能力的未成年人获得完全民事行为能力。然而，非常遗憾的是，这种合乎体系的有益立法变革最终却功亏一篑。

（二）完全民事行为能力拟制制度的局限性

在确认16周岁以上的未成年人是否享有完全民事行为能力上，完全民事行为能力拟制采取的是一种“一事一决”的做法。16周岁以上的未成年人可否被“视为完全民事行为能力人”，应对民事法律行为实施之时未成年人是否满足“以自己的劳动收入为主要生活来源”的实质条件进行具体审查、判断。如果满足该条件，法院即可依法判决其为完全民事行为能力人。由于法院判决不像法律那样具有普遍的法律约束力，仅仅对特定案件当事人的特定行为具有约束力，所以，未成年人被视为完全民事行为能力人这种情况，仅仅相对于其过去的特定民事法律行为具有意义。此案之后，未成年人是否仍然具有完全民事行为能力，需要由法院根据新的法律事实再次予以确认。因此，完全民事行为能力拟制制度完全不同于成年宣告制度，后者意味着，未成年人可在宣告之后相对于任何人、任何民事法律行为皆享有完全民事行为能力。

① 全国人大常委会法制工作委员会民法室2015年8月28日草拟的《民法总则民法室室内稿》在规定完全民事行为能力拟制制度时完全因袭了《民法通则》第11条的规定。《民法总则（草案）征求意见稿》（2016年1月11日稿）接受了《民法总则民法室室内稿》的做法。《民法总则（草案）征求意见稿》（2016年5月20日与6月13日修改稿）则作出将完全民事行为能力拟制制度与未成年人之限制民事行为能力规定在一个条文之中的重大决定。《民法总则（草案）》一审稿、二审稿、三审稿皆接受了《民法总则（草案）征求意见稿》（修改稿）的做法。

必须指出的是，这种以经济能力决定民事行为能力的制度，明显偏离了民事法律行为能力制度的本质属性。一般而言，未成年人的意思能力会随着年龄的增大而渐进、稳定地增强，除非发生特殊情况（如精神疾患），未成年人的意思能力不会发生退化或逆反现象。未成年人一旦被赋予完全民事行为能力，意味着其意思能力已趋于成熟。然而，完全民事行为能力拟制制度却使未成年人的民事行为能力依其经济能力之有无而发生时有时无的怪状。

本来，在克服未成年人之限制民事行为能力的局限性上，《民法通则》设置了一项相当灵活的缓冲制度：未成年人可以独立实施与其年龄、智力相适应的民事法律行为。由于年龄与智力只是显示意思能力状况的外在与内在标识，所以，所谓“与其年龄、智力相适应”，即说与其意思能力相适应。如此而言，该缓冲制度实质上确立了一种依实质的意思能力标准确定 8 周岁以上未成年人是否享有独立实施民事法律行为的能力的规则。这是一种极其宽泛的民事行为能力判断标准。16 周岁以上具有稳定劳动收入的未成年人与他人实施的民事法律行为，在绝大多数情况下，可以解释为一种是与未成年人的年龄、智力相适应的民事法律行为。而且，此种解释也不会发生将民事行为能力等同于一种经济能力的弊病。从科学立法的角度看，在规定未成年人可以独立实施与其年龄、智力相适应的民事法律行为的情况下，将《民法总则》第 18 条第 2 款改造为一种完全民事行为能力宣告制度，则比较适宜。遗憾的是，立法者没有认识到这一点。

五、结语

《民法总则》关于民事行为能力的规定具有显著的中国特色，其第 17 条所作“不满十八周岁的自然人为未成年人”的新增规定，在规范结构上强化了这种独特性。其基本构造方法为：以未成年—成年之区分为基础、以自然人的具体区分（年龄、辨认能力为标准）为前提，以循环定义的方式间接确立了民事行为能力的类型，并在自然人一章与民事法律行为一章以不同视角规定了非完全民事行为能力的法律效果。这种立法模式造成三重立法重复现象，即民事行为能力类型的重复、自然人一章各类民事行为能力之法律效果的重复，以及自然人一章与民事法律行为一章之间非完全民事行为能力之法律效果的重复。无民事行为能力与限制民事行为能力的年龄界线之所以应下调，是为了克服无民事行为能力制度在未成年人保护与相对人信赖保护两方面所存在的双重缺陷。未成年人年龄越小，在意思能力方面的个体差异性越小，意思能力与民事行为能力出现偏差的概率越低。因而，年龄界限下调为“六周岁”要比下调为“八周岁”更为合理。《民法总则》第21条新增8周岁以上未成年人无民事行为能力的规定，是对未成年人之限制民事行为能力缺乏深入理解的产物，属于一种无益有害的立法“创新”。完全民事行为能力拟制制度与未成年人之限制民事行为能力制度规定在一个条文中更能揭示拟制制度的规范目的，并有助于消除以前关于拟制制度的错误理解。然而，立法者却于最后时刻放弃法制变革之努力，使立法重回《民法通则》之旧制。完全民事行为能力拟制制度偏离了民事行为能力的本质，其所解决的问题完全可以依据“可以独立实施与其年龄、智力相适应的民事法律行为”的规定予以处理，将其改造为民事行为能力宣告制度比较合理。总之，《民法总则》关于民事行为能力的规定，太过于沿袭《民法通则》的规定，变革动力和能力明显不足。

（本文首次发表于《中外法学》2017年第3期，吸收进本书时略作修改。）

监护制度中的未成年人保护

民法对未成年人的保护并非体现在一两个制度或规则上，而是具有系统的体系性思考与规范。民事行为能力只是解决了未成年人具有何种行为能力及无行为能力人、限制行为能力人实施的民事法律行为的法律效果问题——参与民事法律行为的途径与效果，并没有解决如何教育、照顾无行为能力或具有限制行为能力的未成年人的问题。在传统民法上，后一个问题主要属于亲权和监护制度的规范范畴。亲权是保护未成年人的基础性制度，未成年人监护制度只是亲权制度的补充。当未成年人无亲权人或其父母不能行使亲权时，未成年人保护才适用监护制度。如《德国民法典》第1773条规定："未成年人不在父母照顾之下，或父母在与人身有关的事务中和在与财产有关的事务中均无权代理该未成年人的，该未成年人获得一个监护人。未成年人的家庭状况无法查明的，该未成年人也获得一个监护人。"我国《婚姻法》只是规定"父母有保护和教育未成年子女的权利和义务"（第23条），它既没有承认亲权概念又没有对亲权制度所涉及的内容作出具体规定。《民法通则》开创了将父母教育、保护未成年人的权利和义务纳入监护制度并在民法总则中紧随民事行为能力制度予以构造的独特立法模式。《民法总则》继承了《民法通则》以监护制度保护未成年人的立法模式，并在具体制度构造上，作出了一些革新性规定。统观《民法总则》对监护作出的诸多新规定，在"儿童的最大利益原则"与"逐渐发展的儿童能力原则"的思想指导下对未成年人监护制度的修改与补充，是制度革新最为显著的表现。[①] 本部分将对此予以系统研

① 有学者认为，《民法总则》将儿童最大利益原则以及儿童自主权原则作为未成年人监护的基本理念，并贯穿在未成年人监护制度的具体规定中，新理念与新规定发展和充实了我国未成年人监护制度。参见夏吟兰：《民法典未成年人监护立法体例辩思》，载《法学家》，2018（4）。

究，并对《民法总则》在贯彻执行“儿童的最大利益原则”方面所存在的缺陷作出简要分析。

一、《民法总则》对未成年人监护制度的强化和完善

根据《法国民法典》《德国民法典》《瑞士民法典》等范式民法典及大陆法系的其他大多数民法典，亲权是教育、照顾未成年人的基础性制度，未成年人监护制度三要发挥“亲权之补充或延长”的作用。[①] 将亲权并入监护，统一构造未成年人教育、照顾制度，如果不因此降低父母对未成年子女的教育、照顾权利和义务，此种立法模式也未曾不可。《民法通则》在规定未成年人的监护人时，将父母列为未成年人的首要监护人，并规定只有当未成年人的父母死亡或者没有监护能力及被撤销监护人资格时，才能由其他个人或组织担任监护人（第 16、18 条）。这些规定充分说明，立法者完全是按照传统的亲权制度规定父母对未成年人的权利义务的。亲权制度并没有因为被统合到监护制度之中而完全丧失其固有性质和内容。

但是，话说过来，《民法通则》对于父母教育、照顾未成年子女的权利义务的规定显得太单薄了。难怪有学者提醒立法者注意，亲权与监护制度的设立初衷和具体内容均存在较大差异，将未成年人的保护制度由亲权降格为监护，可能会使法律对未成年人的保护力度有所降低，并造成法典体系内容的混乱。[②] 父母教育、照顾未成年人的权利义务是否由亲权降格为监护，并由此导致降低了未成年人保护的法律力度，不能仅从亲权被监护统合而形式地予以判断，而必须注意到，在未成年人教育、照顾上，法律是否以未成年人的父母权利义务规定为核心，并使父母相比于其他监护人享有更多的权利、承担更多的义务。令人遗憾的

---

① 参见林菊枝：《台湾亲属法论》，吴煜宗重订，305 页，台北，新学林出版股份有限公司，2017。

② 参见尹志强：《未成年人监护制度中的监护人范围及监护类型》，载《华东政法大学学报》，2016（5）。

是，除了强调父母对未成年子女负有抚养、教育和保护义务，并把父母规定为未成年子女的首要监护人之外，《民法总则》在规定作为监护之核心问题的监护人职责时，并没有将父母作为一种应当负有特别监护职责的监护人，而是把他们与其他监护人完全等同对待。父母作为未成年子女的首要监护人，其规范意义与价值，并非仅仅体现为监护顺位上的“首要性”，还更多地表现在应享有更多的权利并负有更大的监护职责。此外，《民法总则》像《民法通则》那样，没有将父母对未成年人的权利义务作为一个重点问题予以规定。[①] 因此，《民法总则》甫一颁行即有学者建议应在民法典婚姻家庭编完善亲权与监护制度。[②]

我国的传统伦理观念是以家为核心建立起来的，《礼记·礼运》云：“何谓人义？父慈、子孝、兄良、弟悌、夫义、妇听、长惠、幼顺、君仁、臣忠十者，谓之人义。”在各种伦理关系中，父慈子孝为原点、是核心。其中的父慈又发展出《三字经》中的“养不教，父之过”观念，即养育子女是父母的天职，但父母对未成年子女的职责不限于养育，如果养而不教，同样是父母未尽义务之过错。因此，在教育、照顾未成年子女上，我国传统伦理实际上向父母施加了一种义不容辞的义务或责任。这与欧陆民法典将亲权规定为教育、保护未成年人的首要制度的做法，在立法思想上完全一致。

鉴于父母在教育、照顾未成年子女上的首要性、重要性，《民法总则》吸收大陆法系亲权制度的内容，对父母对未成年子女的监护制度进行了强化和补充规定。

---

① 在《民法总则》制定期间，有学者提出，《民法总则》应当超越《民法通则》的思维窠臼，修正《民法通则》对父母照顾和监护问题的错误认识和定位。参见刘征峰：《被忽视的差异——〈民法总则（草案）〉“大小监护”立法模式之争的盲区》，载《现代法学》，2017（1）。

② 婚姻家庭法专家夏吟兰提出：在民法典婚姻家庭编立法中，应当按照儿童最大利益原则，分别单列父母子女关系章及监护章，明确规定“父母责任”进一步区分监护、亲权、抚养三个法律术语的不同内涵。在父母子女关系章中应更好地明晰父母子女之间的权利义务关系，凸显父母作为未成年子女首要责任人的作用，传承我国优秀家庭文化传统，弘扬社会主义婚姻家庭核心价值观。参见夏吟兰：《民法典未成年人监护立法体例辩思》，载《法学家》，2018（4）。

(一) 明确规定父母对未成年子女有抚养、教育和保护的义务

《民法总则》第二章第二节(监护)开门见山地规定(第 26 条第 1 款):“父母对未成年子女负有抚养、教育和保护的义务。”这一规定并非简单地将《婚姻法》第 23 条第一句规定中关于父母对未成年子女的义务移植到了关于监护制度的规定中,而是在立法思想上宣示了三项重要内容:第一,未成年人监护是监护制度的核心内容;第二,对于未成年人监护,父母负有首要义务;第三,父母对未成年子女的监护,主要体现为父母对未成年子女的义务。最后一项内容也充分体现在《民法总则》第 34 条第 2 款所作“监护人依法履行监护职责产生的权利,受法律保护”的规定上。据此规定,监护职责是先于由监护产生的权利的。但是,严格地讲,父母对未成年子女的教育、照顾或保护的权利,是随亲子关系自然产生的①;父母之外的其他个人或组织对未成年人的教育、保护权利,则由来于监护关系的确立。以此而言,《民法总则》第 34 条第 2 款的规定,存在相当大的局限性,未将亲权制度的内核规定出来。

由亲权与监护之间的区别看,亲权是随子女之出生而自然产生的,无须其他条件,它与人类繁衍中的生养一体观念相契合,具有自然法的属性,是教育、照顾未成年子女成长的常规之道;而监护权通常需要经过一定法定程序才能产生。从理论基础上讲,亲权基于亲子关系而产生,父母子女之间基于血缘而天然形成的亲情、伦理关系,是其理论基础。由于父母子女之间舐犊情深,一般推定,在对待未成年子女上,父母会无任何条件地采取最有利于子女的做法。因此,在监护制度的框架内强化亲权制度的内容,或者在婚姻家庭法之内对亲子关系作出明确规定,能够更好地实现“儿童的最大利益原则”。

由于缺乏亲子之情,父母之外的个人或组织对未成年人的监护,职责或义务常常重于权利。根据《法国民法典》第 427 条的规定,监护在

① 德国《基本法》在第 6 条第 2 款规定:“照料和教育子女是父母之自然权利,亦为其至高义务,其行使应受国家监督。”

儿童保护上属于公共性质的责任。监护人只能向被监护人履行监护职责，原则上不能获得任何利益（包括精神性利益）或报酬。[①] 监护人与被监护人之间的关系不像未成年子女与其父母之间存在的“父慈子孝”情感、伦理互动关系，监护人是否适当、全面地履行监护职责，既需要像监护监督、监护人责任之类的法律制度的保障，又需要一种基于共同体的道义责任。

宣示父母对未成年子女的义务，并以此强化父母对未成年子女的监护制度，是像我国这样的大监护制度所必须注意的重要问题。但是，《民法总则》并未在实质的制度建构上作出太多革新。

（二）确立遗嘱指定监护人制度

《民法总则》第 29 条规定：被监护人的父母担任监护人的，可以通过遗嘱指定监护人。该规定被称作遗嘱指定监护人制度。此项制度可追溯至罗马法。在罗马法上，家父可以在其遗嘱中为那些在其死亡时成为自权人的人任命遗嘱（或者指定）监护人，这种遗嘱监护最早在《十二铜表法》上已有规定。在罗马共和时期，它连同遗嘱设立普遍变得常见起来。[②]《法国民法典》（第 397—402 条）和《德国民法典》（第 1776—1777 条）继承了罗马法的遗嘱指定监护人制度。《日本民法典》（第 839 条）和我国台湾地区“民法”（第 1093 条）在继受欧陆民法典时也对该制度作了简要规定。

就未成年子女监护而言，父母二人只要有一人没有死亡、具有监护能力或未被撤销监护人资格，未成年子女就应由该父或该母进行监护。在此情况下，该父或该母只可能委托他人承担部分或全部监护职责，而不能为其子女指定其他监护人。因此，父或母（后死亡一方）为其未成

---

① 古罗马的监护既是他利的又是自利的。监护人对此有自己的利益，因为被监护人在监护人存续期间死亡时，被任命的监护人就会成为被监护人的第一顺序继承人。但共和时期，随着个体化不断加深，自利性退居次要地位。监护被认为是一项义务，并且在帝政晚期越来越被认为是承载公法利益的强制性职位。参见［德］马克斯·卡泽尔、罗尔夫·克努特尔：《罗马私法》，田士永译，659 页，北京，法律出版社，2018。

② 参见［德］马克斯·卡泽尔、罗尔夫·克努特尔：《罗马私法》，田士永译，661 页，北京，法律出版社，2018。

年子女指定监护人，只能于该父或该母死亡时发生效力。而遗嘱就是实现这种指定监护的最佳方式。[①] 父母以遗嘱为未成年子女指定监护人，实质上属于一种指定监护。[②]

指定监护作为一种确定监护人的常见形式，为《民法通则》所明确规定。但是，《民法通则》在规定指定监护时，不仅把监护指定权赋予了未成年人父母的所在单位或者未成年人住所地的居民委员会、村民委员会与法院，而且将指定监护严格限制在“对担任监护人有争议的”前提下。赋予父母监护指定权，对于按照“儿童的最大利益原则”完善我国监护制度，具有重要意义。

《民法通则》关于监护的规定在家父主义思想下采取严格法定主义原则。监护人的范围及监护人的监护顺位完全依法而定。不仅父母无权为自己的子女选择监护人，而且父母之外的其他监护人无法改变监护人的范围与自己所处的监护顺位。在此情况下，作为受保护对象的未成年人，只能被动地接受法律为其安排的监护人，不管其与该监护人在情感、空间等方面存在什么样的关系。另外，父母之外的同一顺位监护人通常由两人以上组成，当祖父母、外祖父母作为同一顺位的监护人，则可能存在四个具有监护资格的人。不管他们具有怎样的监护能力、条件及与被监护人之间情感如何，这些人都具有同样的监护资格。这造成在履行监护职责时时常会发生相互推诿监护职责或竞相争夺监护人的纠纷。[③] 这些比较奇特的未成年人监护制度，常常将作为受保护对象的未成年人的利益需求或真实意愿丢在一边。

俗语曰：知子莫如父，知子莫如母。由父或母为未成年人指定监护

---

① 根据《法国民法典》第397－398条的规定，后去世父母之方选任监护人的，仅得以在公证人前订立遗嘱或专门声明的形式为之。

② 《日本民法典》规定遗嘱指定监护人的第839条被命名为“未成年人的指定监护人”。

③ 《法国民法典》第402、403条规定：如父母中后去世的一方没有选任监护人，婚生子女的监护交由属于最近亲等中的直系尊血亲行使。在同一亲等的直系尊血亲有数人的情况下，亲属会议得从其中指定一人为监护人。

人，能够最大限度地满足未成年人的意愿和利益保护需求。[①] 因此，《民法总则》第 29 条关于指定监护的规定，具有舒缓过于刚化的未成年人监护制度、使“儿童的最大利益原则”真正得到实现的规范价值。

（三）修改完善了监护人资格撤销制度

《民法通则》第 18 条第 3 款对监护人资格撤销作了简要规定，即“人民法院可以根据有关人员或者有关单位的申请，撤销监护人的资格”。《民法通则意见》第 21 条规定，夫妻离婚后，与子女共同生活的一方可以以未与子女共同生活的一方对子女有犯罪行为、虐待行为或者对子女明显不利为由请求法院取消后者对子女的监护权。这里所谓“取消监护权”，与撤销监护人资格同义。2014 年的最高人民法院、最高人民检察院、公安部、民政部《关于依法处理监护人侵害未成年人权益行为若干问题的意见》（以下简称《处理监护人侵害未成年人权益意见》）不仅对撤销监护人资格作出了较为详细的规定，而且明确规定，“处理监护侵害行为，应当遵循未成年人最大利益原则，充分考虑未成年人身心特点和人格尊严，给予未成年人特殊、优先保护”。《民法总则》第 36 条总结以上立法与司法解释，从撤销事由、撤销申请人、临时监护措施安排、监护人指定原则等方面对监护人资格撤销作出了概括规定。

监护人资格撤销制度是监护制度必不可少的组成部分，它一方面对监护人不履行监护职责、严重侵害被监护人合法权益的问题在规范体系上作出了呼应，另一方面通过安排临时监护措施、指定监护人而加强了对被监护人权益的保护。由《处理监护人侵害未成年人权益意见》看，监护人资格撤销所涉问题主要发生在未成年人监护方面。

从比较法上看，亲权的撤销是亲权制度的重要构成部分，《法国民法典》第一卷第九编用一节（第四节）共六个条文的篇幅对亲权之全部或一部撤销作了比较详细的规定；《瑞士民法典》第 311 条规定了父母

① 有著作认为：父母与子女之间具有最亲密的血缘关系，允许父母选择自己最信任的、对其子女成长最有利的人担任监护人，并通过遗嘱进行指定。这样指定的监护人对未成年人的监督保护，应该是最合适的，具有法定监护人和选任监护人不易具备的特殊优势。参见杨大文：《亲属法》，5 版，279 页，北京，法律出版社，2012。

照护权的剥夺；《日本民法典》第四编第四章（亲权）第三节以“亲权的丧失”为名作了类似亲权撤销的规定。由于我国民法更强调监护职责（义务）而不是监护权，所以使用了监护人资格撤销这样的用语。如立足于权利本位思想，所谓监护人资格撤销，实质上指监护权撤销。

《民法总则》第36条以非穷尽式列举规定的方法对监护人资格的撤销事由作了比较概括的规定。监护人对待被监护人的作为或不作为，只有达到严重侵害被监护人合法权益的程度，才足够作为撤销监护人资格的事由。监护人的行为是否构成严重侵害被监护人合法权益，《民法总则》第36条规定得非常抽象，对此可结合《处理监护人侵害未成年人权益意见》第35条关于监护人资格撤销事由的详细列举规定进行判断。

监护人资格撤销既可以使被监护人摆脱监护人的严重侵害，又可以使被监护人从因监护人不履行监护职责所处的危困状态中解放出来。在严格法定主义立法下，不仅监护人的监护资格或监护职责出于法律的强制[①]，而且被监护人在监护人确定方面无任何选择自由。在这种双重强制下，监护人与被监护人之间难免缺乏意愿或感情基础（父母当然应另当别论），这有时并不取决于被监护人是否属于监护人的近亲属。因此，如何保障监护人适当、全面地履行监护职责及监护人不履行或不适当履行监护职责时如何保护被监护人的权益，是构建监护制度必须应对的问题。《民法总则》第34条第3款所作“监护人不履行监护职责或者侵害被监护人合法权益的，应当承担法律责任”的规定及第36条关于监护人资格撤销的规定，皆以“结果论”思维，规定了不履行监护职责或者侵害被监护人合法权益的法律后果，以警惕监护人依法履行监护职责。

撤销监护人资格并为被监护人指定新的监护人，作为一种监护人“纠错机制”，固然有助于改变被监护人的不利地位。但是，对于监护人尤其是父母之外的监护人而言，这种监护人资格被撤销的后果，可能正是他们为不想承担监护职责而积极追求的。从保护被监护人权益出发，

① 《法国民法典》第432条规定，不是未成年人的父与母的血亲与姻亲，不受强迫接受监护任务。

促使监护人在监护过程中尽心竭力、善尽职守，远比从监护不当结果考虑撤销监护人资格，更为重要。因此，监护人资格撤销只是一种制止监护人受严重侵害状态的除害性制度。

监护人资格撤销须经由法院为之。在不告不理原则下，谁有权利或资格请求法院撤销监护人资格，则至关重要。《民法总则》第 36 条第 2 款以非穷尽列举的方式对有权申请撤销监护人资格的个人或组织作出了明确规定，第 3 条则以兜底性立法技术规定：前款规定的个人和民政部门以外的组织未及时向法院申请撤销监护人资格的，民政部门应当向人民法院申请。虽然这些规定相当全面，但不得不说的是，它忽视或遗漏了一个最为重要的申请人：作为受害人的被监护人。向法院提出的撤销申请，不是一种意思表示行为，无民事行为能力的限制，只要能够自主表达意愿即以足够。如果说不满 8 周岁的低幼儿童，不能独立地向法院提出撤销申请，那么接近成年的未成年人完全能够自主地向法院表达真实情况或意愿。况且，作为被监护人的未成年人是直接受害者，由其直接向法院提出申请，能够使事情得到更为快速的处理，并能防止其他个人或组织相互推诿。

法院受理撤销监护人资格的申请后，经审理作出撤销监护人资格的判决后，应立即安排必要的临时监护措施，并同时按照最有利于被监护人的原则指定监护人。

（四）确立监护人资格恢复制度

《民法通则》及其司法解释对监护人资格撤销都有明确规定，但它们没有关于监护人资格恢复的规定。监护人资格恢复的规定首次出现在《处理监护人侵害未成年人权益意见》第 38—40 条。《民法总则》第 38 条对监护人资格恢复作了比较概括的规定。

在未成年人教育、照顾上区分亲权与监护制度的大陆法系国家或地区，通常会对亲权的撤销、剥夺或丧失作出明确规定，并对亲权恢复作出简要规定，但不规定监护权的撤销或恢复。《法国民法典》在规定亲权的全部或一部撤销时，亦明确规定：父与母被宣告完全撤销亲权或被宣告撤销看管权时，可以提出申请，证明已发生新的情况，请求法院恢复他们被剥夺的权利之全部或一部。《瑞士民法典》在对父母照护权作出规定（第 311 条）之后，于第 313 条规定：父母照护权，无论如何，不得在剥夺一年内恢复。《日本民法典》在专节规定亲权的丧失时，明确规定，法院可以根据本人及其亲属的请求，撤销亲权丧失、亲权停止或者管理权丧失的审判（第 836 条）。这些法典之所以仅在亲权制度中设置亲权剥夺与恢复制度，根本原因在于，父母对未成年子女的教育、照顾具有其他任何个人或组织不可替代的意义和价值，亲子关系以及由此构造的家庭关系，在未成年子女健康成长中发挥着极其重要的作用。而对于父母之外的监护人而言，此监护人与彼监护人履行监护职责的意义和价值，很多情况下对被监护人不存在多大差异。某一监护人的监护权被撤销之后，可再任命其他个人或组织承担监护职责，没有必要非得通过恢复监护权为被监护人确立监护人。更何况，恢复一人的监护权有时会造成撤销另一人的监护权的后果。鉴于父母在教育、照顾未成年子女上的先天优势，恢复其监护人资格，同时撤销其他人的监护人资格，则完全符合儿童的最大利益原则。但是，对于父母之外的其他监护人而言，撤销其监护人资格之后，完全没有必要再恢复其监护人资格。

2016 年 5 月的《民法总则（草案）征求意见稿》第 33 条对监护人资格恢复作出了规定[①]，该规定引发不同意见。梁慧星教授认为，监护的恢复将会打乱监护撤销后建立起的监护秩序，不利于为被监护人创造一个相对稳定的生活环境；此外，在司法实践中，申请人“确有悔改”也难以有效证明，终止新监护人的监护关系，可能徒增争端。[②] 该意见不无道理。《民法总则（草案）》经过反复修改，最后将监护人资格恢复严格限制在“被监护人的父母或子女被人民法院撤销监护人资格”的

① 该条规定：“原监护人被人民法院撤销监护人资格后，确有悔改情形的，经其申请，人民法院可以视情况恢复其监护人资格，人民法院指定的新的监护人同时终止与被监护人的监护关系。”

② 梁慧星：《〈中华人民共和国民法总则（草案）〉：解读、评论和修改建议》，载《华东政法大学学报》，2016（5）。

范围内。这意味着，监护人资格恢复仅有限地适用于两种情形：一是父母担任监护人的未成年人监护；二是父母或子女担任监护人的成年人监护。这是两种以亲子关系为基础的监护，它反映了这两种监护在保护被监护人权益上的独特性。由《处理监护人侵害未成年人权益行为意见》看，前一种情形是监护人资格恢复制度的主要适用对象。这基本上与大陆法系许多国家关于亲权恢复制度的规定相一致。将监护人资格恢复制度适用到父母或子女担任监护人的成年人监护，也不无道理。在此情况下，监护人与被监护人之间的关系像亲权关系情形下那样，属于父母与子女之间的亲子关系，基于此种关系产生的监护关系是其他监护关系无法比拟和替代的。

《民法总则》第 38 条规定还有一点值得赞赏，即把“尊重被监护人真实意愿”作为决定应否恢复监护人资格的前提条件。这一规定使监护人资格恢复与监护人资格撤销之间在立法精神上完全呼应起来。既然监护人资格撤销主要是因为监护人实施了严重侵害被监护人合法权益的行为，那么被撤销监护者是否值得宽宥、应否恢复其监护人资格，听听被监护人的真实意愿，无疑最有利于对被监护人权益的保护，最符合监护制度的基本精神。

但是，《民法总则》第 38 条也存在一定的缺漏。最值得一提的是，它没有对被撤销监护人资格者提出恢复监护人资格申请在时间上作出限制性规定。从比较法上看，《法国民法典》第 381 条第 2、3 款规定：申请恢复被剥夺的亲权，仅在宣告完全撤销亲权或一部撤销亲权的判决成为不可撤销的判决之后至少经过一年，才能提出恢复权利的申请；如申请被驳回，只有再经过一年，始得再行提出申请。如在提交申请之前，子女已受安置以准备由他人收养，任何请求均不予受理。如法院同意恢复权利，相应情况下，检察机关得要求采取教育性救助措施。《瑞士民法典》第 313 条第 2 款明确规定，父母照护权，无论如何，不得在剥夺一年内恢复。父母子女之间具有血肉深情，即使一方犯下严重的甚至是不可饶恕的罪过，有时也很容易得到对方的谅解或宽恕，虽然这时常并不必然意味着，被宽恕者已经完全改过自新或已痛下决心不再犯错。根据社会一般经验，对于遭受严重伤害的感情关系，只有经过一段必要的时间才能使感情伤口慢慢弥合；并且，只有经过一段时间的洗练才能抑制感情的恶魔再次冲破理性的控制伤害他人。因此，法国和瑞士的民法典皆为亲权恢复设置了一年的冷静期。《民法总则》第38条规定的监护人资格恢复同样需要使申请者经受一定期限的考验和洗礼。否则，很容易陷入“撤销—恢复—再撤销”的怪圈。一旦发生此种监护状况，被监护人尤其未成年被监护人的心灵会遭受巨大创伤。

《处理监护人侵害未成年人权益行为意见》第38条第1款所作“被撤销监护人资格的侵害人，自监护人资格被撤销之日起三个月至一年内，可以书面向人民法院申请恢复监护人资格，并应当提交相关证据”的规定，明显是为了激励被撤销监护人资格者尽快申请恢复监护人资格，与法国、瑞士民法典设置最少申请期限的立法思想、方法刚好相反。被撤销监护人资格者经过三个月即可申请恢复监护人资格。虽然这样的规定有利于未成年子女尽早回归到父母身边或者回归到家庭，但是如果父母尚未痛改前非，令其尽早重新获得对子女的监护权，对未成年人可能不仅不利，反而会引发更严重的伤害。不过，由其第39条的规定看①，《处理监护人侵害未成年人权益行为意见》似乎也想对监护人资格的恢复设置较为严格的限制条件。然而《民法总则》既没有接受《处理监护人侵害未成年人权益行为意见》第38条的规定，又未像法国、瑞士民法典那样，为申请恢复监护人资格者设置一个不少于一年的时间限制条件，而是对申请恢复监护人资格的前提条件及法院如何裁定是否恢复监护人资格作出了概括规定。

对于申请恢复监护人资格的前提条件，《民法总则》从两方面作了概括规定：一是设置排除条件，即因对被监护人实施故意犯罪而被撤销

---

① 该条规定：人民法院审理申请恢复监护人资格案件，按照变更监护关系的案件审理程序进行。人民法院应当征求未成年人现任监护人和有表达能力的未成年人的意见，并可以委托申请人住所地的未成年人救助保护机构或者其他未成年人保护组织，对申请人监护意愿、悔改表现、监护能力、身心状况、工作生活情况等进行调查，形成调查评估报告。申请人正在服刑或者接受社区矫正的，人民法院应当征求刑罚执行机关或者社区矫正机构的意见。

监护人资格的，无论如何不能恢复监护人资格。二是规定了可申请恢复监护人资格的实质条件——“确有悔改表现”。也许觉得“确有悔改表现”这个条件过于抽象、概括，《民法总则》对法院如何裁定是否恢复监护人资格，又进一步从两方面作了规定。第一，法院“可以”尊重被监护人的真实意愿；第二，法院“视情况”而定。对于这两方面的规定，尊重被监护人的真实意愿是“视情况”恢复监护人资格的前提。但是，值得质疑的是，《民法总则》没有强令法院必须在尊重被监护人真实意愿的前提下“视情况”而定，是否尊重被监护人的真实意愿由法院自由决定。如此规定可能是考虑到一些受到严重侵害的被监护人也许根本无法自主地形成意愿或无能力表达真实意愿。客观上确实会存在这样的情况。但是，尽管如此，也不宜作出这样的规定。原因在于，未成年被监护人的意思能力正处于渐进发展中，这种意思能力发展特性有时难免会使法官觉得，未成年人是否能够表达自己的真实意愿，无法作出明确判断；法官据此可能会草率地作出不需要尊重被监护人真实意愿的决定。因此，从立法论上讲，将《民法总则》第 38 条所作“人民法院可以在尊重被监护人真实意愿的前提下，视情况恢复其监护人资格”规定中的“可以”一词的位置，后移到“视情况”之前比较恰当，由此强化“视情况”的自由裁定性，而尊重被监护人真实意愿是自由裁定必须遵循的前提条件。由第 38 条的立法形成过程看，“在尊重被监护人意愿的前提下”这一条件是《民法总则（草案）》（二审稿）增补的，在作出此种增补之前，《民法总则（草案）》（一审稿）只是简单地规定，“人民法院可以视情况恢复其监护人资格”（第 35 条）。由此不难看出，《民法总则》第 38 条规定中“可以”一词，本意是为了修饰“视情况”，这也与“视情况”本身所蕴含的自由裁定的特性相匹配。基于此种分析，从解释论上讲，应当把“在尊重被监护人真实意愿的前提下，视情况恢复其监护人资格”作为一个独立的语义片段，从而把“可以”一词的修辞重心放在“视情况恢复其监护人资格”上。

“视情况”是一个极富弹性的规定，它要求法院应综合各种情况进行决定。从被监护人方面看，法院应尊重其真实意愿，听取其是否愿意再回到原监护人的教育照顾下。从申请人方面看，法院应根据《处理监护人侵害未成年人权益行为意见》第39条的规定，从监护意愿、悔改表现、监护能力、身心状况、工作生活情况等方面，调查、评估申请人是否适当担任监护人，并依调查评估报告作出判断。这样做一方面有利于促使被撤销监护人资格者的积极悔改，另一方面有利于为被监护人提供一个稳定、可靠的监护关系。

二、“儿童的最大利益原则”的法定化

《民法总则》对监护制度作了诸多新规定。除上文所作具体分析外，将作为《儿童权利公约》的“儿童的最大利益原则”予以法定化，也是《民法总则》相比于《民法通则》的显著进步之处。不过，《民法总则》没有直接采用“儿童的最大利益原则”这个被学界普遍接受的表达方式，而是吸收《民法通则意见》第14条所采“对被监护人有利的原则”的用语，使用了“最有利于被监护人的原则”的用语（第31条第2款和第35条第1、2款及第36条第1款）。另外，《民法总则》还吸收《民法通则意见》第14条所作“被监护人有识别能力的，应视情况征求被监护人的意见”的规定，创造了“尊重被监护人的真实意愿”的法律语言（第30条、第31条第2款和第35条第2、3款及第38条）。尤其值得一提的是，《民法总则》第35条第2款所作“未成年人的监护人履行监护职责，在作出与被监护人利益有关的决定时，应当根据被监护人的年龄和智力状况，尊重被监护人的真实意愿”的规定，基本上可以看作对《儿童权利公约》第12条第1款关于儿童参与权的国内法转化。①

应如何理解“最有利于被监护人”和“尊重被监护人的真实意愿”，它们是两项彼此独立的原则吗？立法机关内部人员在诠释同时

① 立法机关内部人员在诠释《民法总则》第35条第2款规定时指出：“本款吸收了《儿童权利公约》和未成年人保护法规定的精神，将尊重未成年人的真实意愿作为监护人履行监护职责的基本原则之一。”李适时主编：《中华人民共和国民法总则释义》，104页，北京，法律出版社，2017。

规定这两项原则的《民法总则》第 31 条第 2 款时认为，该款规定了法院指定监护人的原则：一是应当尊重被监护人的真实意愿；二是最有利于被监护人的原则。“按照最有利于被监护人的原则指定”，是指指定监护人并不需要遵照《民法总则》第 27 条第 2 款、第 28 条规定的顺序，而应当结合具有监护资格的人与被监护人的生活情感联系、有无利害冲突，具有监护资格的人的品行、身体状况、经济条件以及能够为被监护人提供的教育水平或者生活照料措施等，综合进行判断，并尊重被监护人的真实意愿，选择最有利于被监护人健康成长或者健康恢复、最有利于保护被监护人合法权益的人担任监护人。① 虽然此种解释意见将“尊重被监护人的真实意愿”与“最有利于被监护人”看作两项原则，但由其对于“按照最有利于被监护人的原则指定”的具体解释看，“最有利于被监护人”的原则最具根本性，“尊重被监护人的真实意愿”只是判断是否符合“最有利于被监护人”的原则所应考虑的重要因素之一。

（一）“最有利于被监护人”与“尊重被监护人的真实意愿”法条结构分析

未成年人保护是民法规范体系构造的基本原则之一。在监护制度中，“最有利于被监护人”与“尊重被监护人的真实意愿”往往相伴出现。在涉及指定监护人的规定中，《民法总则》第 31 条第 2 款直接采取了“应当尊重被监护人真实意愿，按照最有利于被监护人的原则在依法具有监护资格的人中指定监护人”的表达方式。虽然第 36 条第 1 款规定的“指定监护人”，只明文要求应“按照最有利于被监护人的原则”，但鉴于第 31 条第 2 款属于指定监护人的一般性规定，法院依第 36 条第 1 款指定监护人时，同样需遵循第 31 条第 2 款确立的监护人指定原则。从规范体系上讲，第 36 条第 1 款关于法院指定监护人的特别规定，只是进一步强调了“最有利于被监护人的原则”的重要性。

---

① 参见李适时主编：《中华人民共和国民法总则释义》，92 页，北京，法律出版社，2017。

就第31条第2款的规定而言，“最有利于被监护人的原则”位于该款之后段，而“尊重被监护人的真实意愿”位于该款之前段，由此种句法结构明显看出，“按照最有利于被监护人的原则”是该款的语义核心，即居民委员会、村民委员会、民政部门或者人民法院应当按照最有利于被监护人的原则指定监护人；“尊重被监护人的真实意愿”是按照“最有利于被监护人的原则”指定监护人时，应重点考量的因素。除“尊重被监护人的真实意愿”这一考量因素外，在指定监护人时，还有许多其他值得考量的因素，如监护人的年龄、健康状况、经济能力、居住条件、生活与工作负担状况、与被监护人的关系等。《民法总则》之所以在诸多值得考量的因素之中单独挑选出“尊重被监护人的真实意愿”这一因素，显然是为了强调其重要性。

总之，“最有利于被监护人”是指定监护人应遵循的基本原则，“尊重被监护人的真实意愿”是践行“最有利于被监护人的原则”时应重点考量的因素，或者说，“尊重被监护人的真实意愿”是次于“最有利于被监护人的原则”的下位原则。

《民法总则》第35条也同时提到了“最有利于被监护人的原则”与“尊重被监护人的真实意愿”。该条由三款构成，旨在规定履行监护职责所应遵循的基本原则。第1款包括两句，每一句都具有明确的规范功能。第一句概括规定了监护人履行监护职责的一般原则，即“应当按照最有利于被监护人的原则履行监护职责”。第二句规定了监护人处分被监护人的财产时应遵守的基本原则——“维护被监护人利益”。由于处分被监护人的财产只是照管被监护人的财产时应履行的监护职责之一，所以第二句规定其实是第一句规定的一个具体化或特定化。也就是说，“维护被监护人利益”是“最有利于被监护人的原则”在对被监护人财产照管上的一种具体要求。

第2款和第3款区分规定了未成年人的监护人与成年人的监护人履行监护职责时应奉行的基本原则：“尊重被监护人的真实意愿”。这两款规定之所以皆仅仅要求应当尊重被监护人的真实意愿，与其适用范围（监护职责事项）紧密相关。第2款以监护人“作出与被监护人利益有关的决定”为适用前提。该“决定”不限于实施民事法律行为的决定，应包括与未成年人的人身与财产照管相关的一切决定。根据《儿童权利公约》第 3 条[①]，但凡涉及儿童的所有行为，无论由谁作出，儿童的最大利益应是首要考虑。以此而言，第 2 款本应规定“最有利于被监护人的原则”而不是“尊重被监护人的真实意愿”的原则。但是，由于在 35 条规定中承担一般规定功能的第 1 款已对“最有利于被监护人的原则”作出明确规定，所以第 2 款参照《儿童权利公约》第 12 条[②]与我国 2006 年修订的《未成年人保护法》第 14 条[③]的规定，要求监护人“在作出与被监护人利益有关的决定时，应当根据被监护人的年龄和智力状况，尊重被监护人的真实意愿”。

第 3 款同样处于第 1 款的统领之下。对“尊重被监护人的真实意愿”作出明确规定也是受第 35 条整个规范体系制约的结果。不同于第 2 款的是，第 3 款要求监护人应当“最大程度地”尊重被监护人的真实意愿，保障并协助被监护人实施与其智力、精神健康状况相适应的民事法律行为。这种规定充分考虑了未成年人与成年人在意思能力欠缺方面的重大差异。未成年人在意思能力方面的欠缺，是受成长规律自然限制的结果，即其意思能力处于与年龄相适应的逐渐发展成熟中。成年人在意思能力方面的欠缺，是受疾患影响而被消减或未能正常发育的结果。除非存在无法医治的先天性疾患，成年人在意思能力方面的缺陷不仅常常是暂时的、局部的，而且是可以根据医治随时部分恢复或完全恢复如常的。因此，成年人的监护人在履行监护职责时，应注意被监护人意思能力的现实状况，尽可能地尊重其真实意愿。

据上分析，第 35 条的三款规定在规范功能上形成总分式规范体系

① 该条规定，关于儿童的一切行动，不论是由公私社会福利机构、法院、行政当局或立法机构执行，均应以儿童的最大利益为一种首要考虑。

② 该条规定，缔约国应当确保，能够形成自己看法的儿童在对他产生影响的一切事务上享有自由表达看法的权利，儿童的看法应依据儿童的年龄与成熟度而被给予应有的重视。

③ 2020 年修订的《未成年人保护法》第 19 条规定，未成年人父母或者其他监护人应当根据未成年人的年龄和智力发展状况，在作出与未成年人权益有关的决定前，听取未成年人的意见，充分考虑其真实意愿。

结构。第1款第一句属于一般性条款，规定了履行监护职责的基本原则：最有利于被监护人的原则。第1款第二句是第1款第一句的一种具体化，但它相对于第2、3款仍然具有原则性的规范地位。在第1款规定的基础上，第2、3款区分未成年人监护与成年人监护，为监护人确立了尊重被监护人的真实意愿的监护职责履行原则。第35条采纳的总分规范结构将“最有利于被监护人的原则”相对于“尊重被监护人的真实意愿”原则的一般性、重要性完全凸显出现。[①]

(二)“尊重被监护人的真实意愿”是“最有利于被监护人的原则”的应然要求

监护是保护无民事行为能力人或者限制民事行为能力人的合法权益，并弥补其民事行为能力不足的法律制度。[②] 早期监护制度采取接管式的监护方式，以接管被监护人的自治地位为前提，向被监护人提供监管和他治。在现代民法上，随着儿童权利运动的发展，完全将未成年人视为监护的被动接受者的法定监护制度，逐渐退出历史舞台，而能够最大限度地实现儿童利益最大化原则的官选监护制度发展起来，并与传统的遗嘱指定监护一起成为确定监护人的基本方式。法院在挑选监护人时，需要按照儿童最大利益原则，充分考虑未成年人的意愿及可能成为监护人的各种条件。由此将儿童作为独立法律人格的个体利益与儿童作为国家发展后继人的整体利益完全结合在了一起。我国《民法总则》对于监护制度的革新，最为显著的特点在于，最大限度地保障被监护人的利益，并特别强调尊重被监护人的意愿。[③] 这也是我国顺应国际潮流，

---

① 有学者认为，《民法总则》就监护制度的安排，旨在更好地实践监护制度的立法目的——被监护人利益的最大化。而“被监护人利益最大化”也应当成为解释监护规则的第一原则。参见李世刚：《〈民法总则〉关于“监护”规定的释评》，载《法律适用》，2017（9）。

② 参见李建国：《关于〈中华人民共和国民法总则（草案）〉的说明》，2017年3月8日在第十二届全国人民代表大会第五次会议上，载 http：//www.chinacourt.org/article/detail/2017/03/id/2574722.shtml，访问日期：2019－05－26。

③ 参见谢鸿飞：《〈民法总则〉的时代特征、价值理念与制度变革》，载《贵州省党校学报》，2017（3）：11页。

革新监护制度价值理念的体现。① 根据《儿童权利公约》第18条，父母或者法定监护人（视具体情况而定）对儿童的养育和发展负有首要责任，儿童的最大利益是他们的基本关切。

就未成年人监护而言，《民法总则》提出的“最有利于被监护人的原则”，可以看作《儿童权利公约》确立的“儿童的最大利益原则”的中国式表达。② 按照“儿童的最大利益原则”理解、适用“最有利于被监护人的原则”是比较合理的选择。

“儿童的最大利益原则”最早由1959年联合国《儿童权利宣言》提出。1989年制定的《儿童权利公约》将“儿童的最大利益原则”正式转变为有约束力的国际法规定。公约第3条第1款对“儿童的最大利益”作出一般性规定之后，还于第9条第1、3款（儿童与父母的分离）、第18条第1款（监护人责任）及第21条（儿童收养）对儿童的最大利益原则分别作出了规定。虽然公约没有对儿童的最大利益作出定义性规定，但公约对儿童权利作出的比较详细的列举规定，以及对缔约国贯彻执行公约而应承担的义务和责任的详细规定，实际上对儿童的最大利益在内涵与外延上作出了阐释。如J. 依克拉所言：“公约第3条所说的‘最大利益’，‘涉及儿童的所有行动’这个标准几乎囊括了儿童的全部权利及国家的全部义务。”③ 《中国儿童发展纲要（2011—2020年）》相比于“儿童的最大利益原则”提出的“儿童优先原则”，可以看作对公约规定的“儿童的最大利益原则”的中国政策表达。对于

① 参见梁慧星：《民法总论》，5版，105页脚注24，北京，法律出版社，2017。

② 我国第七届全国人民代表大会常务委员会第二十三次会议1991年12月29日决定，批准1989年11月20日由联合国大会通过的《儿童权利公约》。我国外交部2009年4月13日发布的《中华人民共和国关于〈儿童权利公约〉执行情况的第三、四次合并报告》指出：中国注重按照儿童最大利益原则加以落实。在政策上，《中国儿童发展纲要（2001—2010年）》和《国民经济和社会发展第十一个五年规划纲要》均明确规定了儿童优先的原则。各省区市也在本地的儿童发展纲要中对此原则进行了规定。我国国务院2011年颁布的《中国儿童发展纲要（2011—2020年）》明确将“儿童优先”“儿童最大利益”“儿童参与”等原则规定为促进儿童发展的基本原则。

③ 王雪梅：《儿童权利保护的“最大利益原则”研究（上）》，载《环球法律评论》，2002年冬季号。

儿童的自治性与“儿童的最大利益原则”之间的关系，J. 依克拉认为：“只有把儿童看作为权利的真正拥有者，才能真正理解最大利益原则并使该原则在适用中得以调和。……儿童应该有能力决定什么是我的利益，儿童的能动自治在这个过程中起到相当重要的作用。这种由儿童自己决定的结果就可看作是他们的最大利益。”①公约第 12 条关于儿童参与权的规定，是对儿童最大利益原则的鲜明体现，被看作公约最具革新意义的规定。②

《民法总则》在承继《民法通则》监护制度的基础上，实际上明确将“儿童的最大利益原则”与“逐渐发展的儿童能力原则”规定为未成年人监护制度的基本理念及基本原则。《民法总则》第 35 条第 2 款规定中的“根据被监护人的年龄和智力状况，尊重被监护人的真实意愿”，与公约第 12 条规定中的“确保能够形成自己看法的儿童在对他产生影响的一切事务上享有自由表达看法的权利，儿童的看法应依据儿童的年龄与成熟度而被给予应有的重视”，具有异曲同工之妙。依其年龄和智力状况尊重其真实意愿，一方面显示出未成年人的意思能力、行为能力具有渐进发展的特性，另一方面说明未成年人具有与其年龄和智力状况匹配的自治性。

民法是以决策自由为核心的法。③ 私人自治与所有权人自由是决策自由的基石。未成年人是享有民事权利能力的人格体，应像成年人一样享有私人自治与所有权人自由的法律地位。监护制度作为民法的构成部分，同样应将私人自治与所有权自由作为制度建构的基础。因此，“尊重未成年人的真实意愿”应看作“最有利于被监护人的原则”的核心。只不过，由于未成年人尚不具备成熟的意思能力，其意愿或看法在形成、表达上存在一定的局限性，所以对于涉及未成年人的一切行为，不

① 王雪梅：《儿童权利保护的“最大利益原则”研究（下）》，载《环球法律评论》，2003 年春季号。

② See Rebeca Rios-Kohn, *The Convention on the Rights of the Child: Progress and Challenges*, 5 Geo. J. on Fighting Poverty 139, 143 (1997—1998).

③ 参见［德］迪特尔·梅迪库斯：《德国民法总论》，邵建东译，7 页以下，北京，法律出版社，2000。

能仅以其真实意愿判断行为是否最有利于他，而必须同时充分考虑与其相关的其他一切因素。

（三）“最有利于被监护人的原则”与“尊重被监护人的真实意愿”的法律适用

《民法总则》颁行后，“最有利于被监护人的原则”与“尊重被监护人的真实意愿”被法院应用到审理与监护人指定、处分被监护人财产及其他履行监护职责有关的法律纠纷上。由于处分被监护人财产涉及的问题比较复杂，本书将单独予以分析，以下仅简要总结分析一下“最有利于被监护人的原则”与“尊重被监护人的真实意愿”在涉及监护人指定与履行其他监护职责情形下的法律适用。

在裁定监护人争议纠纷时，法院一般从监护人年龄、收入、与被监护人的关系及被监护人主观意愿角度，审查待选监护人是否可以担任监护人。核心标准在于“最有利于被监护人的原则”。虽然有的法院在做判断时未言明该原则，但由其对各个因素的比较可知，他们实际上是在该原则的指导下作出判断的。只不过，由于缺乏可以识别的客观标准，对于何谓“最有利于被监护人”，法官更多地基于其内心公平观念作出自由裁量。从法官的描述性分析看，一般人亦可作出与法官同样的判决。就可以检索到的案例来看，“最有利于被监护人的原则”属于指定监护人的核心判断标准。

对于因监护人履行监护职责引起的法律纠纷，法院在审理时也会援引《民法总则》规定的监护职责履行原则。例如，在樊某、王琴等与王杏红返还原物纠纷一审民事判决书中，法院认为：“原告樊某不同意由被告王杏红对其应享有的25万元财产进行保管，而要求由原告王琴进行保管。……为最大限度保护原告樊某的权益，对原告要求将25万元归原告樊某继承并享受权利的诉请本院予以支持。”[①] 在张某1与王某抚养费纠纷一审民事裁定书中，法院认为：“张某1虽系

① 《樊某、王琴等与王杏红返还原物纠纷一审民事判决书》，湖北省团风县人民法院（2018）鄂1121民初440号。

限制民事行为能力人，但依据其年龄和智力状况，其对自身行为有一定的辨认能力，对自身权益亦有一定的处分能力，因此，其不同意作为原告起诉王某的意愿在一定程度上应当受到法律及他人的尊重。”[①] 由这些判决意见看，“被监护人的真实意愿”不仅是判定是否“最有利于被监护人”的重要参考因素，甚至会成为法院阐述判决理由的重要组成部分。

三、结语

《民法总则》在规定监护上承继了《民法通则》的规范结构。不过，在遗嘱指定监护人、指定监护、监护人资格撤销和恢复等具体规则上，《民法总则》也作出不少革新性规定。更值得注意的是，《民法总则》有几个条文对“最有利于被监护人的原则”和“尊重被监护人的真实意愿”的原则作了明确规定。“最有利于被监护人的原则”实质上是对《儿童权利公约》规定的“儿童的最大利益原则”作出的中国式表达，而“尊重被监护人的真实意愿”原则可以看作对《儿童权利公约》第12条关于儿童参与权的一种表达方式。以此而言，《民法总则》关于监护的规定基本上接受了《儿童权利公约》的立法精神。这是《民法总则》相对于《民法通则》最具革新意义的地方。就这两项原则之间的地位与适用关系而言，“最有利于被监护人的原则”是监护制度的根本原则，“尊重被监护人的真实意愿”只是判定是否符合“最有利于被监护人的原则”的一个决定性因素。由于立法仍然显得比较粗疏，“最有利于被监护人的原则”的内涵，需要结合个案实际情况进行阐述，其判定方法则需要总结司法判决予以类型化。

① 《张某1与王某抚养费纠纷一审民事裁定书》，天津市宝坻区人民法院（2018）津0115民初9319号。

监护人处分被监护人财产的法律效果

监护有人身监护与财产监护之分。财产监护涉及对被监护人财产的使用、收益、处分、管理等，利益关系比较复杂，监护地位易于被滥用。为维护未成年子女或被监护人的财产权益，对亲权或监护权的权限及行使方式作出明确规定，为绝大多数民法典所采纳。以监护制度统合亲权的我国《民法总则》，承继《民法通则》第 18 条第 1 款①，对财产监护仅作出了“监护人除为维护被监护人利益外，不得处分被监护人的财产”的概括规定（第 35 条第 1 款第二句）。多年来，虽然法院依据《民法通则》及《民法总则》的规定作出了许多观点不一的裁决，但与此相关的专题研究甚少，对此予以系统解释者，近乎罕见。下文拟以《民法总则》的规定为基础，对如何理解《民法总则》第 35 条第 1 款第二句作出系统探究，并对民法典如何完善财产监护的规定提出意见和建议。

一、“除为维护被监护人利益外”之规定的规范功能

《民法总则》第 35 条第 1 款第二句所作“除为维护被监护人利益外”的规定，在立法技术上使用了“除……外”的表达方式。阐明这种法条表达方式的意义和功能，是理解该句规定的首要问题。

---

① 新旧法之间的差别主要为，《民法总则》将《民法通则》规定中的“不得处理”修改为“不得处分”。

我国现行民法有很多法条在表达上使用了“……除外”“但……除外”“但是，……除外”“但是……除外”“除……外”的语式。这些语式的规范功能既有明显相似之处，也存在一些差异。“但……除外”“但是，……除外”“但是……除外”这三种语式，是但书规定的主要表达方式。“但……除外”在《合同法》与《物权法》上使用较为普遍，“但是……除外”主要被《民法总则》所采用。“但是，……除外”只是被《民法通则》偶尔使用。[①] 这三种但书规定采取了完全相同的语义表达结构：“但/但是”之前的语段，旨在表达一般规则，由“但/但是”引起的语段——但书规定——主要是为了为一般规则“指出例外”或“附加限制”[②]。但由《民法总则》《物权法》《合同法》看，但书规定的“附加限制”的功能主要以“但……”或“但是……”语式进行表达的，“指出例外”的功能主要由“但……除外”或者“但是……除外”予以表达。[③]

“……除外”语式同样主要是为了表达但书规定。这种语式在《民法通则》上使用较多[④]，20 世纪 90 年代及其后制定的《担保法》《合同法》《物权法》等法律，未再像《民法通则》那样以“……除外”表达但书规定，而是一律采用了“但……除外”的语式。《民法总则》在表达但书规定上再次改弦易辙，统一使用了“但是……除外”语式。

“除……外”也是法条表达的一种常见语式。按照汉语惯常用法，“除……外”是为了指明范围。它通常具有两种语义功能：一是表达“包括在内”之义，相当于英文的 besides；二是表示“排除在外”的意义，相当于英文的 except。在郑玉波专门研究法条结构的《法条十二

① 如《民法通则》第 91 条的规定。

② 郑玉波认为，但书规定的功能主要是“指出例外”与“附加限制”，“此外但书之用途尚有其他种种，然以指出例外或附加限制两者为主要”。参见郑玉波：《法谚（一）》，228 页以下，北京，法律出版社，2007。

③ 在《民法总则》《物权法》《合同法》中，也存在以“但……”或“但是……”的语式表达但书规定之“指出例外”功能、以“但……除外”或“但是……除外”表达但书规定之“附件限制”功能的规定。

④ 参见《民法通则》第 8、35、48、72、107、135、145 条。

型》一文中，其将法条中以“除”字开头且以“外”字结尾的文句，称作“除外型”法条，并认为其作用有三：一是“扩充内容”，指法条内容包括很多事项时，本可并列，但并列未免显得平淡，为使文势加强，乃采除外规定方式。二是“相反规定”，指法条中欲为相反（或例外）规定时，可用除外型，此时它与但书（指出例外者）具有同样的作用。但为避免但书之重复，在同一条文中，可交替使用但书与除外规定。三是“指出特别法”，指某种事项须适用特别法（或特别规定），而后在采用本条补充时，可用除外规定指出该特别法。[①]

在现行民法规定中，除外型法条主要发挥两种作用，即扩充内容与相反规定。

对于扩充内容的“除……外”规定，《民法通则》及其司法解释特别采用了“除……外，还……”的语式。例如，《民法通则》第134条第2款规定：“人民法院审理民事案件，除适用上述规定外，还可以予以训诫、责令具结悔过、收缴进行非法活动的财物和非法所得，并可以依照法律规定处以罚款、拘留。”此规定中的“除……外”语式，是在承上指出基本适用范围之后，由“还……”拓展或扩充规范范围。《民法总则》第53条第2款、《合同法》第131条和《民法通则意见》第36、39、56、61、143条皆采用了“除……外，还……”的语式。《民法通则》第49条、《民法总则》第108条和《物权法》第38、77、207、222、229条及《民法通则意见》第151条，虽然没有在“除……外”之后以“还……”引出下文，但“除……外”的规范功能同样旨在扩充内容。

表达相反规定的“除……外”规定，在《民法通则》[②]《合同法》[③]

① 参见郑玉波：《法谚（一）》，233页以下，北京，法律出版社，2007。

② 参见《民法通则》第18、49条。

③ 参见《合同法》第28、29、31、50、90、102、137、144、208、243、286、339、369、370、373、410、419条。

《物权法》[①]《侵权责任法》[②]《民法总则》[③] 等法律上得到了较为广泛的使用。在此种情形下，“除……外”语式实际上是通过排除某种例外而对法律规则的效果予以限制。此种“除……外”规定在功能上类似于“但/但是……除外”的但书规定，它与作为但书规定之常规表达方式的“但/但是……除外”的区别，主要表现在表达一般规则与例外规定的语序上。“但/但是……除外”采取的是先原则、后例外的语序[④]，而旨在表达例外的“除……外”语式，则采取把例外置于一般法律效果之前的语序。例如，《物权法》第 15 条规定，当事人之间订立有关设立、变更、转让和消灭不动产物权的合同，除法律另有规定或者合同另有约定外，自合同成立时生效。在此规定中，“除法律另有规定或者合同另有约定外”的规范功能，是为了表达“自合同成立时生效”这个一般法效果的例外——法律另有规定或者合同另有约定时，合同生效的时间应依法定或约定。相比以“但/但是……除外”语式表达的例外，“除……外”语式只是把例外提前到一般法律效果之前予以表达而已。这种语序结构乃遵循汉语一般表达规律使然，如替换为“但/但是……除外”语式，《物权法》第 15 条可表达为：当事人之间订立有关设立、变更、转让和消灭不动产物权的合同，自合同成立时生效，但法律另有规定或者合同另有约定的除外。

不过，当法条表达的内容繁多时，以“除……外”而不是“但/但是……除外”语式表达例外或相反规定，有时则更合乎文法。例如，《民法总则》第 38 条规定中的“除对被监护人实施故意犯罪的外”的例外规定，使用“但是……除外”予以表达，则远不如使用“除……外”语式。另外，当同一法条之中有两个以上的例外需要表达时，为不使法言显得呆板，分别以“但/但是……除外”与“除……外”表达例外，

① 参见《物权法》第 15、17、102、103、106 条。

② 参见《侵权责任法》第 87 条。

③ 参见《民法总则》第 35、38、70、89、199 条。

④ 法谚云：例外常置于最后。郑玉波对此解释为：此法谚，用于立法上，例外规定应置于原则之下，例如但书（多为例外规定）常置于文本之下。参见郑玉波：《法谚（二）》，22－23 页，北京，法律出版社，2007。

也较为可取，如《物权法》第102条的规定。在这两种情形下，“除……外”语式在表达例外上显现了独特的规范价值。除这两种情形外，为增强法律理解适用的统一性，以“但/但是……除外”语式表达例外规定更为可取。也许认为如何表达例外规定乃雕虫小技，也许对于如何合理表达例外规定根本不具有科学意识，《合同法》和《物权法》除采用“但……除外”这一常规语式外，还在很多条文中使用“除……外”语式表达例外规定。

《民法总则》有7个条文使用了“除……外”语式，其第53、108条明显是以“除……外”表达“扩充内容”之义；在其余5个条文中，第38、70、89、199条明显是以“除……外”表达例外内容。就第35条第1款第二句而言，“除……外”规定显然不具有扩充该句的规范内容的意义。根据监护制度之保护被监护人利益的规范意旨，以及《合同法》《物权法》《民法总则》更多地以“除……外”语式表达一种例外的立法状况，把“除为维护被监护人利益外”理解为“不得处分被监护人的财产”的一种例外——为维护被监护人利益时可以处分被监护人的财产，比较合理。

据上分析，第35条第1款第二句可理解为：管理或保护被监护人的财产时，监护人不得处分其财产，但为维护其利益的除外（可以处分）。关于法条结构或“除……外”规定的这种分析在法律适用上具有重要意义。被监护人因监护人处分其财产诉请法院予以保护时，应举证证明处分行为非为维护其利益。当被监护人于诉请法院保护时仍无民事行为能力的，由实施处分行为的监护人代其参与诉讼，可能会因为被监护人与监护人之间存在利益冲突（如对共有财产的处分）而产生不利于保护被监护人的问题，此时由具有监护人资格的其他人代为诉讼，则比较适宜。交易相对人可举证证明处分对被监护人有利，以维护处分行为的效力。

二、如何判定处分是“为维护被监护人利益”

监护人不得处分被监护人的财产，但为维护被监护人利益的除外。

在此规则中，“处分”与“为维护被监护人利益”是两个关键概念或表述。它们对于理解适用第 35 条第 1 款第二句具有决定性意义。

监护职责涉及监护人的人身与财产，人身监护职责包括对未成年人的教育、抚养与保护或对成年被监护人的扶助与保护。财产监护职责主要是对被监护人的财产的保存、维护、使用、收益、处分等。对于如此复杂多样的监护行为，《民法总则》仅以“保护”一词予以统括。处分只是“保护”被监护人财产的行为形态之一，但因该行为攸关被处分财产的命运，所以它被看作对被监护人利益影响最大的一种监护行为。一般而言，处分包括法律上处分与事实上处分；法律上处分可区分为物权行为与债权行为、有偿行为与无偿行为等。第 35 条是关于履行监护职责的原则性规定，该规定中的“处分”概念应作广义理解，即指法律上与事实上的一切处分。

对于“为维护被监护人利益”这一表述，“被监护人利益”这一统括性概念是其核心，对该概念也应作广义理解。它不仅指被监护人的财产性利益，即财产的损益、负担、风险等，而且可能涉及被监护人的人身性利益，即财产处分在教育、扶助被监护人的人身方面所可能产生的重要影响。

应如何判定处分是否“为维护被监护人利益”？对此，应依据第 35 条的三款规定予以系统理解。概括地讲，应依据“最有利于被监护人的原则”与“尊重被监护人的真实意愿”原则，判断处分行为是否“为维护被监护人利益”。

第 35 条是关于监护人如何履行监护职责的集中规定，它的三款规定在规范功能上呈现了一种总分式规范体系结构。第 1 款第一句属于一般性条款，它规定了履行监护职责的总原则：最有利于被监护人。第 1 款第二句是第 1 款第一句在财产监护上的一种具体化。但是，第 1 款第二句相对于第 2、3 款同样具有原则性规定的规范地位，因为它是仅有的关于处分被监护人财产的概括规定。第 2、3 款在第 1 款规定的基础上区分未成年人监护与成年人监护，为监护人确立了尊重被监护人的真实意愿的监护职责履行原则。第 35 条的此种总分式规范结构一方面宣示了“最有利于被监护人”属于首要的监护职责履行原则①，另一方面凸显了“尊重被监护人的真实意愿”原则在“最有利于被监护人的原则”中的核心地位。

根据第35条三款规定之间的体系关系，在判断是否“为维护被监护人利益”上，应首先依“尊重被监护人的真意意愿”原则作出判断，因为该原则是“最有利于被监护人的原则”的核心要义。② 监护人处分被监护人的财产时，如果没有听取或征求被监护人的意见，或者没有与被监护人进行商议，处分行为应被判定为非为维护被监护人利益，处分行为本身事实上有利于被监护人利益的，也不能例外。如果遵循了“尊重被监护人的真实意愿”原则，则仍需要进一步考虑其他相关因素，综合判断处分是否为维护被监护人利益。例如，被监护人依其年龄、智力或精神健康状况是否足以辨别其看法或决定所蕴含的风险或不利后果，处分行为本身的复杂程度及风险大小，处分行为对被监护人未来生活可能造成的不良影响，等等。即是说，判定处分行为是否“为维护被监护人利益”，应以“最有利于被监护人”为根本原则，并以“尊重被监护人的真意意愿”为核心。③

然而，必须指出的是，虽然第35条第1款第二句以“为维护被监护人利益”为标准对监护人处分被监护人财产的行为作出了限制，但这种立法模式本身实际上并没有完全遵循第35条第1款第一句确立的“最有利于被监护人的原则”。换句话说，即使严格按照“为维护被监护人利益”的标准适用第35条第1款第二句规定，监护人对监护职责的履行也无法真正践行“最有利于被监护人的原则”。

具言之，根据《民法总则》第23、34条，监护人既可以作为法定

① 有学者认为，“被监护人利益最大化”应当成为解释监护规则的第一原则。参见李世刚：《〈民法总则〉关于“监护”规定的释评》，载《法律适用》，2017（9）：19-20页。

② 有德国学者认为，子女的独立性是抚养、教育未成年人的目的，独立性不是在某一时刻（即子女成年时）一蹴而就，而是一个分为很多层次、不断发展的过程的结果。父母应通过引导年轻人参与决定来实现这种过程；因此应当和子女一起商议某些事项。参见［德］迪特尔·施瓦布：《德国家庭法》，王葆莳译，321-322页，北京，法律出版社，2010。

③ 参见湖北省武汉市中级人民法院（2019）鄂01民终2076号民事裁定书。

代理人代理被监护人实施民事法律行为，又可以以法定保护人的身份为保护被监护人的合法权益实行包括民事法律行为在内的一切行为。监护人处分被监护人的财产时，该处分是否旨在维护被监护人的合法权益，如果被监护人完全无辨别能力，或者其虽然有一定辨别能力（限制民事行为能力人）但一开始却未能意识到处分行为的不利后果，那么处分行为的实施实际上完全取决于监护人的独断意思。即使被监护人事后觉察到处分行为对自己不利，但因权益保护人仍然是监护人，且诉讼行为仍须由监护人作为代理人实施，所以处分行为非为维护被监护人利益的情形会不可避免地发生。

很明显，监护人作为被监护人的法定代理人与监护人作为被监护人的权益保护人，会在监护人处分被监护人的财产这一法律事实上，发生角色重合——行为人与保护人身份混同。在此情形下，监护人实施处分行为是否为维护被监护人利益，除非被监护人具有足够的辨别能力或有外部监督力量介入，否则几乎完全由监护人一个人说了算。当监护人处分被监护人的财产与其自身利益发生冲突或相互牵连时，如何保护被监护人利益则会成为一个特别值得规范的问题。

由比较法看，当亲权人或监护人处分未成年人的财产，与其自身利益发生冲突时，《日本民法典》亲属编作出了“行使亲权者须请求法院为其子女选任特别代理人”的规定（第 826 条），该规定原则上“准用于监护人”（第 860 条）。我国台湾地区修正“民法”亲属编时，借鉴《日本民法典》第 826 条，先后增补第 1086 条第 2 款（2007 年）和第 1098 条第 2 款（2008 年），确立了特别代理人制度。[1] 为克服《日本民

[1] 根据我国台湾地区“民法”第 1086 条第 2 款和第 1098 条第 2 款，父母或监护人之行为与未成年人子女或受监护人之利益相反，依法不得代理时，法院得依父母或监护人、未成年子女或受监护人、主管机关、社会福利机构或其他利害关系人之声请或依职权，为子女选任特别代理人。

法典》第 826 条规定的局限性[①]，在特别代理人的选任程序上，我国台湾地区“民法”作出了明显不同于《日本民法典》第 826 条第 1 款的规定：日本民法仅限于由行使亲权的人或监护人向家庭法院提出请求；而我国台湾“民法”既允许法院可主动依职权为之，又广泛地赋予亲权人或未成年人、监护人或受监护人、主管社会福利机构或其他利害关系人申请法院选任特别代理人的权利。

更值得一提的是，为保护未成年人的财产，法国、德国、日本等国民法典及我国台湾地区“民法”无不特别规定，亲权人或监护人处分、受让未成年人财产的行为，须经亲属会议、法院或监护监督人的批准，未经批准的处分或受让行为，效力待定。总之，无论是为未成年人或被监护人于特殊情形下任命特别代理人，还是规定但凡攸关未成年人或被监护人利益的处分行为皆需经批准，无不以一种法律机制确保了被监护人最大利益原则的落实。尤其是，批准作为一种控制行为的程序性机制，既能发挥抑制亲权人或监护人随意处分被监护人财产的作用，又方便判断处分行为是否对未成年人或被监护人发生效力。《民法总则》第 35 条第 1 款第二句的规定，乍一看比较有利于保护被监护人利益，但在理论及实施上存在太多的想当然成分。我国民法典有必要吸收其他国家或地区的有益立法经验，以一种特别的法律机制将“最有利于被监护人的原则”落到实处。

三、非为维护被监护人利益的财产处分效果

（一）事实上处分与法律上处分

监护人处分被监护人财产的行为，有法律上行为与事实上行为之分。这是两类性质迥异的行为，应区别对待。对财产予以事实上处分，

① 有学者认为，《日本民法典》第 826 条在适用上发生重大转化，即判例不仅拓展了第 826 条的适用范围，而且从根本上变更了对该条的定性，使其演变成限制亲权的一般性规定。参见解亘：《论监护关系中不当财产管理行为的救济——兼论“利益相反”之概念的必要性》，载《比较法研究》，2017 (1)：154 页。

应作广义理解，不仅指以消费、生产、损毁等方式使财产本体灭失或减损，而且指以使用、加工等方式使财产的价值折损、损耗或减少。在区分亲权与监护的民事立法中，父母对未成年子女的财产享有占有、使用的权利，有时甚至也享有收益权[①]；而监护人对于被监护人的财产不享有使用权[②]，更不享有收益权。因为父母基于骨肉之情在教育、保护未成年子女上往往会无索取地倾情付出，监护人则可视被监护人财产状况而获取适当报酬。即使父母之外的其他监护人不能由履行监护职责获取点滴报酬，但其与被监护人的人情关系完全不能与亲子关系同日而语。[③] 因此，当监护人对被监护人的财产予以事实上处分时，应对监护人作父母与其他监护人的区分。父母作为监护人事实上处分被监护人财产的，除非该处分构成过失损害被监护人权益的侵权行为，否则应为法律所允许。过失之判断应采取与处理自己事务相同注意的标准。[④] 其他监护人事实上处分被监护人的财产时，如果没有尽到善良管理人的注意[⑤]，则构成对被监护人财产的侵害。父母或其他监护人过失侵害被监护人的财产并造成损失的，被监护人可以依据《民法总则》第 34 条第 3 款要求其承担侵权损害赔偿责任。

（二）法律上处分的效力

对于父母或监护人以法律行为处分未成年子女或被监护人财产的行为，法国、德国、日本等国民法典采纳了须经亲属会议、法院或监护监

---

① 例如，《法国民法典》第 382 条、我国台湾地区“民法”第 1088 条的规定。

② 如《德国民法典》第 1805 条规定，监护人既不得为自己的利益，也不得为监护监督人的利益使用被监护人的财产。

③ 有学者认为：亲权系以亲子之情爱为基础，故法律大体采放任态度，而监护系以人类之常情为基础，故法律不得不加以限制。参见林菊枝：《台湾亲属法论》，吴煜宗重订，307 页，台北，新学林出版股份有限公司，2017。

④ 例如，《德国民法典》第 1664 条第 1 款规定，父母在进行父母照顾时，只须对他们在自己的事务中通常所应尽的注意向子女负责任；《日本民法典》第 827 条规定，行使亲权者，应以管理自己事务的相同注意，行使其管理权。

⑤ 例如，《法国民法典》第 450 条第 2 款规定，监护人应以善良管理人之态度管理未成年人的财产，并对其不善良管理造成的损失负赔偿责任；我国台湾地区“民法”第 1100 条规定，监护人应当以善良管理人之注意，执行监护职责。

督人批准、许可或同意的程序性限制措施，而《民法总则》仅仅作了“监护人除为维护被监护人利益外，不得处分被监护人的财产”的概括规定。如果监护人以法律行为处分了被监护人的财产，该处分行为的效力若何？对此，无论是研究民法总则的学术著作还是关于《民法总则》的释义书[①]，作出明确研讨或解析者，甚为少见。不同于法学研究者或法律注释者，对于因监护人处分被监护人财产而诉至法院的纠纷，法官不能不对处分行为的效力作出回答。由全国各地法院判决看，法官一般会对处分行为的效力作出无效或有效的裁断，至于判定无效或有效的理据，判决意见不一。

1. 我国法院判决意见

在无效判定上，法院通常采取以下两种做法：第一，把《民法总则》第 35 条第 1 款第二句看作一种效力性强制性规定，依据《民法总则》第 153 条第 1 款或者《合同法》第 52 条第 5 项，认定处分被监护人财产的行为因违反第 35 条第 1 款第二句的强制性规定而无效。[②] 第二，仅仅认定监护人对被监护人财产的处分，非为维护被监护人利益，根据《民法总则》第 35 条第 1 款的规定，处分行为无效。在作无效判决时，法院一般会明确指出，监护人处分被监护人财产的行为不是为维护被监护人利益或对被监护人不利。例如，监护人以未成年人“房产实施抵账，而该抵账并非为了维护未成年人利益”[③]；监护人将被监护人“数额较大的钱款给予他人，显然对被监护人是重大不利益”[④]；父母协

---

① 立法机关组织其工作人员专门编写的民法总则释义书，对《民法总则》第 35 条第 1 款第二句仅仅作了“对被监护人财产的处分，必须是为维护被监护人的利益，如为了被监护人的生活、教育等，并且也要符合最有利于被监护人的原则”的解释。参见李适时主编：《中华人民共和国民法总则释义》，103 页，北京，法律出版社，2017。个别影响较大的民法总则评注书，对此略有论及。参见陈甦主编：《民法总则评注》（上册），262 页，北京，法律出版社，2017。

② 参见广东省高级人民法院（2018）粤民申 7499 号民事裁定书；江苏省镇江市中级人民法院（2019）苏 11 民终 1701 号民事判决书；河北省石家庄市中级人民法院（2018）冀 01 民终 9748 号民事判决书。

③ 吉林省高级人民法院（2018）吉民申 2454 号民事裁定书。

④ 上海市第二中级人民法院（2018）沪 02 民终 769 号民事判决书。

议离婚时对登记在被监护人名下的房产予以协议分割，既未征询被监护人本人意见，亦未从被监护人利益出发。[①] 法院有时也将某种处分行为直接认定为对被监护人不利，例如，监护人以被监护人的财产为他人设定抵押权[②]；监护人将被监护人的福利房赠与他人[③]；监护人将其与被监护人按份共有但被监护人的份额占绝大多数的财产作为自己向银行借款的抵押财产。[④] 在有些案件中，法院还明确指出，监护人的行为严重侵害了被监护人的合法权益。[⑤]

在作有效判定时，法院主要使用了像以下三个判决所持的理据：第一，监护人出卖被监护人房屋的买卖合同有效。其论证方法为：《民法通则》第 18 条与《民法总则》第 35 条均是关于监护人和被监护人之间关系的规定，未涉及与监护人成立合同关系的相对人，未否定监护人与相对人成立的合同的效力。根据《合同法》第 52 条和《最高人民法院关于审理买卖合同纠纷案件适用法律问题的解释》第 3 条的规定，不论被处分房屋的产权人是否包括被监护人、被监护人是否同意出售房屋及监护人是否为了被监护人的利益出售房屋，均不影响监护人与他人签订的出售被监护人房屋的买卖合同的效力。如果监护人在履行监护义务的过程中损害了被监护人的合法利益，被监护人可以依法追究监护人的责任。[⑥] 第二，认为“除为被监护人的利益外，不得处分被监护人的财产”的规定属于管理性强制性规定。该规定的立法目的在于督促监护人依法履行监护职责，而不在于否定监护人对外签订的民事合同的效力。违反该规定会导致被监护人权益而非社会公共利益受损，被监护人的损失可以通过损失赔偿和撤销监护人资格进行救济。因此，监护人以法定

① 参见江苏省苏州市中级人民法院（2018）苏 05 民终 694 号民事判决书。

② 参见山东省淄博市中级人民法院（2018）鲁 03 民终 170 号民事判决书；福建省漳州市芗城区人民法院（2018）闽 0602 民初 4039 号民事判决书；山西省临汾市中级人民法院（2018）晋 10 民终 2744 号民事判决书。

③ 参见山东省东营市中级人民法院（2018）鲁 05 民终 891 号民事判决书。

④ 参见重庆市渝中区人民法院（2017）渝 0103 民初 18973 号民事判决书。

⑤ 参见湖北省武汉市中级人民法院（2019）鄂 01 民终 2884 号民事判决书。

⑥ 参见重庆市第一中级人民法院（2018）渝 01 民终 303 号民事判决书。

代理人身份放弃被监护人财产权益的行为，虽然损害了被监护人的权益，但并不影响协议的效力。[①] 第三，认为被监护人（子女）的财产（房产）由被监护人（父母）所购置，监护人处分（为他人设定抵押）被监护人的财产，有助于增加家庭收益，也有益于被监护人的生活保障，即使抵押担保有损被监护人利益，也属于监护人不当履行监护职责应当承担相应的法律责任，不得以此对抗外部第三人，不能以此否定抵押合同的法律效力。[②]

2. 比较法上的观察

由比较法看，《民法总则》第 35 条第 1 款第二句与我国台湾地区“民法”第 1088 条第 2 款与第 1101 条第 1 款的规定比较类似。依据第 1088 条第 2 款，父母对未成年子女之特有财产[③]，有使用、收益之权利，但非为子女之利益，不得处分之；依据第 1101 条第 1 款，监护人对于受监护人之财产，非为受监护人之利益，不得使用、代为或同意处分。利于子女或受监护人的财产处分，处分行为有效，自然无所争议。不利于子女或受监护人的财产处分，其效力如何？我国台湾地区民法学者对此有四种看法。[④] 其一，认为违反强制性规定而无效（无效说）；其二，为维护交易安全，应认为对第三人之关系，仍为有效（有效说）；其三，除可构成表见代理外，明显不利于子女之行为，应认为属于无权代理，子女成年后得追认之（无权代理说）；其四，该处分限于物权行为，非为子女利益而为处分，自属无权处分，依我国台湾地区“民法”第 118 条无权处分规定而定（无权处分说）。台湾地区实务界以采无效

---

① 参见浙江省嘉兴市中级人民法院（2016）浙 04 民终 1531 号民事判决书。

② 参见重庆市第一中级人民法院（2018）渝 01 民终 2220 号民事判决书。

③ “未成年子女之特有财产”是指，未成年子女因继承、赠与或其他无偿取得之财产（我国台湾地区“民法”第 1087 条）。该特有财产由父母共同管理（第 1088 第 1 款）。“未成年子女因劳力所得的财产（非特有财产），属子女所有，父母对其相关法律行为有同意权及代理权，但无管理、用益或处分的权利。”王泽鉴：《民法概要》，2 版，561 页，北京，北京大学出版社，2011。

④ 参见陈棋炎、黄宗乐、郭振恭：《民法亲属新论》，修订 12 版，406－407 页，台北，三民书局股份有限公司，2014。

说为基本立场，后发现此种做法不足以保护第三人，有害交易安全，遂于个别情形例外地认为处分行为有效。王泽鉴教授研讨法院判决时认为：无效说“自始既有未妥，无论如何辗转解释，均不能彻底解决问题，徒使法律适用趋于混乱而已”。而有效说则比较合乎当事人的利益状态及法律规定意旨，殊值赞同。不过，王泽鉴教授从立法论方面提出，为保护未成年人利益及交易安全，父母处分未成年人子女财产（尤其是不动产），或作成绝对不利未成年人之法律行为（如保证），应事先得到亲属会议（或法院）之允许。[①] 但是，我国台湾地区后来多次修改“民法”亲属编时，并未采纳王教授的建议。

值得一提的是，我国台湾地区“民法”除作出像第 1088 条第 2 款与第 1101 条第 1 款那样的概括规定外，还对父母或监护人管理未成年人财产的行为作出如下特别规定。第一，2008 年修正的“民法”第 1101 条第 2、3 款规定：监护人为下列行为，非经法院许可，不生效力：一是代理受监护人购置或处分不动产；二是代理受监护人，就供其居住之建筑物或其基地出租、供他人使用或终止租赁；三是监护人不得以受监护人之财产为投资，但购买公债、“国库券”、“中央银行储蓄券”、金融债券、可转让定期存单、金融机构承兑汇票或保证商业本票，不在此限。所谓不生效力，指在获得法院许可前，法律行为效力待定。第二，“民法”第 1102 条规定，监护人不得受让受监护人之财产。所谓受让，不管有偿或无偿、动产或不动产，均包括在内。违反本条规定之效力如何？通说认为：依我国台湾地区“民法”第 106 条的规定，其行为并非当然无效，而系无权代理，于监护关系终了后（未成年人已成年或已结婚），经本人承认的，仍生效力。[②]

根据《德国民法典》，在对未成年子女的法定照顾范围内，父母的法定代理权原则上不受限制。但是，为保护子女的利益不受侵害，法定

① 参见王泽鉴：《父母非为未成年子女利益处分其财产之效力》，载王泽鉴：《民法学说与判例研究》（第一册），320－325 页，北京，北京大学出版社，2009。

② 参见陈棋炎、黄宗乐、郭振恭：《民法亲属新论》，修订 12 版，467 页，台北，三民书局股份有限公司，2014。

代理人为某些法律行为时需要获得家庭法院的批准。《德国民法典》第1643条第1款通过援引关于监护人应得到批准的法律行为的规定（第1821条和第1822条第1、3、5、8—11项）及特别作出的第1643条第2款和第112条的规定，对父母应得到家庭法院批准的法律行为（法定代理权的限制）作出了规定。[①] 监护人对被监护人的财产照顾，在范围和方式上与父母对未成年子女的财产照顾基本上一致。监护人有权占有被监护人的财物，并且可以为维持、增值以及其他特定目的而管理该财物。同样的，监护人必须获得监护监督人或家庭法院的批准，才能处分被监护人的债权和被监护人能够据以请求给付的其他权利，以及针对此种处分的义务承诺（第1812、1813条）。《德国民法典》对监护人需经批准才能实施的法律行为以"对关于土地、船舶或建造中船舶的行为的批准"（第1821条）与"对其他权利的批准"（第1822条）为条名作出了详尽的列举规定。

根据德国学者的解释，父母或监护人未经必要批准而签订的合同，处于效力待定状态。如嗣后获得法院批准，合同自始有效；但仅有批准还不能自动使合同有效，父母或监护人必须将法院的批准通知行为相对人，通知到达时合同才生效力。子女在请求法院批准期间成年的，子女的同意可以使父母的行为有效。法院拒绝批准并且父母通知了行为相对人的，合同不生效力。合同当事人催告父母，要求告知法院是否批准，且父母在受领催告后两周之内不能发出该项批准的通知的，合同也不生效力。父母就法院的批准情况作出违背真情的说明的，即使法院嗣后批准了合同，相对人在父母发出批准的通知之前可以撤回法律行为。但相对人在缔结合同时知道父母未经批准的，丧失撤回权。[②]

根据《法国民法典》第457条，非经亲属会议批准，监护人不得以未成年人的名义进行财产处分行为，尤其不能替受监护的未成年人借

① 德国学者将须经法院批准的法律行为概括为十一类。参见［德］迪特尔·施瓦布：《德国家庭法》，王葆莳译，329-330页，北京，法律出版社，2010。

② 参见［德］迪特尔·施瓦布：《德国家庭法》，王葆莳译，331-332页，北京，法律出版社，2010。

贷、让与不动产、商业营业资产、有价证券与其他无形权利，或者就此设定物权；对贵重的动产物品或构成受监护的未成年人之财产重要部分的财产，亦同。

《日本民法典》第859条之三和第864条同样明确规定，监护人实施处分或管理被监护人的财产的行为，须经家庭法院或监护监督人许可或同意。

3.《民法总则》第35条第1款第二句的理解和适用

《民法总则》第35条第1款第二句的理解和适用，既牵涉如何理解这一规定的规范属性，又涉及对法定代理之独特性的合理认识。

根据《民法总则》第34条，监护人的职责之一是代理被监护人实施民事法律行为。在照管被监护人财产的过程中，为维护、保值或增值被监护人的财产，监护人须实施包括处分财产在内的多种民事法律行为。以此而言，处分被监护人的财产只是保护被监护人利益的一种必要手段。根据《民法总则》第35条第1款第一句所确立的“最有利于被监护人的原则”，能够处分被监护人的财产，应属于《民法总则》第34条第2款规定的“监护人依法履行监护职责产生的权利”，因为如果监护人不享有此项权利，则不能充分保护被监护人的财产。即是说，根据“最有利于被监护人的原则”，监护人应被赋予处分被监护人的财产的权利，因为在某种情况下，处分财产可能是最有利于被监护人的行为。不过，须注意的是，享有权利与行使权利，是两个不同的问题。为防止权利之行使危害他人或损害公共利益，对权利之行使在范围、程序、方式等方面作出适当限制，也是现代民法的普遍做法。处分涉及特定财产在法律和事实上的命运，不仅对财产权人自身利益有重大影响，而且可能会对他人或社会公众产生外部效应。因此，即使享有处分权的财产权人自愿处分财产，其处分有时也难免会受到各种限制。

监护权不是一种自益权，而是为他人（被监护人）利益而享有的一种他益权。监护人对被监护人财产的处分，要么是为了履行父母对未成年子女的自然法义务，要么是为了执行教育、保护被监护人的公共职务，监护人本身不能由此获得对价性收益。因此，由民法的理性人假设看，如果对监护权的行使或监护职责的执行缺乏必要的限制或监督，监护人处分被监护人财产时，是否遵循了最有利于被监护人的原则，根本无法得到保证。故而，法国、德国、日本等国民法典皆规定，亲权人或监护人为照管未成年子女或被监护人的财产而实施风险较大的法律行为，须经亲属会议、法院或监护监督人批准。这种规定实质上对亲权人或监护人行使法定代理权施加了一种限制，限制之目的在于落实未成年人或被监护人最大利益原则。《民法总则》第 35 条第 1 款所作“不得处分被监护人的财产”，同样应理解为对监护人照管被监护人财产的一种限制性规定——权限性规定。① 由比较法看，《民法总则》采取了一种较为独特的法定代理权限制方式，即以“为维护被监护人利益”作为判断标准的实质主义限制措施。虽然这种限制性规定涉及一个具有类似特质的特殊群体——未成年人或具有精神障碍的成年人，但就具体法律关系而言，它仍然限于对作为个体自然人的私人的利益保护。因此，依规范目的而论，不能将第 35 条第 1 款第二句理解为《民法总则》第 153 条第 1 款规定所指的强制性规定。

把《民法总则》第 35 条第 1 款第二句理解为一种强制性规定，也不符合《民法总则》有关法定代理的规定。根据《民法总则》，无民事行为能力人、限制民事行为能力人的监护人是其法定代理人（第 23 条），法定代理人依照法律的规定行使代理权（第 163 条第 2 款）。“依照法律的规定行使代理权”这一规定意味着，不同于委托代理（意定代理），如何行使代理权（代理权的范围及权利行使方式）应依据法律的规定。在对代理与代表作出区分规定②，并在专章规定代理时未对法定

① 根据《民法总则》第 162 条，代理人应在代理权限内以被代理人名义实施民事法律行为。在审判实践中，不乏对此有明确认识的判决。如有判决认为，根据《民法总则》第 35 条第 1 款的规定，监护人处分被监护人财产应当受到“除为维护被监护人利益外”的限制，故该条法律规定是对监护权行使的限制性规定，而非禁止性规定。参见湖南省长沙市中级人民法院（2018）湘 01 民终 3398 号民事判决书。

② 《民法总则》第 61 条确立了法人代表制度，对法定代表人的含义、法定代表人行为的法律后果归属、法定代表人越权代表时的善意相对人保护作出了明确规定。梁慧星教授认为，对于法定代表人的法律地位，我国民法采纳了代表说。参见梁慧星：《民法总论》，5 版，132－133 页，北京，法律出版社，2017。

代理的适用范围、代理权限作出一般规定的立法状况下，明确规定“监护人的职责是代理被监护人实施民事法律行为”的《民法总则》第二章第二节有关法定代理的规定，毫无疑问应成为确定法定代理人如何行使代理权的特别法依据。不过，就《民法总则》第二章第二节有关法定代理的规定而言，唯有其中的第 35 条第 1 款第二句直接涉及法定代理人的代理行为。在此情况下，只有把该规定中的“不得处分被监护人的财产”理解为对法定代理人之代理权的一种特别限制，才能与“法定代理人依照法律的规定行使代理权”的规定在规范体系上完全呼应起来。

因此，从规范目的与规范体系上看，《民法总则》第 35 条第 1 款第二句实乃属于对法定代理权在处分被监护人财产上的一种限制性规定。超越此种限制的法定代理行为，就像意定代理情形下超越代理权的行为构成无权代理一样，构成一种逾越法定代理权的无权代理。由于《民法总则》第 171 条关于无权代理的规定被严格框定在“委托代理”节名下，故而，非为维护被监护人利益而处分被监护人财产的无权代理，在规范构造上实际为一种特别的规定。《民法总则》第二章第二节本可或本应对此作出特别规定，但其终未有所作为。计划 2020 年年初颁布的民法典如能增补此一规定，善莫大矣。在现阶段，法官可通过援引《合同法》第 48 条关于无权代理的规定，解决逾越法定代理权情形下的无权代理问题。

《民法总则》第 171、172 条为何把无权代理、表见代理的特别规定限制在“委托代理”名下？其第 35 条第 1 款第二句规定是否存在对处分行为相对人的交易安全予以特别保护的政策或规范需求？以下对此予以分析。

《民法总则》之所以作出“不得处分被监护人的财产”的限制性规定，宏观地看，是为了满足对未成年人或具有精神障碍的成年人提供特别保护的政策需求；微观视之，是因为法定代理与意定代理之间在规范构造上存在结构性差异。在意定代理情形下，本人与代理人皆能独立实施民事法律行为，本人一般可经由授权行为把代理行为控制在为本人利益计算的范围之内，或可通过授权行为对交易风险予以适当防范。而在法定代理下，作为被代理人的被监护人无民事行为能力或仅有有限的民事行为能力，代理关系、代理权限、代理事项及代理期限的确定，完全依法律规定而定，作为特别保护对象的被监护人在这些方面不可能享有任何决定权。例如，根据《民法总则》第35条第2款，在履行监护职责的过程中，与被监护人利益有关的“决定”（如以法律行为处分被监护人的财产），由监护人作出而不是监护人与被监护人共同作出。[①] 只不过，监护人在作出决定时，“应当征求未成年人的意见，在未成年人提出自己的意见后，再根据未成年人的年龄、社会经验、认知能力和判断能力等，探求、尊重被监护人的真实意愿”[②]。因此，在法定代理情形下，作为被代理人的被监护人，虽然享有民事权利能力，但因缺乏行为能力而在法律行为方面处于监护人的意思支配下。法定代理由此呈现出被代理人与代理人之间在法律地位上极不对称的一种法律关系状态。这种状态是由亲权或监护关系中被监护人屈从于监护人的法律构造所根本决定的。[③] 以个人自由主义为精神统帅的民法之所以构造出被监护人屈从于监护人的特别法律关系，目的是将作为意思能力弱者的被监护人置于法律的特别保护之下。这完全是特别法政策使然。为防止监护人滥用其对被监护人的支配地位，就财产监护而言，《法国民法典》《德国民法典》《瑞士民法典》等皆以列举方式规定，对于像处分未成年人或被监护人的不动产或不动产权利之类的重大照顾行为，亲权人或监护人须经亲属会议、法院或监护监督人的批准。如此之下，通过把亲权人或监护人的处分行为纳入法律设定的程序的方式，对法定代理权作出必要限制，由此使法定代理不偏离最有利于未成年人或被监护人利益的原则。

另外，在法定代理下，相对于与监护人实施处分行为的相对人，监

① 李永军教授认为，正是因为被监护人没有行为能力或欠缺行为能力，才需要监护；“监护人应自己独立判断，而不必受限于被监护人的意愿”。参见李永军：《民法总则》，191页，北京，中国法制出版社，2018。

② 李适时主编：《中华人民共和国民法总则释义》，104页，北京，法律出版社，2017。

③ 参见徐国栋：《论民事屈从关系——以菲尔麦命题为中心》，载《中国法学》，2011(5)：167－169、171页。

护人与被监护人之间所形成的法律关系，不像意定代理下本人与代理人之间那样或者法人与法定代表人之间那样所构成的内部关系。由此决定，在处分行为所涉利益格局中，被监护人享有优先于相对人的特别受保护地位。具言之，在意定代理下，本人原本具有民事行为能力，本人、代理人、相对人等三者皆为自由、平等的行为参与者，意定代理旨在拓展或扩张本人意思自治的时空范围。本人与代理人经由授权行为形成的法律关系，是一种自主形成的二人关系，它对作为局外人的相对人构成一个相对独立的内部关系。在法人代表制度下，虽然法人在经由法定代表人为法律行为时，代表人与法人系名二而实一的关系，不发生由法人向法定代表人特别授权的问题[①]，但法定代表人代表法人对外实施法律行为时是否逾越代表权，对相对人始终构成一个复杂的内部关系问题，因为无论是法定代表人还是法人，皆享有完全民事行为能力，皆有追求自己利益的自主性。然而，在法定代理下，作为被代理对象的未成年人或被监护人，不能独立实施民事法律行为，法定代理人的代理行为完全是为了弥补被代理人意思能力或行为能力的先天欠缺或后天不足。被代理人既无法像意定代理或法人代表情形下那样自由选择或选任代理人或代表人，又不可能通过授权行为或法人章程、内部决定限制代理权或代表权，代理行为的作出完全由法定代理人一人决定，且代理权所受限制完全取决于法律的特别规定。被代理人与法定代理人在实施法律行为上形成的此种完全由代理人决定的意思自治状态（他治），根本无法向交易相对人构成一种相对独立、封闭的内部关系。相对人与法定代理人开始实施法律行为时即知，是否及如何实施法律行为是由法定代理人自主决定的。

既然法定代理权的享有、权限及行使是依法律规定客观存在的，相对人没有理由不知道，法定代理人实施处分行为时是否越权。因此，在法定代理下，被代理人的利益相对于相对人的交易安全，应受到优先保护。但是，这并不是说，相对人的交易安全不值得保护，而是只强调，

① 参见梁慧星：《民法总论》，5版，133页，北京，法律出版社，2017。

不能无视被监护人受特别保护的法政策去追求交易安全保护。为兼顾相对人的交易安全，根据法定代理的独特性，对法定代理权的范围、行使方式、限制或监督等作出明确规定，是最为可取的立法选择。非常遗憾的是，《民法总则》在作出“代理包括委托代理和法定代理”的规定（第163条第1款）后，仅对法定代理作了“法定代理人依照法律的规定行使代理权”的概括规定（第163条第2款第二句），而对法定代理权的范围、行使方式、限制或监督未作具体规定。民法典应对此有所规范。

《民法总则》把无权代理、表见代理规定在“委托代理”的范围内，无疑是意识到了法定代理与委托代理之间的差异。因此，不能将意定代理制度中的信赖保护或交易安全保护思想，照搬到法定代理之中。在法定代理之下，既不可能发生表见代理[①]，又不可能发生像意定代理情形下那样的无权代理制度。另外，如果以内外关系理论将处分行为（不分物权行为与债权行为）解释为有效，则明显存两个问题：一是将交易安全置于被监护人保护这个根本法政策之上，既背离监护制度的宗旨，又忽视法定代理的独特性；二是被监护人因处分行为有效遭受损失而向监护人请求损害赔偿时，则衍生出由谁代理被监护人向监护人请求赔偿的难题。

据上分析，当发生监护人处分被监护人财产的诉讼时，监护人或相对人举证证明处分行为乃“为维护被监护人利益”，法院裁定处分行为符合最有利于被监护人的原则的，自然应当依法判定处分行为有效；如果裁定处分行为违背最有利于被监护人的原则，则应当判定处分无效。必须依法作出裁判的法院，只能作出有效或无效的选择。如果监护人或相对人不能证明处分行为能够维护被监护人利益，或者其虽然就此提出了证明，但法院裁定处分行为违背最有利于被监护人的原则的，处分行为仍应判定为无效。此时相对人的信赖保护不得不为对被监护人予以特

① 日本有学说认为，在法定代理情形下，因为并不是本人自己选择代理人，不能说本人具有归责性，所以不能认可表见代理的成立。参见［日］山本敬三：《民法讲义Ⅰ总则》，解亘译，3版，352页，北京，北京大学出版社，2012。

别保护的法政策让步。

就第 35 条第 1 款第二句的表达方式而言，“为维护被监护人利益”是一种出于立法目的考量的主观性或实质性规定，而不是基于法定程序的客观性或形式性规定。处分是否“为维护被监护人利益”，需要由处分行为所涉利益相关者之外的人根据各种事实材料与被监护人保护的法政策需求作出综合判断，实施处分行为的监护人与相对人，都不宜作为判断者。并且，只有当被监护人或其他人对监护人之处分行为的合理性发生异议，并由此诉诸法院时，“为维护被监护人利益”才发生由他人（法院）作出判断的可能性。至此阶段，法院只能作出肯定或否定的回答。而无论哪一种回答都必须遵循最有利于被监护人的原则，因而，处分行为要么有效、要么无效。法官只能做此种二者择一的选择。在此判定中，法律后果的决定与是否“为维护被监护人利益”的判定，几乎于同一时刻完成，判断结果的作出无论对于监护人还是交易相对人皆无任何回旋余地。

比较而言，要求处分被监护人财产的行为应经法院或监护监督人批准的立法例，其实是通过批准这个程序性机制，给不知处分行为会发生何种法律后果的相对人保留了一种反思并退出交易的可能性。批准机制也有可能为被监护人提供一个自己决定的机会，即如果其事后已达成年或已恢复民事行为能力，那么可以决定是否同意监护人作出的处分行为。法院在受理批准申请后，最终也只能在批准与不批准之间做出选择。而批准与不批准往往与有效或无效相对应。因此，相对于以批准程序监督处分行为的立法例，《民法总则》第 35 条第 1 款第二句实质上是将具有监护监督属性的法院决定权（即批准权）后置并转换成了一种司法裁判权。对当事人而言，它实际上是把非讼事件变成了一种诉讼事件。这种立法体例对问题的处理明显有些极端与僵化，不利于对被监护人和交易相对人的保护。计划明年初颁布的民法典可参酌我国台湾地区“民法”第 1101 条第 2、3 款的规定，对监护人处分被监护人某些重要财产的行为，作出非经法院许可不生效力的特别规定。

总之，对于监护人以法律行为处分被监护人财产的行为，当监护人、相对人及被监护人为该行为是否“为维护被监护人利益”而发生争议，并诉诸法院时，应把监护人的处分行为理解为一种无权代理（在对法定代理权缺乏具体、明确的法定限制时，该种理解实乃一种假定）。在一审法庭辩论终结前，被监护人已享有或恢复民事行为能力的，其可以追认处分行为有效；相对人也可以通过撤销其意思表示而使处分行为归于无效。如果未发生追认或撤销，法官可通过认定监护人的处分行为是否“为维护被监护人利益”，从而使得处分行为终局确定地有效或无效。

四、结语

监护有人身监护与财产监护之分，财产监护牵涉复杂利益关系，监护人易于滥用其权利。为维护被监护人利益，对亲权与监护予以分别立法的大陆法系国家或地区，无不对亲权人或监护人照管未成年子女或被监护人财产的权限作出较为详细的规定。以监护统合亲权的《民法总则》对于财产监护仅仅概括规定，监护人除为维护被监护人利益外，不得处分被监护人的财产（第 35 条第 1 款第二句）。从立法技术上看，该规定意味着，监护人原则上不得处分被监护人的财产，但能证明为维护被监护人利益的除外。这实际上只是对监护人处分被监护人财产的行为作了原则性规定。所谓处分，包括法律上处分与事实上处分，而法律上处分涵盖物权行为与债权行为。判断处分是否为维护被监护人利益，应首先查看处分行为是否遵循了尊重被监护人的真实意愿原则，然后再根据最有利于被监护人利益的原则予以综合判断。对于处分被监护人的财产的法律效果，应区分事实上处分与法律上处分。非为维护被监护人利益的事实上处分，通常构成一般侵权行为。在侵权责任归责原则上应对责任主体作父母与其他监护人的区分。以法律行为处分被监护人的财产，是行使法定代理权的行为之一。《民法总则》第 35 条第 1 款第二句是对代理处分的一种法定限制，逾越此种限制的行为构成无权代理。法定代理在构造上迥异于意定代理与法人代表制度，受到特别保护的被监护人享有优先于相对人的法律地位。为兼顾相对人的交易安全，民法典对法定代理权的范围、行使、限制或监督作出明确规定，并把对被监护人利益影响较大的法律上处分规定为一种须经批准的行为，比较合理。

（本文曾以《论监护人处分被监护人财产的法律效果》为题，发表于《当代法学》2020 年第 1 期。）

监护监督制度的立法构建

一、问题的提出

自然人终其一生，一般会经历童年、青年、中年、老年等阶段。童年乃人的身体、心智及生活或交往能力正处于渐进成长并趋于成熟的重要时期。当此时段，人的衣食住行无不需要他人供给或帮助，其德、智、体的发展及良好习惯的养成无不依赖于他人的培养或教育。为教育、保护未成年人并使其成为一个具有健全人格和独立生活能力的人，欧陆近现代民法皆确立了亲权与监护制度。我国《民法通则》独辟蹊径，以监护统合传统的亲权，在总则部分规定了大一统的监护制度。除增补个别规则外，《民法总则》在立法体例和规范结构上承袭了《民法通则》的监护制度。然而，就我国现行监护制度而言，一个十分重要的问题几乎完全被忽视了，即除了以监护人资格撤销与监护人侵权责任制度抑制监护人侵害被监护人权益外，如何保证监护人在监护职责履行过程中积极、适当地教育、保护未成年人？监护是一种持续不断且期限可能较长的属人责任，教育、保护未成年人的必要性、重要性会对监护人的意愿、能力、条件等提出一系列考验。如果将监护职责的履行完全放任于监护人的自由选择，而他人只能在监护人不履行监护职责或侵害被监护人权益的事件发生后介入到监护之中，未成年人的幼小心灵常常会遭受难以补救的伤害。反过来看，如果在监护人怠于履行或不适当履行监护职责的行为初发之时，即能及时予以制止或纠正，可能会完全杜绝或至少会消减对未成年人造成严重伤害的监护行为。

当父母为未成年子女的监护人时，人们一般不会担心发生不当监护问题。父母与子女之间有骨肉之情、天伦之义。父母通常会在未成年子女的教育、照管上不辞辛苦、尽心竭力。[①] 然而，父母亦属常人，也存在心理变态、性情顽劣、道德败坏、懈怠父母责任，甚至侵害未成年子女者。就我国民法而言，其所言父母，不仅指亲生父母，还包括养父母、继父母。养父母与养子女之间及继父母与继子女之间的关系，皆无自然的亲子情爱，如果没有经过一段时间的爱与被爱的感情滋养或培育，这种关系往往非常脆弱。如果任由父母履行监护职责，未成年子女必然面临很大的生存、生活风险。

其他个人或组织担任监护人时，监护职责履行的适当性更值得关注。父母之外的其他个人或组织在教育、保护未成年人上常常不具有父母那样的“苦心”。祖父母或外祖父母担任监护人时，也许具有未成年人父母那样的“苦心”，但未必能够付出未成年人父母那样的“苦力”。尤其是，当未成年人所在地的居民委员会、村民委员会、法律规定的有关组织或民政部门担任监护人时，监护人与被监护人之间根本无任何情感基础。对监护人而言，监护通常只是一个没有任何报酬的公共职责。[②] 如何保证监护人适当地履行监护职责，构成监护制度的一个内在的结构性问题。诚如有学者所言：监护制度由“自益监护”演变为“他益监护”之后，监护人与被监护人之间既无经济上之共同生活关系，又无亲子关系或家属关系的一般感情可言，因此对于监护人的权限，有必要予以限制；并且为使其妥善执行监护职务，又非加以监督不可。质言

① 有学者认为：亲权系以亲子之情爱为基础，故法律大体采放任态度，而监护系以人类之常情为基础，故法律不得不加以限制或干涉。参见陈棋炎、黄宗乐、郭振恭：《民法亲属新论》，修订12版，434页，台北：三民书局股份有限公司，2014；林菊枝：《台湾亲属法论》，吴煜宗重订，307页，台北，新学林出版股份有限公司，2017。

② 监护原则上是得不到报酬的。但考虑到找到合适的监护人殊为不易，《德国民法典》第1836条例外地规定了两种有偿监护的情形：一是职业监护原则上是有偿的（第1款第二句）；二是监护人不是职业监护人，但符合法律规定情况的，法院也必须许可向其支付适当酬劳，酬劳的数额根据监护事务的范围和难度确定，但被监护人没有财产的，不能请求报酬（第2款）。

之，国家公权力之干预，对现阶段监护制度，至为重要。[①]

民法典非常有必要增补监护监督制度。本文拟以未成年人监护为中心，从相关典型立法例、我国现行监护制度对监护监督的结构性需求、构建监护监督的思路与方法等三方面，对民法典如何增补监护监督制度予以系统研究。

二、监护监督的典型立法例

如何保证监护人适当履行监护职责是世界各国或地区的民法共同面对的一个问题。为切实保护被监护人的利益，大陆法系各国或地区的民法典建立了国家机关监督与监护监督人监督相结合的监护监督机制。下面简要分析《法国民法典》《德国民法典》《日本民法典》有关亲权与监护监督的规定。

（一）《法国民法典》的规定

《法国民法典》严格区分亲权与未成年人监护。亲权是父与母对其未成年子女照管、监督、教育的权利与义务，依亲子关系自然产生。在父母双亲均已去世、依法丧失行使亲权的权利或依法暂时被剥夺行使亲权时，发生未成年人监护问题。基于亲权与监护之间的重大差别，《法国民法典》分别建立了亲权监督与监护监督制度。

亲权主要由未成年人住所所在辖区初审法院的监护法官进行监督。除受监护法官监督外，监护还受到监护监督人的监督。监护法官作为承担一般监督职责的国家机关工作人员，享有如下一般性权力（第395条）：可召见法定管理人（亲权人）、监护人或其他监护组织（如社会援助儿童部门），要求向其说明情况，并向他们提出要求，对他们宣告指令。可以对无合法理由不遵照其指令的人科处《民事诉讼法典》规定的罚款。

《法国民法典》将亲权之行使区分为无条件的法定管理与受司法监

① 参见陈棋炎、黄宗乐、郭振恭：《民法亲属新论》，修订12版，424页，台北，三民书局股份有限公司，2014。

督的法定管理，前者以亲权由父母双亲共同行使为前提，后者则适用于亲权仅由父或母一人行使的状况，二者受监护法官监督的程度和方式存在重大差别。但是，无论对于哪一种法定管理，当法定管理人的利益与未成年人的利益相抵触时，法定管理人应当请求监护法官依职权任命一名管理人；在法定管理人未作此种努力时，法官得应检察机关或未成年人本人的请求，或者依职权为未成年人任命一名管理人（第389－3条）。另外，《法国民法典》根据1993年1月8日第93－22号法律增补的第388－2条规定：如果在诉讼中发生未成年人的利益与其法定代理人的利益相左的情形，监护法官依第389－3条规定的条件，或者在没有监护法官时，受理诉讼的法官得为未成年人指定一名财产管理人，以代理该未成年人。

无条件的法定管理仅于如下特别情形受到监护法官监督：当父母双亲对于管理行为达不成一致意见时，拟完成的行为应经监护法官批准；即使父母双方意见一致，但对于处分、分割未成年子女财产的行为，须经监护法官批准；在父母双亲共同行使亲权时，监护法官可以存在重大理由为根据，确立监护。

受司法监督的法定管理也就是应当受到监护法官监督的亲权行使行为。它在如下情形下受到监护法官的监督：亲权人实施仅在得到监护法官批准后始得完成的行为的，应取得监护法官的批准；监护法官得于任何时候，或者依职权，或者应血亲或姻亲的请求，或者应检察机关的要求，除紧急情况外，在听取法定管理人的意见或传唤法定管理人后，启动监护。

之所以作出如上差别化规定，主要理由在于：父母共同行使亲权时，共同管理意思的形成通常会表现为一个不同意见通过相互沟通、协商而互相制约、监督的意思博弈状况。但是，当亲权由父母中的一人行使时，未成年子女难免会处于父或母一个人的独断意思支配下，父或母对未成年子女的教育、照管难免会受到其任性或不良情绪的滋扰。

监护适用于父母双亲均已死亡或丧失行使亲权的权利的情形。监护人由父母之外的个人或组织担任，在通常情形下，监护人主要由与未成年人具有血亲或姻亲关系的亲属担任。鉴于未成年人与监护人之间的关系与亲子关系存在重大不同，《法国民法典》设置了双层监护监督机制，即在监护法官监督之外，还特别设立了监护监督人制度。

任何监护均应设一名监护监督人。监护监督人由亲属会议从其成员中选任。如监护人是未成年人的父系或母系的一名成员，监护监督人应尽量从另一系的人员中挑选。监护监督人的职责是：对监护人的管理实行监督，并且在未成年人的利益与监护人的利益相抵触时，代表未成年人。监护监督人对监护人在管理中的过错进行查证。监护监督人应当及时将此种过错通知监护法官，否则即引起其个人责任。出卖属于未成年人的不动产与商业营业资产，应当按照《民事诉讼法典》规定的条件，有监护监督人在场，以公开竞价方式拍卖。

在监护人的日常管理行为主要由监护监督人监督的情况下，监护法官的监督职责和权限主要表现为：指定亲属会议的成员；依职权于监护期间更换亲属会议成员；依职权或依请求召集亲属会议；主持亲属会议；规定亲属会议成员的投票期限；在亲属会议上参与表决（有表决权），在持不同意见的人数相同的情况下，监护法官的表决票具有决定作用；等等。

宽泛地看，亲属会议在未成年人监护上亦发挥重要监督作用，典型情形如：在任何监护开始实施后，亲属会议得根据预算与受管理的财产的数量，确定每年可以安排的未成年人的生活、教育、财产管理费用以及应当给予监护人的补贴。亲属会议可以批准监护人为管理未成年人的有价证券而订立契约，审议决定应具体指定可以与其订立契约的第三人，并专门拟定契约的条款。亲属会议决定自多大数额开始，监护人有义务使用未成年人的流动资金及其收入节余部分。超过规定期限未予使用的，监护人应当计算利息。监护人非经亲属会议批准不得以未成年人的名义进行财产处分行为；非经亲属会议批准，监护人尤其不能替代受监护的未成年人借贷、让与不动产、商业营业资产、有价证券与其他无形权利，或者就此设定物权；对于贵重的动产或构成受监护的未成年人之财产重要部分的财产，亦同。非经亲属会议批准，监护人不得以未成年人的名义提出财产分割之诉讼请求。只有经亲属会议赞同和解条款后，监护人始得以未成年人的名义进行和解。

(二)《德国民法典》的规定

《德国民法典》也明确区分亲权与监护。在儿童权利得到普遍尊重的情况下，《德国民法典》以“父母照顾”（elterliche Sorge）概念取代了传统的亲权概念。自1992年废除禁治产制度后，德国民法上的监护仅余留对未成年人的照顾，对成年人则适用新设立的照管制度。监护的目的是代替父母照顾。[①] 监护人的职责是照顾被监护人的人身和财产，尤其是代理被监护人实施法律行为（第1793条第1款第1句）。德国民法认为，对需要照顾的人提供充分保护是一项公共任务。[②]《德国民法典》为此在个人监护之外还承认社团监护与官方监护。官方监护具有确保需要监护的未成年人无论如何能够获得照顾的兜底规范功能。[③]

监护职责的公共性还体现在监护监督制度的设置上。根据《德国民法典》，监护监督由家庭法院和监护监督人承担。家庭法院的监护监督职责或义务主要表现为以下几点。

第一，监护关系的成立和消灭须经家庭法院批准。监护一般通过家庭法院依职权发布命令而设立（第1774条第1句），例外情形下可以依法直接设立。[④] 未成年人不能处于父母照顾之下是法院命令设立监护的基本情形，但当子女的最佳利益受到危害时，法院也可命令设立监护

---

① 《德国民法典》第1773条规定：(1) 未成年人不在父母照顾之下，或父母在与人身有关的事务中和在与财产有关的事务中均无权代理该未成年人的，该未成年人获得一个监护人。(2) 未成年人的家庭状况无法查明的，该未成年人也获得一个监护人。

② 德国联邦宪法法院指出：“现代国家一般认为，对需要照顾的人提供充分保护不仅是国家的任务，同时也是一项公共任务。”《德国联邦宪法法院裁判集》，第10卷，302、311页，转引自［德］迪特尔·施瓦布：《德国家庭法》，王葆莳译，444页，北京，法律出版社，2010。

③ 无法找到合适的人担任个人监护人时，家庭法院也可选任青少年福利局担任监护人（《德国民法典》第1791b条）。

④ 例如，对于出生后需要监护的非婚生子女，青少年局根据法律直接成为其监护人（《德国民法典》第1791c条第1款）；父母一方允许收养的，其父母照顾即行停止，青少年局随即成为监护人（《德国民法典》第1751条第1款第2句）。

人。家庭法院按照如下规则挑选监护人：首先要考虑监护人的父母在遗嘱中指定的监护人（第 1776 条及第 1777 条第 3 款），若不能依据第 1776 条确定监护人，法院应按照适宜原则选择监护人（第 1779 条），无行为能力者不能被选任为监护人（第 1780 条）。没有正当理由而拒绝担任监护人的，有可能被科以罚款（第 1788 条）或承担损失赔偿责任（第 1787 条）。被挑选出的人依法定程序被任命为监护人，该程序的核心是让被选定的人发誓忠实、认真地执行监护，监护人要通过代替宣誓的握手发誓保证承担义务（第 1789 条）。

第二，负责选任监护监督人（第 1792 条第 4 款）。监护涉及财产管理的，应当设立监护监督人，除非财产管理不重要或监护由两个以上监护人共同执行（第 1792 条第 2 款）。父母在指定监护人时，可以排除监护监督人的选任（第 1852 条与第 1855 条）。监护人是青少年局的，不需要选任监护监督人（第 1792 条第 1 款第 2 句）。

第三，对两个以上监护人执行监护时发生的不一致意见作出裁定。这适用于两人以上共同执行监护而意见不一致及未成年人的人身照顾与财产照顾由不同监护人分别承担而这些监护人对于实施照顾行为存在不同意见的情形（第 1797 条与第 1798 条）。

第四，监护人的一些特别照顾行为（如对未成年人的财产进行投资）须经家庭法院的许可或批准。《德国民法典》对需要经家庭法院批准或许可的照顾行为进行了详细规定（第 1810 以下诸条）。

监护监督人是家庭法院在监护人之外为监督监护的执行而专门选任的人。根据《德国民法典》第 1799 条的规定，监护监督人的基本义务和权利为：一是必须注意监护人是否合乎义务地执行监护；二是必须不迟延地向家庭法院报告监护人的义务违反及家庭法院有权干预的一切情形，如监护人死亡或因发生其他事情导致监护职务终止，或因监护人离职而应由家庭法院处理的情况。除一般性监督外，监护人的特定行为需要获得监护监督人的批准（第 1809、1810、1812 条等）。

应当注意的是，家庭法院对监护的监督，并非仅限于对监护人照顾行为的监督，而是“必须就监护人与监护监督人的全部活动执行监督，以合适的命令和禁令干预义务的违反”（第 1837 条第 2 款）。为此，家庭法院可以责成监护人和监护监督人对其可能加给被监护人的损害进行保险。家庭法院可以通过科以罚款而督促监护人和监护监督人遵从它的命令。[①] 为促使监护人和监护监督人积极履行职责，《德国民法典》对监护人和监护监督人在履行职责过程中应当负有的义务进行了详细规定。

家庭法院在监督、保护未成年人子女上的强大作用，还体现在对父母照顾权的干预和监督上。经多次修改的《德国民法典》第 1666 条为家庭法院监督、干预父母照顾权提供了规范基础。该条对于法院干预规定了两个条件：一是子女在身体、精神或心灵上的最佳利益受到危害；二是父母无意或不能避开危害。所谓子女最佳利益受到危害，是指各种对子女的完整性利益和发展利益的严重损害。完整性利益包括维护身体健康，提供食品、衣物、住房以及最低限度的人身投入。如在这些领域发生危害，国家必须迅速有效地采取干预措施。发展利益是指，通过教育和适当社会接触获得的发展、学校和职业培训、对精神和文化兴趣的培养以及随着年龄增长而逐步提高的自决能力。在发展利益领域必须保持一定的克制，因为在一个多元化的社会中，对于“最好教育”本身就存在很多不同的理解。[②] 子女所受危害通常源于父母滥用其照顾权、漠视子女、无过错的拒绝及第三人的行为，但并不以此为限。凡客观上与子女的完整性利益和发展利益的目的和意义相背离的父母照顾行为，不管父母对此是否存在过错，皆可纳入其中。“父母无意或不能避开危害”同样不需要考虑父母的主观过错，如果父母不准备避开危害，法院首先要通过声明敦促其采取行为，以维护子女最佳利益；危害严重的，法院可以立即进行干预。[③]

① 参见《德国民法典》第 1837 条第 2、3 款。

② 参见［德］迪特尔·施瓦布：《德国家庭法》，王葆莳译，361－362 页，北京，法律出版社，2010。

③ 参见上书，362－363 页。

（三）《日本民法典》的规定

《日本民法典》对亲权与监护分别作了专章规定，未成年人监护主要适用于无行使亲权的人或行使亲权的人没有管理权的情形。《日本民法典》仅在监护制度中对监护监督人作了专门规定（第848—852条）。监护监督人原则上由指定未成年人监护人的人通过遗嘱指定。无指定的监护监督人时，家庭法院认为有必要时，可以根据被监护人、其亲属及监护人的请求，选任监护监督人。选任监护监督人时，须考虑未成年人的年龄、身心状态、生活及财产状况和监护监督人的职业及经历、与未成年人有无利害关系、未成年人的意见等一切情况。监护监督人承担如下职务：监督监护人的事务；监护人缺任时，及时请求家庭法院选任；紧急情况发生时，作出必要的处分；就监护人或者其代表的人与被监护人间的利益相反行为，代表被监护人。《日本民法典》在监督监护事务上赋予监护监督人一些特别权限。例如，监护监督人可以随时要求监护人报告监护事务或者提出财产目录，调查监护事务或者被监护人的财产状况；监护人同意未成年人实施营业行为时，有监护监督人的，须得到其同意；监护人对未成年人财产调查及其目录的作成，在有监护监督人时，非经该人见证，不发生效力；监护人变更行使亲权的人为未成年人所确定的教育方法及居所、许可营业、撤销或限制许可时，有未成年人监护监督人时，须经其同意。

根据《日本民法典》第863条的规定，家庭法院同样负有一定的监护监督职责：家庭法院可以随时要求监护人报告监护事务或者提供财产目录，对监护事务或者被监护人的财产状况进行调查。家庭法院可以根据监护监督人、被监护人、其亲属及其他利害关系人的请求，或者依职权，就被监护人的财产管理及其他监护事务作出必要处分的命令。

综上所述，在区分亲权与监护的立法体例下，法国、德国、日本等国民法典在规定监护时皆确立了监护监督制度；对于亲权或父母照顾权，《法国民法典》区分亲权是由父或母一人行使还是父母共同行使而对亲权监督作了不同规定，《德国民法典》则以儿童的最佳利益受到严重危害为根据确立了家庭法院干预制度，而《日本民法典》未设立类似于法国法或德国法那样的亲权监督或干预制度。各国之所以未对亲权普遍设立监督制度，一方面是因为法律深信父母会尽心竭力教育、照顾自己的未成年子女；另一方面源于对权力介人家庭生活的警惕与戒备。[①]

在监护监督上，法国、德国、日本等国民法典的规定，既有相同之处，也存在明显区别。由家庭法院（监护法院）与特别选任的监护监督人共同承担监护监督职责，并由监护监督人承担日常性的监护监督职责，为各国普遍采用。对于法院监督的地位、方式或范围，法国、德国及日本的规定存在显著差异。在法国，监护法院承担一般监督职责，其有时通过亲属会议发挥监督功能，有时单独或与亲属会议一起发挥监督职能。在德国，家庭法院除在监护人选任、监护执行、监护终止等方面扮演重要角色外，还对监护监督人的工作承担监督职责。日本法有关法院监督的规定，与德国法比较相似，只是规定得较为简略。

三、我国监护制度对监护监督的结构性需求

《民法通则》及其司法解释未涉及监护监督制度。鉴于监护人疏于履行监护职责甚至侵害未成年人权益的普遍性、严重性，自 2015 年 1 月 1 日起施行的最高人民法院、最高人民检察院、公安部、民政部《关于依法处理监护人侵害未成年人权益行为若干问题的意见》（以下简称《处理监护人侵害未成年人权益行为意见》）对如何处理监护侵害行为[②]从“报告和处置”“临时安置和人身安全保护裁定”“申请撤销监护人资格诉讼”“撤销监护人资格案件审理和判后安置”等方面予以详细规定。从未成年人保护上看，《处理监护人侵害未成年人权益行为意见》

① 父母与子女之间的爱与被爱，自然而然地发生，家庭是最适合儿童生长的环境。对儿童而言，不仅父母之情不可替代，家庭环境同样独一无二。“国家监护，无论如何都是一种生硬的手段，永远无法取代有血有肉的父母。法律制度面对某个孩子日渐变化的具体需求，很少能够及时提供所需的资源，更不可能准确地感知和回应。”何海澜：《善待儿童：儿童最大利益原则及其在教育、家庭、刑事制度中的运用》，117 页，北京，中国法制出版社，2016。

② 所谓监护侵害行为，是指父母或者其他监护人性侵害、出卖、遗弃、虐待、暴力伤害未成年人，教唆、利用未成年人实施违法犯罪行为，胁迫、诱骗、利用未成年人乞讨，以及不履行监护职责严重危害未成年人身心健康等行为。

提出的各种处理措施，皆纯粹立足于事后救济，对于如何督促监护人积极、适当履行监护职责及如何及时制止、纠正监护人不适当履行监护职责的行为，并没有作出片言只语的规定。古人曰："诚莫如豫，豫而后给。"① 按法治一般思维，全国各地之所以普遍发生监护人侵害未成年人权益的问题，很可能是因为监护制度本身存在重大漏洞，而不可能是监护人皆在伦理道德上存在缺陷。监护监督制度的匮缺其实就是一个明显的法律漏洞。因此，有学者在《民法总则》制定期间建议增补监护监督制度②，但《民法总则》最终未予采纳。为应对监护人不履行或不适当履行监护职责对被监护人造成的极端不利后果，《民法总则》对监护人资格撤销制度进行了补充性规定。对于监护过程中时常发生的其他不太严重损害未成年人利益或者监护人疏于履行监护职责的情形，《民法总则》未作出任何具有防微杜渐功能的制度安排。③

鉴于监护监督在监护规范结构上的必要性，有学者在《民法总则》颁行后建议在婚姻家庭法领域规定监护监督制度，并为此提出了一些具体意见和建议。④ 根据我国立法者对待国外法制的一贯态度来看，这些立法建议能否受到重视，取决于我国现行监护制度本身是否真正需要监护监督制度，而不是监护监督制度本身的普适性。以下对监护监督之于我国监护制度的必要性予以抽象与具象分析。

（一）现行监护制度在观念与结构上存在明显缺陷

监护是一项相当古老的法律制度，可追溯至古罗马《十二铜表法》

---

① 《国语·晋语一》。

② 参见杨立新：《〈民法总则〉制定与我国监护制度之完善》，载《法学家》，2016（1）；刘金霞：《监护监督的必要性及其制度构建》，载《西安电子科技大学学报》（社会科学版），2017（1）。

③ 有法院根据审判实践认为："虽然监护不力没有对家庭的法定义务构成根本性违反，但是履行存在瑕疵，如果放任这种轻微的错误可能会导致更为严重的状态发生或者扩大危险发生的可能性。因此，对于监护不力的情形，国家仍有必要适当地介入。"福建省三明市中级人民法院课题组：《困境未成年人国家监护制度的健全》，45页，北京，法律出版社，2016。

④ 参见杜启顺：《论监护在婚姻家庭制度中的地位及立法完善——以民法典的编纂和〈民法总则〉为背景》，载《法学杂志》，2017（8）；王竹青：《论未成年人国家监护的立法构建——兼论民法典婚姻家庭编监护部分的制度设计》，载《河北法学》，2017（5）；夏吟兰：《民法典未成年人监护立法体例辩思》，载《法学家》，2018（4）。

第五表（“监护法”）。该表第 3、6 条对遗嘱指定监护与法定监护分别作了简要规定，并规定遗嘱指定监护优于法定监护。[①] 之后，为适应社会经济变迁[②]，《阿提利亚法》（lexAtilia）又发展出一种官选监护，即在无遗嘱监护人或法定监护人时，由执法官等选定监护人。通观罗马法，监护的发展显现了如下演化规律：由家族内的私事演变为一项公共职务。根据《十二铜表法》第五表第 6 条，如遗嘱中未指定监护人，则以父系近亲为监护人。乌尔比安对此解释为：担任法定监护的是父系亲属以及具有父系血缘的兄弟，同样还有恩主，也就是作为法定继承人的人。这种做法考虑得颇为周全，因为由将来可能成为继承人的人管理财产，这样财产就不会被挥霍掉。[③] 当此之时，监护的目的主要是保护家族的财产利益。[④] 到共和国末叶，家族制度崩溃，财产共有观念早已消失，监护不再以家族财产利益为重，而以子女利益为前提。同时，在希腊哲学影响下，法律应当保护弱者，特别应保护妇女和儿童利益的观念得到普遍认可。监护由此发展成一种社会公共性质的职务，不再完全是私人的事情。[⑤]《阿提利亚法》确立的官选监护，是监护在观念和产生方式上发生重大转折的标识。[⑥] 官方任命的监护人被认为是担任公共职位，与通过其他方式任命的监护人相比，官选监护从一开始就是义务性的职务。[⑦] 监护人在这里既不能将监护让与他人，也不能拒绝担任，而

① 参见《世界著名法典汉译丛书》编委会：《十二铜表法》，17 页，北京，法律出版社，2000。

② 罗马古时人们聚族而居，宗族关系极为密切。至共和国末叶，战乱时起，人们四处迁移，往往不知族亲宗亲在何处。参见周枏：《罗马法原论》（上册），245 页，北京，商务印书馆，1994。

③ 参见［德］马克斯·卡泽尔、罗尔夫·克努特尔：《罗马私法》，田士永译，659 页，北京，法律出版社，2018。

④⑤ 参见周枏：《罗马法原论》（上册），241 页，北京，商务印书馆，1994。

⑥ 根据《阿提利亚法》，在无能力的自权人无监护人时，内事裁判官应与多数平民保民官合作选任一个监护人。“对执法官的或者‘官选’监护的日益关注表明，把监护作为一种公共义务的观念如何逐步取代了早期认为它是为监护人的利益的观点。”参见［英］H. F. 乔洛维茨、巴里·尼古拉斯：《罗马法研究历史导论》，薛军译，310 页，北京，商务印书馆，2013。

⑦ 参见［意］彼德罗·彭梵得：《罗马法教科书》，黄风译，修订版，133 页，北京，中国政法大学出版社，2005。

且可以用长官惩戒方式强制其履行职务。[①]

需指出的是，就其整个发展过程而言，监护在罗马法上是按照遗嘱指定监护、法定监护和官选监护的顺序产生监护人的。也就是说，指定监护优于法定监护，而官选监护起着补充作用。[②] 这种监护人产生方式为法国、德国等欧陆国家的近现代民法典所继受。随着儿童权利运动的深入发展，监护是一种公共职责的观念在 20 世纪后期得到普遍接受。为此，《法国民法典》《德国民法典》等皆对其初始规定的监护制度作了大刀阔斧的修改，并普遍以官选监护取代法定监护。

《法国民法典》第一编第十章第二、三节对监护作了详细规定。它对父母监护、父或母指定监护、直系尊血亲监护、亲属会议指定监护作了分门别类的规定。父母监护指父母对未解除亲权的未成年子女当然享有的权力。[③] 父或母指定监护，指后死父或母选择亲属或非亲属为监护人。直系尊血亲监护，是指后死父或母未为未成年子女指定监护人时，未成年人的直系尊血亲依法享有监护权。《法国民法典》旧第 402—404 条对直系尊血亲享有监护权的顺位进行了具体规定。亲属会议指定监护，属于最后顺位的起兜底作用的监护，它适用于未解除亲权的未成年人，既无父母，亦无父母指定的监护人，又无男性直系尊血亲，或以上规定有监护人资格的人依法被排除监护时，由亲属会议在未成年人的血亲、姻亲或朋友中指定监护人的情形。1964 年以来，法国对亲权和监护制度进行了多次重大修改，几经修改后的监护制度，相比于民法典关于监护的初始规定，已面目全非。概括地讲，法国监护制度在以下方面发生了结构性变革：一是法定监护被大大压缩，亲属会议指定监护的适用范围被扩张。当无遗嘱指定的监护人时，只有最近亲等中直系尊血亲

① 参见［德］马克斯·卡泽尔、罗尔夫·克努特尔：《罗马私法》，田士永译，662 页，北京，法律出版社，2018。

② 《尤利和提第法》（LexIuliaetTitia）将官选监护扩大适用于行省以及既无遗嘱监护人又无法定监护人的情况。参见［意］彼德罗·彭梵得：《罗马法教科书》，黄风译，修订版，133 页，北京，中国政法大学出版社，2005。

③ 根据《法国民法典》旧第 372、373 条的规定，父母双方对未解除亲权的未成年子女的权力，为亲权，亲权由父单独行使。

仅存一人时，才依法确定由该人担任监护人（第 402 条）；在同一亲等直系尊血亲有数人，或者无作为监护人的直系尊血亲，或者被指定为监护人的人停止履行监护职责时，由亲属会议为未成年人指定一名监护人（第 403、404 条）。二是在监护监督人之外把监护法官规定为承担一般监护监督职责的监护机关，并赋予监护法官指定亲属会议成员、召集与主持亲属会议的权力。三是明确规定，监护是对儿童的保护，属于公共性质的责任（第 427 条）；未成年人无人监护时，交由社会援助儿童部门监护（第 433 条）。

1900 年起施行的《德国民法典》对指定监护（第 1777 条）、法定监护（第 1776 条[①]）及选任监护（第 1779 条）皆有规定。经 1957 年修改的《德国民法典》删除了有关法定监护的规定，指定监护与选定监护（也被修改）成为监护人产生的基本方式。即是说，监护人首先依父母的指定而定，无指定监护人时，监护人由监护法院选任。自 1980 年 1 月 1 日生效的《父母照顾权新调整法》完全删除了民法典第 1858 条至第 1881 条有关亲属会议的规定。从此，血亲或姻亲对于监护已无法经由亲属会议发挥作用。[②] 几经修改之后，个人监护、社团监护与官方监护成为《德国民法典》的主要监护类型，而指定监护与选定监护成为确定监护人的基本方式。

《日本民法典》对监护的规定一开始如同《德国民法典》那样主要由指定监护、法定监护与选任监护构成。未成年人的监护人依指定监护人、法定监护人（无指定监护人而受监护人为家属的，当然由户主任监护人）与选定监护人的顺位确定。其后，随着户主制度的废弃，民法典删除了有关法定监护的规定，并在删除有关亲属会议的规定后确立了由家庭法院选任监护人的制度。[③]

---

① 该条规定，应为监护人之顺序如下：(1) 受监护人之父指定为监护人者；(2) 受监护人为婚生子女之场合，母指定监护人；(3) 受监护人父方之祖父；(4) 受监护人母方之祖母。

② 参见林秀雄：《论未成年人之监护人及“民法”第一千零九十四条之修正》，载谢在全等：《物权·亲属编》，277-278 页，北京，中国政法大学出版社，2002。

③ 参见上书，279-280 页。

由法国、德国、日本的立法变迁看，自20世纪中期以来，未成年人监护制度在观念和规范结构上发生巨变。教育、照顾或保护未成年人，不再仅仅是家庭或亲属的权利和义务，而是越来越多地体现为一种由国家与社会共同负担的公共职务。监护法官或家庭法院在监护人确定、监护执行监督上的作用日趋增强，亲属会议的地位被法院所取代，或趋于式微。观念改变带来了制度的重构。除遗嘱指定监护仍然保持着亘古不变的永恒魅力外，作为一种比较古老的监护人产生方式的法定监护在德国、日本完全被官选监护所取代，在法国则被亲属会议指定监护排挤到边缘地位。

反观我国的监护制度，虽然它创建于世界各地监护制度发生重大变革的年代，但在观念和规范架构上并没有吸纳监护制度的变革之风，而是把行将被完全摈弃的法定监护当作了立法的起点和重心。具言之，在监护人产生方式上，《民法通则》主要确立了以法定监护为支柱的规范体系，对遗嘱指定监护只字未提，并将指定监护的功能限制在法定监护人“对担任监护人有争议的”情形。据此规定，父母是未成年人的首要的、当然的监护人；未成年人的父母已死亡或没有监护能力的，监护由未成年人的亲属、朋友或未成年人的父、母所在单位或未成年人住所地的居民委员会、村民委员会或者民政部门按照法律规定承担。对担任监护人有争议的，有监护资格的人之间可以协议确定监护人；由未成年人的父、母所在单位或者未成年人住所地的居民委员会、村民委员会在近亲属中指定；对指定不服的，由法院裁决指定监护人。这种监护制度“使监护乃至未成年人法律保护在很大程度上还停留在私域性、家庭性、亲属性和自治性的水平，国家或政府在未成年人监护中应有的权力、义务和职责、责任仍处在相当后位乃至没有的状况”，这是监护观念落后的表现，它意味着未成年人在很大意义上还处在“家庭人”“亲属人”“单位人”“地方人”的传统褊狭私域，而“国家人”“社会人”的现代身份境界未获确认。①

在《民法通则》施行三十年后作为民法典之总则编先行一步制定的《民法总则》，本可顺应我国由传统农业社会向现代信息社会快速转型的新时代发展趋势，参酌世界各国关于未成年人监护的最新变革成果，对20世纪80年代立足于计划经济体制和传统农村社会制定的监护制度，作出根本性改革。非常遗憾，除增补自古及今皆为各国普遍采用的遗嘱指定监护、为《老年人权益保障法》所规定的成年人意定监护、完善监护人资格恢复等制度，并对监护人资格撤销制度作出少许扩充外，《民法总则》承袭了《民法通则》以法定监护为支柱的规范架构。国家权力机关对监护的介入、监管仍然限于“没有依法具有监护资格的人”“对监护人的确定有争议”“撤销监护人资格”等不得不为的三种必要情形。

监护是一种属人责任，是一种可能持续多年的法定负担，监护的执行会对监护人形成很强的人身束缚。监护人是否愿意、有能力或条件承担这种职责，对于其能否积极、适当地执行监护事务，影响巨大。并且，监护事务直接针对于未成年人的身心或财产，而未成年人的认识、判断能力尚处于渐进发展中，监护人是否积极履行了监护职责或监护职责履行得怎么样，被监护人往往难以很快作出判断。即使未成年人明确知道监护人的行为对其造成了侵害，但囿于监护关系的相对性、封闭性，通常只有在不当监护的恶果暴露出来后，监护状况才能为外人所知。而由法院充分考虑各种情况挑选监护人的选任监护制度，既可从源头上筛除不合适的监护人，又可以强化监护人担当监护职责的责任感。由法院与监护监督人共同构成的监护监督制度则可以实现对监护执行的督促、纠正或积极干预。只有充分认识到监护不只是一项教育、保护未成年子女的家庭或家族私事，而更多地属于一项为国家或民族培养、造就合格公民的公共职责，才能建构合理的监护人选任与监护监督制度。

总之，我国现行监护制度在立法观念和规范架构上皆显得十分落

① 参见曹诗权：《未成年人监护制度研究》，277－278页，北京，中国政法大学出版社，2004。关于类似批评性意见，参见曹思婕：《完善我国未成年人监护立法的思考》，载《理论探索》，2016（4）。

伍。在实现儿童最大利益原则上，其存在明显的结构性规范缺陷。

（二）现行监护制度对监护监督存在结构性需求

由法国、德国、日本等国的民法典看，监护监督是监护制度的内在构成之一。就我国现行法而言，除各国普遍规定监护监督的一般原因外，其在规定监护上的一些独特做法，在监护规范体系上尤其提出了建立监护监督制度的特别需求。

父母是教育、照顾或者保护其未成年子女的当然的、首要的责任人。中外同理同法，只是称呼有所不同而已，即外国法称父母为亲权人或照顾权人，而我国民法则使用监护人概念。除父母之外，哪些人有义务承担监护职责，并由此享有对未成年人的权利，乃监护制度的一个核心问题。《民法总则》第 27 条第 2 款对父母之外有资格担任监护人的个人或组织在范围与监护顺位上作了规定（法定监护）。监护顺位是以与未成年人之间的血亲远近而划分的。祖父母、外祖父母作为未成年人父母之外的最近直系尊亲，位列第一顺位。当父母皆已死亡、没有监护能力或没有依遗嘱指定监护人时，未成年人的有监护能力的祖父母、外祖父母依法当然接任监护人。这与我国孙子女与祖父母、外祖父母之间通常存在“隔代亲”的生活状况相一致。兄、姐作为未成年人的最近旁系血亲，在监护人资格上处于第二顺位。其他个人（不管与未成年人之间是否存在血亲或姻亲关系）或组织作为监护人资格享有者属于第三顺位，他们与未成年人的关系比较疏远，甚至已完全不存在任何情感联系[①]，个人或组织一般只是以人之常情对待监护。如果没有以上三顺位具有监护人资格的人，监护人由民政部门担任，也可以由具备履行监护职责条件的被监护人住所地的居民委员会、村民委员会担任（《民法总则》第 32 条）。

对父母之外监护人资格享有者的上述顺位安排，既能确保监护职责首先由与未成年人关系最为亲近的尊亲承担，又能保证未成年人无论如

---

① 《民法总则》将《民法通则》所采用的“关系密切的其他亲属、朋友”替换为“其他愿意担任监护人的个人或者组织”。

何都不会发生无人监护的情况。但是，从监护职责的履行上看，《民法总则》的上述规定，存在如下问题。

第一，监护依法当然发生与要求监护人须有监护能力之间存在内在冲突。法定监护的独特性在于，一旦未成年人的父母皆已死亡且未以遗嘱指定监护人或者未成年人的双亲皆丧失监护能力或皆被撤销监护人资格，监护人即依法定监护顺位自动产生，即第一顺位监护人资格享有者依法当然替补为监护人。这种监护人自动产生方式确保了监护职责由父母向其他人的无缝隙移转。乍一看，这样的规定相当完美，但由社会实践看，则非常不现实。

具言之，此种监护人依法自然确定模式，在三代同堂或四代同堂的传统家庭结构和具有血亲或姻亲关系的人都生活在一个相当有限的地域范围内的传统社会下，通常是可行的。因为亲属间亲密无间，未成年人丧失父母监护的事实不仅能迅疾被其他亲属知晓，而且其他亲属也能旋即补位。但是，在家庭结构已越来越表现为由父母与未成年子女组成的核心家庭及血亲或姻亲关系已无法局限于一个稳定地域内的现代社会，父母之外的监护人资格享有者，尤其是其中的兄、姐、其他个人或组织，如何能够快速地知道未成年人的父母有没有通过遗嘱指定监护人、有没有完全丧失监护能力及是否被撤销监护人资格？在极具流动性且深受商业影响的现代社会，由于履行监护职责不能给监护人带来任何利益，即使是具有血亲或姻亲关系的个人也会缺乏自愿、主动承担监护职责的动力和热情。至于个人之外的“组织”，更是缺乏将监护人资格转化为实际监护人的积极性。

更不容忽视的是，根据《民法总则》第 27 条第 2 款的规定，各个顺位的监护人资格享有者，按顺序担任监护人时，必须是一个“有监护能力的人”。一个人是否具备监护能力，是一个事实判断问题，必须依据该人的身体、精神、经济条件、负担状况等进行具体判断，既无法先行确定又不可能进行自动筛选。依此而言，监护人依法自然产生模式，根本无法自动辨别各个监护人资格享有者是否“有监护能力”，并因此不能自然确定实际承担监护职责的人。《民法总则》第 27 条第 2 款关于监护人顺位的规定，明显把监护人资格享有者与担任监护人的实质条件完全混为一谈。另外，“愿意担任”与“须经……同意”不是享有监护人资格而是个人或组织担任监护人的必要条件。[①]“有监护能力的人按顺序担任监护人”这一规定，为监护人须通过特别指定才能最终确定下来埋下了伏笔。

从比较法上看，随着社会形态由传统社会（熟人社会）向现代社会（陌生人社会）的重大转变，《德国民法典》《日本民法典》皆将传统的法定监护修改为了官选监护；而《法国民法典》也几乎以亲属会议选任监护人替代了传统的法定监护。法院或亲属会议选任监护人之所以得到普遍认可，不仅是因为传统的法定监护不再适应社会发展需求，而且在于它具有两方面的益处：一是可以通过选任强调或强化监护人的监护职责[②]；二是在选任监护人时可充分考虑被监护人与监护人双方的各自情况，从而为未成年人确立比较适宜的监护人。[③]

第二，监护人由数人担任难免产生相互推卸监护责任的问题。为强化监护职责，防止监护人推诿监护职责，《法国民法典》与《德国民法典》均规定，监护原则上由一人承担，特别情况下可由二人同时担任监护人。[④]《日本民法典》刚开始规定，监护人以一人为限（原第 843 条），后删除该限制性规定，允许由数人担任监护人，但对未成年人之监护人有数人时的权限行使作出了增补规定（第 857 条之二）。[⑤] 根据《民法总则》，祖父母、外祖父母作为同一顺位的监护人时，可能会发生

---

① 这一立法瑕疵由来于《民法通则》第 16 条，《民法总则》不假思索地承袭了它。

② 例如，《德国民法典》第 1789 条规定：“监护人由家庭法院通过使之负忠实地和认真地执行监护的义务予以选任。义务的担负应借助于代替宣誓的握手为之。”

③ 参见《日本民法典》第 840 条第 3 款的规定。

④ 根据《法国民法典》，监护人原则上指定为一人（第 403、404 条），特殊情况可由二人分工担任监护人（第 417 条）。《德国民法典》仅在将夫妻共同选任为监护人的情况下允许二人同时担任监护人，在其他情况下，“家庭法院应为被监护人只选任一个监护人，并且，兄弟姐妹须予监护的，为所有被监护人只选任一个监护人”（第 1775 条）。

⑤ 该条规定：未成年人之监护人有数人时，共同行使其权限；家庭法院可以以职权对其中部分人确定仅应行使关于财产的权限；家庭法院也可以以职权就关于财产的权限确定各监护人单独或数个监护人分掌事务，行使其权利。

由四人同享监护权利、共负监护职责的监护状况；兄、姐作为同一顺位的监护人，可能至少发生二人共同司职监护的状况。但凡二人以上共享权利、同担职责的场合，必然会发生两个问题：有利则争之，无益则避之。二人以上同为监护人时，也难逃此法则。监护无经济利益可图，直系尊亲多念血脉延续深情，甚至以比父母更重的情义善待未成年孙辈，从而会争当监护人；而其他个人或组织，即使存在血缘或姻缘纽带，也大多缺乏担当监护职责的积极性，相互推诿则在所难免。[①] 当规定监护人依法当然产生时，这两个问题，尤其是后一个问题，更易于发生。

《民法总则》因循《民法通则》的规定，以“对监护人的确定有争议的”为适用前提，确立了指定监护人规则（第 31 条）。据立法机关工作人员的解释，“对监护人的确定有争议的”既包括争当监护人的情况，也包括推卸拒不担当监护人的情况。[②] 然而，问题是，监护人资格享有者相互推卸监护职责属于不作为行为，在监护人依法当然产生模式下，怎么查知及由谁查知这些行为？如果被强制指定的监护人不改不愿意担任监护职责的初衷，如何督促其尽心竭力履行职责或如何防止其消极懈怠而不使未成年人遭受不利？《民法总则》对此缺乏必要的制度应对。

（三）现行监护制度的残缺不全尤其苛求监护监督

由比较法可知，我国现行监护制度在如下方面存在明显的规则缺漏，这些规则缺漏会不同程度地削弱监护人履行监护职责的主动性、积极性。在此情况下，监护监督制度更显得十分必要。

第一，对监护有偿或无偿及监护职责履行费用不置可否。关于监护人能否因履行监护职责而获得报酬，存在不同立法例。《法国民法典》

---

① 兄弟姐妹之间本分形连气、情同手足，但一旦各自建立家庭，亲密关系则会削弱。北齐颜之推所著《颜氏家训·兄弟》对此有如下论述：一家之亲，由夫妇、父子、兄弟等三亲构成，此乃人伦之核心。兄弟者，分形连气之人也。及其壮也，各妻其妻，各子其子，虽有笃厚之人，不能不少衰也。二亲既殁，兄弟相顾，当如形之与影，声之与响。然兄弟关系会因妻、子的侵蚀而不睦。

② 参见李适时主编：《中华人民共和国民法总则释义》，90 页，北京，法律出版社，2017。

采无偿监护原则，监护人不能由监护获得报酬。《德国民法典》[①] 则以无偿为原则、有偿为例外。[②]《日本民法典》采由法院酌情判定给予报酬的原则。[③] 更广泛地看，当今世界大多数国家或地区的民法典对监护人可酌情获得报酬有明确规定。[④]

监护人与被监护人各享独立法律人格，对于履行监护职责而支出的必要费用，应由被监护人承担。监护人不能因履行监护职责而获得交换性报酬，但至少不能令其自掏腰包负担履行监护的必要费用。《德国民法典》对此作了详细规定：监护的执行费用由被监护人承担。如果监护人从自己的财产支出费用，其可以像受委托人那样，请求被监护人偿还（第670条与第1835条第1款）。被监护人没有财产的，监护人可以请求从国库中预付和偿还（第1835条第4款）。原则上，监护人只能要求偿还金钱和物质支出，以及适当的责任险费用（第1835条第2款）。监护人提供的属于其营业或职业劳务的个人服务，也可以视为费用请求偿还（第1835条第3款）。

《民法通则》与《民法总则》皆未涉及履行监护职责的报酬及费用问题。这在很大程度上根源于把监护看作一种家庭或家族内私人事务的陈旧观念。如果立足于监护人与被监护人皆具有独立的法律人格，且承认监护是一项应当由国家担负的公共职务，那么至少对于父母、最近直

---

① 《德国民法典》第1836条（监护人的报酬）规定：监护被无偿地执行。法院在选任监护人时确定监护人系按职业执行职务的，监护被例外地有偿执行。法院不依第1款第二句作出确定的，可以许可向监护人给予适当报酬，并且，由于特殊原因，也可以许可向监护监督人给予适当报酬，但以监护事务的范围或难度证明这样做是正当的为限；被监护人无资财的，前半句的规定不予适用。不得许可向青少年福利局或社团给予报酬。

② 德国学说认为，监护人和被监护人之间的关系属于独特的法定持续之债，其本质特征是无偿的行为照顾。参见［德］迪特尔·施瓦布：《德国家庭法》，王葆莳译，453页，北京，法律出版社，2010。

③ 《日本民法典》第862条规定，法院可以根据监护人及被监护人的资力及其他情况从被监护人的财产中支付给监护人相当的报酬。

④ 《奥地利普通民法典》第266条、《韩国民法典》第955条、《智利共和国民法典》第526条以下、《秘鲁共和国新民法典》第539条、新《荷兰民法典》第1：358条、《魁北克民法典》第184条、《葡萄牙民法典》第1942条及我国台湾地区“民法”第1104条等对监护人的报酬皆有明确规定。

系尊亲之外的个人担任监护人的监护职责履行报酬或费用，应作出酌情从被监护人的财产中支出，或者由国家给予适当补贴的规定。否则，对监护人而言，监护则纯粹是一件损己利人的事务。这会严重消减监护人承担监护职责的主动性、积极性。

第二，未设立监护人辞职制度。监护人辞职，也称监护人卸任，指监护人依据法定理由中途辞去监护职务。监护主要是一种强制性职责或负担，一旦被任命为监护人，即不得辞去其职务。但是，如果一概不允许监护人辞职，不但对监护人失之苛刻，且有时也强人所难。故而，《法国民法典》①与《日本民法典》②等均允许监护人在一定条件下可以辞职。《德国民法典》对监护职务的承担与卸任作了比较独特的规定。除被法律明确规定为无资格担任监护人的外，任何德国人经家庭法院遴选而承担监护职务的，皆应就任（第1785条）。考虑到一些人事实上不适宜担任监护职务的特殊情况，民法典规定了两种免于承担监护职责的途径：一是在被家庭法院选任为监护人之前，行使《德国民法典》第1786条的监护就任拒绝权，拒绝承担监护职责；二是监护人在被法院选任时，得保留在特定事件的发生或不发生时予以解任（第1790条）。该第1790条实则通过监护人与家庭法院之间的附解任监护职责条件的特约，为监护人提供了辞职的机会。

《民法通则》与《民法总则》对监护人辞职未设任何规定。对于由法院或有关组织指定的监护人，《民法总则》第31条第4款规定：监护人被指定后，不得擅自变更；擅自变更的，不免除被指定的监护人的责任。“不得擅自变更”的用语蕴含着可以正当理由变更监护人的可能。现任监护人因疾病、工作繁重等原因辞职，新监护人上任，应属于正当变更监护人的情形。《民法总则》第39条规定的“监护关系终止”的两种情形，即“监护人丧失监护能力”与“人民法院认定监护关系终止的

① 根据《法国民法典》第429条的规定，除父母之外，因年龄、疾病、距离遥远、职业或家庭事务极为繁忙之一，不能继续尽监护责任的，如此种原因发生在接受监护任务之后，得卸解其负担的监护任务。

② 《日本民法典》第844条规定，监护人有正当事由时经法院许可，可以辞去其职务。

其他情形”，也可将因监护人辞职而终止监护关系的情形囊括其中。然而，即使监护人辞职可经由以上解释而得到承认，但终究具有很大的不确定性。监护人基于何种正当事由可以请求辞职，则缺乏明确的规范依据。

第三，对财产清册、财产清算、移交等未作任何规定。监护在内容上涉及被监护人的人身和财产两方面。当被监护人拥有种类繁多的财产时，财产监护在执行上会显得比较复杂，监护人滥用监护权或监护人侵害被监护人权益的情况，也很容易发生。为此，各国或地区的民法典一般规定，对于财产监护，监护人应负如下义务：妥善管理被监护人财产①、监护开始时对未成年人的财产制作财产清册（单）、对处分未成年人财产的限制、禁止受让被监护人的财产、按规定报告财产状况及监护终止时清算、移交财产等。

除作出保护被监护人的财产权利及非为维护被监护人利益不得处分其财产的概括规定外，《民法总则》对于监护人如何管理、保护未成年人的财产，没有再作任何规定。未成年人可通过受赠或其他方式获得财产。当父母双亲死亡时，未成年人也可以通过继承获得财产。在我国行将全面建成小康社会，并由此向更加富裕的现代社会迈进的态势下，作为被监护人的未成年人拥有一定数量的财产，必将成为寻常现象。如何规范监护人的财产管理行为，并防止其侵占、滥用或使用被监护人的财产，是必须应对的重要问题。

第四，不向失职监护人施加任何惩戒措施。监护是一种强制性的公共负担，为督促监护人执行监护，法国、德国等国民法典也规定，监护人不依指令或法律规定履行监护职责时，法院可以向其施加罚款。② 根据我国《未成年人保护法》（2012 年修正）第 62 条的规定，父母或者

---

① 主要涉及管理财产的注意义务标准，如《法国民法典》第 450 条、我国台湾地区“民法”第 1100 条（该条规定“应以善良管理人之注意（态度）”管理财产）。

② 《法国民法典》第 395 条规定，监护法官对其管辖区实施的法定管理与监护进行一般的监督。监护法官得对无合法理由，不遵守其指令的人科处《民事诉讼法典》规定的罚款。《德国民法典》第 1788 条规定，家庭法院可以通过科处罚款来督促被挑选为监护人的人承担监护。

其他监护人不依法履行监护职责，或者侵害未成年人合法权益的，由其所在单位或者居民委员会、村民委员会予以劝诫、制止；构成违反治安管理行为的，由公安机关依法给予行政处罚。《反家庭暴力法》（2016年）要求，未成年人的监护人应当以文明的方式进行家庭教育，依法履行监护和教育职责，不得实施家庭暴力（第12条）。《反家庭暴力法》也规定：家庭暴力情节较轻，依法不给予治安管理处罚的，由公安机关对加害人给予批评教育或者出具告诫书（第16条）。监护人实施家庭暴力严重侵害被监护人合法权益的，人民法院可以根据申请依法撤销监护人的监护人资格，另行指定监护人（第21条）。未成年人因遭受家庭暴力或者面临家庭暴力的现实危险，其近亲属、公安机关、妇女联合会、居民委员会、村民委员会、救助管理机构可以为其向法院申请人身安全保护令（第23条）。该人身安全保护令包括向家庭暴力实施者发出的“禁止接触令”和“责令迁出住所令”（第29条）。对于上述规定，《民法总则》只是吸收了其中的监护人资格撤销制度，而对涉及惩戒或制止监护人不当行为的法律措施，未予理睬。

四、监护监督制度的构建思路与方法

监护监督是监护制度内在的结构性需求，监护义务的公共化或国家化只是强化并凸显了这种需求。有学者在21世纪初即指出，《民法通则》在监护监督上存在“先天不足”，并提出了建立监护监督人制度的立法建议。[①] 在《民法总则》制定期间，有学者提出了构建监护监督制度的具体建议，但《民法总则》最终未予采纳。《民法总则》颁行以来，越来越多的学者建议应在民法典中增补监护监督制度。如上所述，无论从比较法上看，还是由我国现行监护制度的立法状况看，监护监督是一项不可或缺的制度。《处理监护人侵害未成年人权益行为意见》实际上是对未成年人监护因缺乏必要监督而所结恶果的应急处置办法。建立监

① 参见曹诗权：《未成年人监护制度研究》，283、317页，北京，中国政法大学出版社，2004。

护监督制度是抑制、制止或纠正不当监护行为，督促监护人积极、适当履行监护职责，从源头、过程上减少不当监护恶果的必要举措。

监护监督的核心问题是，如何保证监护人积极、适当地履行监护职责。从制度建构上讲，它至少涉及三方面问题：第一，监护人的产生、变更或终止，即是说，必须确保监护职责始终由具有监护意愿、能力、条件的个人或组织担当。如果监护人不适格，监护职责的适当履行随时会遭到挑战。第二，对监护执行过程（监护职责的履行）的日常督导。监护是一个持续不间断地教育、照顾未成年人的过程，监护监督与监护执行应如影随形。唯有如此，才能及时发现问题，并随时予以纠正、督导或解决。第三，不当监护行为的发现或知晓。监护是一种对人责任，监护人与被监护人之间是特定人之间的一种特殊结合。在越来越强调人格独立和自由的现代社会，监护人与被监护人之间的关系，具有很强的相对性、封闭性。这种特性时常会将监护职责的公共性遮蔽起来。通常情况下，只有当不当监护产生的不良影响，冲破监护关系的封闭性而为他人所知时，人们才能知道监护人是否积极、适当地履行监护职责。当监护人采取各种手段隐瞒、掩盖不良监护时，只有未成年人本身发生严重的不正常现象，其他人才能觉察到不当监护问题。因此，监护监督的实施需要监督主体能够经由各种渠道获得不当监护的信息。

单一的个人或组织很难胜任上述三方面的监督职责。而且，当监护执行过程的日常督导职责由个人或组织承担时，该个人或组织是否忠于职守、积极履职，同样需要监督。因此，监护监督需要一个多维度、多层次的规范结构。由法国、德国、日本等国的民法典看，以法院为代表的公权力机关不仅在选任、变更、终止监护人上负有特别监护监督职责，而且对重要监护事务的执行及监护监督人也负有一般监督职责。这种制度建构契合了监护的公共性，确保了监护职务的积极、适当履行。

对于以监护统合亲权的我国监护制度而言，监护监督的构建应在区分父母作为监护人与父母之外的其他个人或组织作为监护人的前提下，分别加以考虑。

父母与子女之关系乃首要天伦之序，父母对于子女通常唯恐爱护不及，依恋、依赖父母被未成年子女视为自然而然、天经地义。在此亲子关系下，未成年人子女一旦遭受父母的疏离、漠视甚至伤害，其心智发展所受伤害时常极其严重。因此，未成年子女由父母监护时，无须设置监护监督人予以日常监督，只要允许法院或儿童保护机关在未成年人最佳利益遭受危害时采取适当干预措施即可。从比较法上看，《德国民法典》第 1666 条授予家庭法院在子女最佳利益受到危害情形下采取必要措施的权力；《瑞士民法典》第 307 条规定儿童保护机构在子女利益受到危害时得为保护该孩子而采取适当措施；我国台湾地区“民法”第 1090 条也作了类似规定。[①]

《民法总则》第 36 条仅适用于因严重侵害未成年人子女权益而被撤销监护人资格的情形，对于未达到严重侵害程度的不当监护行为，需要补充必要的监护监督予以及时制止、纠正，以免小恶酿成大祸。为此，建议民法典总则编或婚姻家庭编规定：未成年子女的利益受到危害，父母漠不关心或者不能排除危害的，人民法院或者未成年人救助保护机构应为保护未成年人的利益采取适当措施。居民委员会、村民委员会、学校、医疗机构、妇女联合会、残疾人联合会、未成年人保护组织、受到危害的未成年人本人等可以请求人民法院或者未成年人救助保护机构采取适当保护措施，人民法院或未成年人救助保护机构可依职权采取适当保护措施。[②] 未成年人由父母之外的直系尊亲监护时受到危害的，可以参照适用前两款规定。

除父母、祖父母及外祖父母之外，其他个人或组织担任监护人时，监护应当处于多维度、多层次的私人或法院监督之下。将未成年人置于

① 该条规定：“父母之一方滥用其对于子女之权利者，法院得依他方、未成年子女、主管机关、社会福利机构或其他利害关系人之请求或依职权，为子女之利益，宣告停止其权利之全部或一部。”

② 《处理监护人侵害未成年人权益行为意见》规定：民政部门应当设立未成年人救助保护机构（包括救助管理站、未成年人救助保护中心），对因受到监护侵害进入机构的未成年人承担临时监护责任，必要时向人民法院申请撤销监护人资格（第 3 条第 3 款）。学校、医院、村（居）民委员会、社会工作服务机构等单位及其工作人员，发现未成年人受到监护侵害的，应当及时向公安机关报案或者举报。其他单位及其工作人员、个人发现未成年人受到监护侵害的，也应当及时向公安机关报案或者举报（第 6 条）。

胜任监护职责的个人或组织之下，是监护职务能够得到适当履行的第一步，也是最为关键的一步。《德国民法典》《日本民法典》等之所以以官选监护取代法定监护，即是为了避免使未成年人处于不愿或不能承担监护职责的人之下，从而从源头上消除怠于履行或不适当履行监护职责的问题。在《民法总则》第 27 条第 2 款关于法定监护的规定不做彻底改变的情况下，可通过两个途径强化监护人的选任。第一，允许父母既可以通过遗嘱指定监护人，也可以在指定监护人时，为未成年人子女指定监护监督人。民法典总则编或婚姻家庭编可以增补规定，父母通过遗嘱为子女指定监护人的，可以为子女同时指定一名监护监督人。第二，扩大《民法总则》第 31 条的适用范围，即对该条之适用前提——“对监护人的确定有争议”——作广义理解：不仅适用于同一顺位有监护资格的人争当监护或推诿监护的情形，而且适用于第一、第二顺位有监护资格的人均推卸监护职责的情形。[①] 因为这两个顺位的监护人资格享有者，在担任监护人上皆须具备一个条件——“有监护能力”。是否具备监护能力显然不能依监护人资格享有者的主观状况进行确定，而应由第三人（被监护人住所地的居民委员会、村民委员会、民政部门或人民法院）予以客观确定。第三人“应当尊重被监护人的真实意愿，按照最有利于被监护人的原则在依法具有监护资格的人中指定监护人”。根据《民法通则意见》第 14 条关于指定监护的规定，前一顺位有监护资格的人无监护能力或者对被监护人明显不利的，人民法院可以根据对被监护人有利的原则，从后一顺位有监护资格的人中择优确定。虽然《民法总则》没有将这一规定直接转化为法律条文，但该条司法解释对于解释法律仍然具有重要意义。

《民法总则》第 31 条关于监护人争议解决方法（指定监护）的规

---

① 立法机关工作人员在阐释《民法总则》第 31 条时认为，它也适用于“具有监护资格的人均推卸监护职责，拒不担当监护人的情况”。参见李适时主编：《中华人民共和国民法总则释义》，90 页，北京，法律出版社，2017。这种看法明显过于宽泛。理由在于，《民法总则》第 27 条第 2 款与第 28 条分别规定的第三、第四顺位有监护资格的个人或组织，是以其愿意担任监护人为前提的，不可能发生推卸监护职责的情形。

定，不仅处理了被监护人最终由哪个人或哪些人监护的监护人争议问题，而且可以产生激励监护人资格享有者之间对未成年人监护予以相互监督的效应。无论对于同一顺位还是不同顺位的监护人资格享有者，只要其对其他人的监护能力发生质疑，或者认为自己更胜任监护职责，皆可以提请法院或法定组织指定监护人。这种监护人确定机制，同样可以发挥遴选合适监护人的作用。

更值得一提的是，在指定监护人上，尽管被监护人住所地的居民委员会、村民委员会、人民法院或者民政部门皆享有权力，但唯有法院的指定具有终局效力。当由法院作出指定时，裁定书就是监护人的任命书。到底由何种组织指定监护人，取决于监护人争议者的选择，当争议者对指定权主体存在不一样的选择（申请）时，应由法院予以指定。

虽然选任监护人的方式有助于产生良好监护效果，但仅此规定仍不足以解决监护职务执行中所可能发生的怠于履行或不适当履行监护职责的问题。为此，可在民法典总则编或婚姻家庭编增补如下规定：（1）监护人可以是一人或二人，监护人为二人时，应当共同履行监护职责或者可以约定分别承担不同的监护职责。（2）享有监护人资格的人没有以协议被确定为监护人，或者未被指定为监护人的，应当承担监护监督职责。① 无能力承担监护监督职责的，监护监督职责由未成年人住所地的居民委员会或村民委员会担任。（3）监护监督人的职责是监督监护人依法履行职责，监护人丧失监护能力或条件时及时请求法院选任、变更监护人，在未成年人的利益与监护人的利益相抵触时代表未成年人。（4）法院可以要求监护人、监护监督人向其说明未成年人的教育、保护情况，并向他们提出要求或发出指令。法院可以向无正当理由不遵守其指令的监护人或监护监督人处以惩罚。（5）未成年人及其他个人或组织可以向监护监督人、法院报告、反映监护人怠于履行或不适当履行监护

① 根据《民法总则》第30条的规定，依法具有有监护资格的人之间以协议确定监护人的，协议监护是否免除其他不承担协议约定的监护义务的人的法定监护义务？邹海林教授认为："对此疑问，应当作否定回答。"邹海林：《民法总则》，92页，北京，法律出版社，2018。令未被确定监护人的有监护资格者承担监护监督责任，显然比较合适。

职责的情事，并请求监护监督人、法院为保护未成年人利益采取适当措施。

值得注意的是，关于未成年人监护，我国现行法呈现了分散立法及法律碎片化倾向。《民法总则》《未成年人保护法》《反家庭暴力法》等皆依问题导向思维，从不同侧面或角度对未成年人监护作了一些规定。鉴于监护监督制度的重要性，民法典有必要在《未成年人保护法》《反家庭暴力法》等零散规定的基础上，对监护监督作出比较系统的规定。

总而言之，根据《民法总则》的规定，我国现阶段比较适宜建立由法院与监护监督人作为职责主体的监护监督制度。法院的监督职责主要表现为，监护人的选任、变更、终止及对监护人、监护监督人的一般监督上，监护监督人承担日常性的监护监督职责。监护监督人原则上由依法享有监护人资格但未被指定为监护人的人担当，当无这样的人或这样的人无监督能力时，由未成年人住所地的居民委员会或村民委员会担任监护监督人比较切实可行。

（本文首次发表于《苏州大学学报》（法学版）2020 年第 1 期。）

被监护人致人损害的侵权责任配置

被监护人（以未成年人为主）致人损害是一种常见的侵权现象，现代世界各地的立法或判例无不对之作出明确规范，这当然也包括我们自己的立法，即先前的《民法通则》第133条及现行的《侵权责任法》第32条。从比较法上看，此种以特殊人群为标识的侵权类型，在规范模式上显现了相当鲜明的"地域特色"。个性十足的《民法通则》第133条虽然曾饱受诟病，但《侵权责任法》第32条还是几乎原封不动地把它延续下来。立法的因循守旧非但没有锁住学者的思维，反而激起了他们对旧制予以新解的想象力。简言之，《侵权责任法》颁布近两年来，有学者立足我国民法的特性，对以被监护人承担独立责任、监护人承担补充责任为架构来解释该法第32条第2款的旧观点进行了深刻反思，提出了两种颇具说服力的新看法：一是认为，该款不是为了确立一种监护人补充责任形态，而是在遵循监护人是唯一责任主体的一般规定下（第1款），授权法官以损害被监护人的财产利益为代价，来实现对受害人的充分救济[①]；二是主张，该款仅仅调整了监护人与被监护人之间的内部责任分担关系。[②] 受这两种观点的激励与启发，本文拟以侵权责任法之权衡行为自由与权益保护的机能为指针[③]，以我国现行民事甚至是刑法的具体规定为基础，对《侵权责任法》第32条关于被监护人致人

---

① 参见薛军：《走出监护人"补充责任"的误区——论〈侵权责任法〉第32条第2款的理解与适用》，载《华东政法大学学报》，2010（3）。

② 参见陈帮峰：《论监护人责任：〈侵权责任法〉第32条的破解》，载《中外法学》，2011（1）。

③ 参见王泽鉴：《侵权行为法》，7页，北京，北京大学出版社，2009。

损害的侵权责任配置机制作出一种全新的阐释。本文的基本看法是：第32条的两款规定既非各自为政的并行关系，又非一般规定与例外规则的关系，而是一种一般规定与补充规定的关系，即第2款是为了弥补第1款在保护被害人权益上的救济缺漏，而向被监护人与监护人强加的一种衡平责任。下文分三个部分详细阐述此种观点。

一、解释被监护人致人损害之侵权责任的基调

学者们多年来之所以对被监护人致人损害责任理解不一，除了法律规定本身的概括、模糊之外，对立法持有不同评价立场是一个十分重要的原因。一般认为，“任何完整的法律规范都是以实现特定的价值观为目的，并评价特定的法益和行为方式。在规范事实构成与法律效果的联系中总是存在着立法者的价值判断”①。因此，法律解释必须首先争取发现主导法律规范的价值观或价值判断。被监护人致人损害的侵权责任作为侵权责任法的组成部分，虽然地域色彩极其显著，但各地的法制还是贯穿着一项总体思想，即尽可能地在本地法律文化的框架内寻求行为自由与权益保护之间的平衡。未成年人的父母或监护人不对所有未成年人造成的损害承担责任，可看作各地关于未成年人致人损害责任的共同法律评价。父母或监护人以及未成年人自身应各自承担何种程度的损害赔偿责任，各地法律评价不一。因此，可以这样说，法律解释工作就像房屋装修，在不可改变承重墙的前提下，居住者可根据居住需要，优化房屋的空间格局，从而使房屋达到最佳居住效果。在笔者看来，在以法律解释重构《侵权责任法》第32条的规定时，该条第1款就是我国被监护人（未成年人）致人损害责任制度的“承重墙”，只有对它的规范地位及其可能造成的整体影响作出客观评价或分析，才能对第2款，乃至对第32条之整体，作出相对合理的解释。

“不识庐山真面目，只缘身在此山中。”既然要作出法律评价，自

---

① ［德］伯恩·魏德士：《法理学》，丁小春、吴越译，55页，北京，法律出版社，2003。

然不可能将视角仅仅局限于第 32 条第 1 款本身，而应依据更上位的法观念对“承重墙”之合理性作出评判，以此作为法律解释的一种基础。

除了以“侵权责任”取代“民事责任”，以“其”代替“他的”，将“适当减轻”删节为“减轻”这些无关大局的修改外，《侵权责任法》第 32 条第 1 款完全承袭了《民法通则》第 133 条第 1 款的架构，即无民事行为能力人、限制民事行为能力人造成他人损害的，监护人承担严格责任（无过错责任）。对此，学者们今日之观念与十年前甚至二十年前的看法，几乎毫无差异。[①] 也许是因为看法较为一致，相对于第 2 款，旧法条与新法条的第 1 款，在法解释上并未引起太多的深入讨论（立法论上的讨论则相当多）。在笔者看来，我国被监护人致人损害责任的解释玄机其实正隐藏于第 1 款之中，它是解释第 2 款时无论如何无法抹去的一道背景，以前面所做比喻来讲，很多时候正是因为“承重墙”之局限或限制，才凸显了房屋整体结构的特性。

只有经由比较与外部观察才能看出第 1 款的“庐山真面目”——独特之处。所有欧洲国家的民法都认为，父母对被监护人致人损害所负责任的范围取决于孩子的年龄，父母亲对年龄更小的孩子比对年龄大一些的孩子的责任要严格一些，这是普遍规律。[②] 东亚的日本、韩国及我国台湾地区同样遵循了此种一致性。根据这些地方的立法，父母只对无识别能力的未成年人（有无识别能力或以年龄予以形式判断，或依据个案事实予以实质判断）负较为严格的赔偿责任。而《侵权责任法》第 32 条的规定则是，不管年龄大小、不论有无识别能力，父母一律为未成年人的致人损害承担侵权责任。反言之，不管父母是否尽到了监护责任，未成年人皆不对自己的行为负责。这种规定难免会造成如下两种后果：

---

① 参见王利明：《侵权责任法研究》，下卷，45 页，北京，中国人民大学出版社，2011；王利明、郭明瑞、方流芳：《民法新论》（上），535 页，北京，中国政法大学出版社，1987；王家福主编：《中国民法学·民法债权》，528 页，北京，法律出版社，1991。

② 参见［德］克雷斯蒂安·冯·巴尔：《欧洲比较侵权行为法》，张新宝译，上卷，182 页，北京，法律出版社，2004。

第一，事实上具有意思能力或识别能力的未成年人，如接近成年年龄的未成年人，因绝对受保护之法律地位而相对于受害人拥有绝对的行为自由。尽管监护人，尤其是父母，对未成年人的家庭惩戒与教育，有可能对未成年人的行为自由形成一种限制，但是，孩子们其实也明白，相比于法律的威严，父母的惩戒无论如何都可能因“心慈手软”而不了了之，或者大事化小。因此，家庭内部的惩罚不可能对未成年人的行为自由构成真正的限制。至于，令父母总是为孩子的不当行为“买单”，是否会拨动孩子的恻隐、愧疚之心，从而对未成年人的行为形成一种内在限制，根本难以作出评判。

第二，在致人损害的被监护人概不承担责任的情况下，监护人以尽到监护责任为由减轻其侵权责任时，受害人的权益就难以得到有效保护。这种情况在未成年人因缺乏意识能力不负责任而对未成年人负监督义务之人又以尽到义务不负替代责任的规范模式下也会发生，如《德国民法典》第 828、832 条的规定。不过，德国民法典的制定者预见到了这种结果，因而在民法典第 829 条作出了这样的规定：为实现公平之需要，法官可考虑当事人的经济状况（包括保险状况），迫使无过错的致害人赔偿同样无辜的受害人的损失。[①] 我国《侵权责任法》第 24 条虽然作了“受害人和行为人对损害的发生都没有过错的，可以根据实际情况，由双方分担损失”这样的规定，但此种亦需“由受害人分担损失”的“公平”条款，与应由未成年人或其监护人分担损害赔偿责任的规定，在规范意旨上存在重大差别。因此，第 32 条第 1 款第 2 句所设责任减轻规定，必然会造成受害人纵使毫无过错，甚至是在社会共同体内已尽了足够的谨慎、勤勉义务，而仍然会因他人无法预防、无法控制的不当行为而遭受不测损害的后果。受此影响，尽可能不使被监护人接近自己的权益，可能是理性人唯一可采的“防身术”。不过，须质问的是，

---

① See B. S. Markesinis, *The Law of Torts: A Comparative Introduction*, third edition, Clarendon Press-Oxford, 1997, pp. 899 - 900.

在被监护人人口数量相当庞大的社会情势下[①]，人们能够采取此种“避世”措施吗？

《侵权责任法》第1条开宗明义地将协调权益保护与行为自由之冲突（“为保护民事主体的合法权益”“预防并制裁侵权行为”）作为其规范意旨。然而，通过上述分析则不难看出，这种规范意旨在被监护人致人损害的规范设计上出现了严重“失调”。《侵权责任法》第32条第1款不仅明显忽视了对受害人权益的周全保护，而且过分容忍了事实上具有意识能力的被监护人的行为自由。尤其是后者，如果再参考《德国民法典》第828条第2款第2句所作“已满7岁未满10岁的人未成年人故意引起损害的，需为自己行为所加损害负责”的规定，可以明显看出，我们的法律对未成年人行为自由的宽容已到了何等地步！考虑到一个人的重要生活观念，皆发端、养成于未成年阶段，立法对未成年人致人损害的此种宽容，与其说是在保护他们，不如说是在纵容、溺爱他们。自己责任乃现行民法私人自治原则的当然之义，一概不为自己行为负责的被监护人致人损害责任制度，明显也背离了民法的立足之本。

另外，依据《民法通则》关于民事行为能力制度的规定，也可以对未成年人致人损害规范方式的合理性在现行法体系内作出进一步分析。

根据《民法通则》第12条第1款的规定，10周岁以上的未成年人是限制民事行为能力人，可以进行与他的年龄、智力相适应的民事活动；其他民事活动由他的法定代理人代理，或者征得他的法定代理人的同意。这意味着，限制民事行为能力人可以凭借自己的理性能力参与交易生活，与他人订立合同（《合同法》第47条第1款），获得收益或积累人生经验。由于合同行为，大多着眼于未来（对未来事务的一种安排），所以无论是从交易安全之维护还是从未成年人利益保护上考虑，立法准予未成年人独立参与民事活动，实质上肯定了未成年人的理性能

① 据《2010年第六次全国人口普查主要数据公报》（第1号），我国大陆31个省、自治区、直辖市和现役军人的人口中，0-14岁人口为222 459 737人，占16.60%。

力，尤其是他的认识能力与预见能力。[①]

依侵权责任法之预防与制裁功能看，在侵权行为法领域，法律评价实际上仅仅立足于致害人对其行为之危害性的认识，即只要识别了自己行为的不当性，即可通过责任之强加而达到预防与制裁的目的。由生活经验可知，这不是一种在认知能力上要求过高的认识，即使是幼童，稍加教育即可推己及人地培养此种认识能力。就像法律行为领域内的意识能力那样，人的识别能力也存在由无到有的发展过程。为了不使未成年人因心智未开而承担过重责任，当今世界各地的立法或判例皆抽象出责任能力或侵权责任能力的抽象概念，作为一种保护未成年人的安全阀。但不同于法律行为能力，各国或地区关于责任能力的规范，要么采取无行为能力之人一概不具备责任能力，要么采取依据个案对责任能力进行实质判断的做法。

我国法不是没有承认责任能力概念，而是采取了将法律行为能力与侵权责任能力熔于一炉进行构造的做法。这种做法的优点是，简便易行，但必须承认，其缺陷更为明显，即严重忽视了侵权责任能力与法律行为能力之间的本质差异。[②] 就前面对限制民事行为能力人所作分析而言，这种统一立法的难以避免的一个弊端是，限制行为能力人可以自己实质上具有理性能力而从法律交易中获益，却完全不承担因自己的行为给他人造成损害的不利。这种唯使之获益而不使之负侵权责任的做法，明显不是一种合理的制度安排。

总之，以协调权益保护与行为自由的侵权责任法规范机能，未成年人保护在法律行为能力与侵权责任能力两种制度中的不协调，以及参酌世界其他国家或地区的立法或判例看，《侵权责任法》第32条第1款在法政策与法体系两方面，皆存在不合理之处。

法律解释非盲人摸象般地认识、诠释立法，而是借由整体法观念的

---

① 《民法通则意见》第3条规定："十周岁以上的未成年人进行的民事活动是否与其年龄、智力状况相适应，可以从行为与本人生活相关联的程度、本人的智力能否理解其行为，并预见相应的行为后果，以及行为标的数额等方面认定。"

② 参见梁慧星：《民法总论》，3版，68-69页，北京，法律出版社，2007。

指导对哪怕是一个条文的一句话也予以体系性思考，以使各个法律规范像蛛网那样构成体系。法律解释的目的不是单纯对同一制度构造中的某一个条文作出合理说明，而是通过法律解释尽力实现法律制度的整体效益。就《侵权责任法》第 32 条的规定而言，协调监护人与受害人之间的关系固然重要，但此种重要性远比不上协调致害人、监护人、受害人三方之间的关系。只有充分认识到第 32 条之整体状况，才可能解决该条之局部问题。

二、《侵权责任法》第 32 条第 2 款新旧解释的综合分析

如前所言，关于被监护人致人损害的侵权责任制度，学者关注的焦点是《侵权责任法》第 32 条第 2 款，或者《民法通则》第 133 条第 2 款。大家基本上对这两个条文中的第 1 款确立的监护人责任不存在太大的分歧。根据前文关于第 1 款的总体评价，在阐述笔者对第 32 条的整体理解之前，有必要对上述两条文第 2 款的解释意见作出分析。

第 32 条第 2 款规定："有财产的无民事行为能力人、限制民事行为能力人造成他人损害的，从本人财产中支付赔偿费用。不足部分，由监护人赔偿。"相比于《民法通则》第 133 条第 2 款，这一规定在两处修正了旧法。一是删除了"由监护人适当赔偿"中的"适当"一词；二是删除了第 2 句规定中的但书，即"但单位担任监护人的除外"。对于此种修改的意义，颇受重视的一种解释认为：第一处加重了监护人的责任；第二处意味着，单位担任监护人的，也要承担相应的赔偿责任。[1]由此可以说，这两处修改仅仅涉及了监护人及其赔偿责任的范围或程度，并未改变《民法通则》第 133 条第 2 款的整体架构。因此，关于新旧法条第 2 款的解释意见，完全可以放在一起予以分析、评价。

① 参见全国人大常委会法制工作委员会民法室编：《中华人民共和国侵权责任法：条文说明、立法理由及相关规定》，125 页，北京，北京大学出版社，2010。

（一）《民法通则》第133条第2款的解释意见

关于《民法通则》第133条第2款，二十年间大致形成了如下几种解释意见：第一，这只是关于损害赔偿方面的规定，无涉责任主体。[①]第二，这是关于责任主体方面的规定，即有财产的无民事行为能力人、限制民事行为能力人造成他人损害的，被监护人以其财产承担独立责任，监护人负补充赔偿责任。[②] 持此种观点者，通常把第2款当作与第1款相并行的一种规定。第三，这只是对监护人责任的一种责任限制措施，“在这种情况下，《民法通则》第133条第2款规定有独立财产的被监护人为第一赔偿义务人，而监护人为补充义务人”[③]。

（二）《侵权责任法》第32条第2款的解释意见

关于《侵权责任法》第32条第2款的规定，新近的解释意见是：第一，该规定确立了被监护人的公平责任，此种责任的主体不是监护人，而是被监护人。公平责任是一种独立责任，监护人责任是一种补充责任。[④] 第二，该规定不是为了确立被监护人的独立责任，而是旨在解决监护人与被监护人之间的损害赔偿额分担问题。关于如何分担损害赔偿额，有两种不同意见：一种意见认为，第2款授权法官“可以”判决从被监护人的财产中支付赔偿费，但并非“必须”从被监护人的财产中支付赔偿费，因此，“不足部分，由监护人赔偿”所涉及的并非监护人的补充责任，而是对监护人作为基本的责任承担者的身份的确认。[⑤] 另

---

① 参见魏振瀛：《民法》，3版，726页，北京，北京大学出版社、高等教育出版社，2007；江平主编：《民法学》，581页，北京，中国政法大学出版社，2007。

② 参见王利明、郭明瑞、方流芳：《民法新论》（上），535页，北京，中国政法大学出版社，1987。

③ 王家福主编：《中国民法学·民法债权》，529－530页，北京，法律出版社，1991。类似观点认为，监护人责任并非一种绝对责任，在法律规定的情况下，该责任可以减轻或免除，第133条第2款就是这样的规定之一。参见王卫国主编：《民法》，637页，北京，中国政法大学出版社，2007。

④ 参见王利明：《侵权责任法研究》，下卷，57－59页，北京，中国人民大学出版社，2011。

⑤ 参见薛军：《走出监护人“补充责任”的误区——论〈侵权责任法〉第32条第2款的理解与适用》，载《华东政法大学学报》，2010（3）。

一种意见认为，第 2 款调整的是监护人与被监护人之间的责任分担关系（内部关系），被监护人只在此种关系中承担公平责任，成为责任主体；对被害人来说，只有监护人才是他的责任人。①

(三）对新旧法条解释意见的综合评价

由上述有点粗疏的总结可以看出，在被监护人致人损害的规范方式上，由于新法整体接收了旧法的模式，所以法解释的架构二十余年来未有根本改变，在此方面的法律进步主要表现在解释方法的日益成熟。概言之，第 32 条第 2 款到底是特别规定了被监护人的独立责任，还是仅为监护人责任之损害赔偿方式的具体规定，作为两种较为对立的观点，从 20 世纪 80 年代一直延续到今日。王卫国教授在 20 世纪 90 年代初期提出的责任限制观点，即第 2 款是监护人责任的一种责任限制措施，其实更接近于被监护人负独立责任的观点，因作为第一赔偿义务人，被监护人如若有足够的财产赔偿受害人，监护人责任则不复存在。

可以从法律技术与法政策、法体系两方面分析上述解释意见。法律技术方面的评价，所关涉的是，解释本身能否自圆其说——解释的周全性及可能存在或遗留的问题。

王利明教授一直认为，“从本人财产中支付赔偿费用”这一规定确立了有财产的被监护人的独立责任，此种责任的存在理由有三：一是强化了被监护人的自己责任，体现了责任的公平合理性；二是有利于预防侵权行为；三是增加了受害人获得赔偿的可能性。② 仅仅就此来讲，由于很好地兼顾了侵权责任法的权益保护与行为自由的规范机能，这种意见很有说服力。然而，如若联系到其如下看法，王利明教授的观点也存在值得商榷之处：其一，王利明教授认为，此种责任是以财产为基础而承担的独立责任，法官在考虑被监护人是否要承担责任时，不必考虑其年龄大小、行为能力状况等，甚至也不考虑损害的严重程度。其二，这也是一种不以过错为条件的公平责任，它不以实际损害为标准进行赔

① 参见陈帮峰：《论监护人责任：〈侵权责任法〉第 32 条的破解》，载《中外法学》，2011 (1)。

② 参见王利明：《侵权责任法研究》，下卷，59 页，北京，中国人民大学出版社，2011。

偿，法官可以根据公平考虑（未成年人的成长和发展）来确定赔偿数额。[①] 试问：不以过错为基础的责任，能起到预防侵权行为的作用吗？不管损害严重程度的责任，能做到公平合理吗？显然，这些问题值得反思。

关于“不足部分，由监护人赔偿”的含义，王利明教授认为，监护人的责任范围以被监护人能否承担责任、承担多大的责任为前提，即如果被监护人具有充足的财产来承担全部责任，则监护人的责任事实上已不存在；如果被监护人的财产有限或者其根本无财产，则监护人需要承担大部分甚至全部责任。[②] 这种具有严格顺序的责任，在性质上更类似于一种一般担保责任，而非补充责任，因为当被监护人的财产足以承担损害赔偿额时，监护人事实上根本无责任可言。

在将第 2 款解释为关于责任分担规定的学者中，有人明确指出，第 2 款的规范目的主要是，当监护人欠缺赔偿能力以至于受害人无法得到有效救济时，法官可自由裁定，打破监护人与被监护人财产分离的逻辑，让具有财产的被监护人来承担本来应该由监护人承担的责任。[③] 这种看法，在如下方面值得质疑：纯粹以有无财产来判断被监护人是否为责任主体，固然“取消了责任承担的内在的道义基础”，于理不通；但被监护人仅仅因为自己拥有了财产，就应当承担本来应该由监护人承担的责任，明显违背了只有责任主体才须承担责任的常识，于法不容。

把第 32 条第 2 款解释为旨在解决监护人与被监护人内部的责任分担问题的观点，同样存在非为责任主体的被监护人为何会成为实际的损害赔偿人的问题。

以责任分担为架构解释第 32 条的学者，由于坚决否认有财产的被监护人负自己责任，所以权益保护思想——如何更好地救济被害人——

---

① 参见王利明：《侵权责任法研究》，下卷，59－60 页，北京，中国人民大学出版社，2011。

② 参见上书，53 页。

③ 参见薛军：《走出监护人“补充责任”的误区——论〈侵权责任法〉第 32 条第 2 款的理解与适用》，载《华东政法大学学报》，2010（3）。

几乎成为其唯一的解释根据。

另外，绝对不能忽视的是，在解释《民法通则》第133条或《侵权责任法》第32条的规定时，鲜有人提到，当监护人以尽到监护责任而得以减轻责任时，如何公平保护受害人权益。

综上所述，第32条的模糊与僵化为法律解释提出了一道难题，既有的解释不仅自身存在难以自圆其说之处，而且存在对第32条第1款的规范缺漏视而不见的问题。显而易见，在解释第32条规定上，学者们仍然需要“百尺竿头，更进一步”。

三、替代责任与公平责任并用的侵权责任配置

无论是从实际案例还是从参酌外国法制看，法律关于被监护人（未成年人）致人损害之侵权责任的规定，主要是为了协调被监护人、监护人的行为自由与受害人权益保护之间的冲突。在这种利益冲突格局中，作为致害人的被监护人，应否为自己的不当行为负责或者应对自己的不当行为负何种程度的损害赔偿责任，由私人自治的民法理念看，自然是必须关注的首要问题。而从私权保护的角度看，当被监护人不能独立承担责任或无能力承担全部赔偿责任时，受害人的权益如何能够得到有效救济，当然也是不容忽视的重要问题。受此影响，监护人应否为被监护人造成的损害承担侵权责任或者应对被监护人造成的损害承担多大程度的侵权责任，则取决于两个方面的考虑：被监护人自我承担责任的状况及受害人权益被保护的状况。因此，在解释被监护人致人损害的侵权责任制度时，应首先考虑被监护人的行为自由与受害人的权益保护之间的利益关系，然后再以受害人救济为导向，进一步思考监护人与受害人之间的利益冲突。应当说，以前的法律解释有些偏重于对受害人与监护人之间利益的协调。①

另外必须注意的是，法律解释不是一种逻辑演绎，而是认识、评价

① 如有著述认为，《民法通则》第133条，“意在充分保护受害人的同时，对尽责的监护人有所照顾”。参见王家福主编：《中国民法学·民法债权》，528页，北京，法律出版社，1991。引用部分由王卫国教授撰写。

法律的理性行为。如果不能对法律条文的语言清晰度、体系妥当性作出一个初步认识，法律解释难免会迷失方向。除此之外，仔细分析先前解释意见的合理性，并发现其存在的问题，也有助于法解释的成熟与完善。基于如上认识，下文对《侵权责任法》第 32 条作出如下解释。

（一）第 1 款——减责规则导致的救济漏洞

该款确立了监护人的严格责任，即监护人须为被监护人的致人损害承担侵权责任。这是学界通说，无须赘述。值得深究之处有如下三点。

第一，综合该款两句话的规定，当其举动造成他人损害时，被监护人完全不对自己的不当行为负责。根据《侵权责任法》第 6、7 条关于过错责任、过错推定责任及无过错责任的规定，被监护人不为自己的不当行为承担侵权责任的理由，显然不是因为其在作出致害举动时事实上不具有任何过错，因为不作这样的解释，根本无法解释如下问题：一个已满 14 周岁的未成年人，会因故意致人损害而负刑事责任[①]，为何却不能为此类犯罪行为或者不能为比此类犯罪行为损害较轻的举动，承担性质较轻的民事责任。能够拿来解释被监护人（未成年人）不为自己的不当行为承担侵权责任的唯一理由，只可能是，在立法者看来，被监护人根本无侵权责任能力。既然连侵权责任能力都不具备，遑论独立承担侵权责任以及具有作为侵权行为构成要素之一的过错了。如此之下，在我们国家，民事行为能力其实包含着民事责任能力的含义。[②] 这种不顾实际情况完全不使被监护人自负责任的立法，很大程度上构成了以解释重构第 32 条之规范空间时的“承重墙”。这种墙既然不能被拆除重置，只能尽可能采取办法消除其不当之处。因此，第 32 条第 1 款第 1 句的缺陷成为解释该条其他规定时必须注意的重要问题。这当然首先体现在对第 1 款第 2 句的具体解释上。

---

① 《刑法》第 17 条第 1、2 款规定：已满 16 周岁的人犯罪，应当负刑事责任。已满 14 周岁不满 16 周岁的人，犯故意杀人、故意伤害致人重伤或者死亡、强奸、抢劫、贩卖毒品、放火、爆炸、投放危险物质罪的，应当负刑事责任。

② 参见佟柔：《佟柔中国民法讲稿》，146 页，北京，北京大学出版社，2008；梁慧星：《民法总论》，3 版，68 页，北京，法律出版社，2007。

第二，区分无民事行为能力人、限制民事行为能力人来解释“尽到监护责任”的思路值得肯定。[①] 具言之，在理解“监护人尽到监护责任的，可以减轻其侵权责任”时，应区分被监护人是无民事行为能力人还是限制民事行为能力人。对未成年人而言，按照年龄越大父母亲责任越轻的普遍做法，当无民事行为能力人致人损害时，在判断监护人是否尽到监护责任时，应在监护人负更高程度的监督保护义务的法律评价下，从严认定监护人是否尽到了监护责任；当限制民事行为能力人致人损害时，考虑到被监护人已具备一定的识别能力[②]，且具有一定的独立行为能力，监护人控制、管教被监护人的难度较大，不应使监护人负有较高的监督保护义务，原则上从宽认定监护人是否尽到了监护责任。

第三，关于为避免监护人负结果责任而设立的“减责规则”，不应忽视《侵权责任法》第 32 条第 1 款第 2 句对《民法通则》第 133 条第 1 款第 2 句的修正，即把“可以适当减轻他的民事责任”修改为“可以减轻其侵权责任”。“适当”一词的删除，对监护人与受害人的利益产生重大影响：减轻了监护人的替代责任，增大了受害人的救济漏洞。这不可避免地会造成这样的结果，即监护人减轻责任的可能性增大了，被害人获得救济的机会随之减少了。如此之下，本来就明显存在的对被害人救济不周的问题，因新规定而显得愈发突出。

总之，在理解《侵权责任法》第 32 条第 1 款的规定时，应注意其在规范模式选择与规范设计上存在的问题，以及学者为此所提出的应对性解释方法，只有这样才能不使第 2 款之解释陷入盲目之中。

（二）第 2 款：救济漏洞的补救办法

不同于以前的两种解释主张，本文认为，第 2 款是医治第 1 款之弊病而设立的一项补救性规定。所谓第 1 款之弊病，如前所言，指在被监

---

① 参见王利明：《侵权责任法研究》，下卷，37、45 页，北京，中国人民大学出版社，2011。

② 《民法通则》第 12 条第 2 款规定，不满 10 周岁的未成年人是无民事行为能力人，由他的法定代理人代理民事活动。根据我国现行义务教育制度，不满 10 岁的未成年人已接受了四年或至少三年的初级教育，具备了明显的行为意识和辨别是非的能力。

护人一概不为自己的不当行为负责的前提下，当监护人以尽到监护责任而获准减轻责任时，受害人的权益就得不到有效保护。法律不能视若无睹此种状况。在承认未成年人不为自己的行为承担责任，而未成年人的监督义务人仅负过错推定责任的民法典中，如德国民法典（第829条）、瑞士债法典（第54条）、意大利民法典（第2047条第2款）、希腊民法典（第918条）、葡萄牙民法典（第918条）、我国台湾地区“民法”（第187条第3款）等，均为应对此种情况而制定了特别规则，即衡平责任或公平责任规则。①

作为一项特别规定，第2款只适用于监护人的减轻责任诉求成立而被害人因此得不到周全赔偿的情形。以此而言，第2款既非以财产为理据确立了被监护人的自己责任，又不是关于被监护人致害责任之损害赔偿方式的特别规定。它是济第1款之穷的一种补充规定，是基于保护受害人权益的公平需要而向被监护人与监护人强加的一种公平责任。

具言之，当因监护人尽到监护责任而得不到完全赔偿时，受害人才可以请求有财产的被监护人承担损害赔偿责任。如被监护人的财产仍然不足以赔偿其所受损失，受害人可以再次要求监护人承担赔偿责任，因监护人此时所负损害赔偿责任，属于一种公平责任，或者可称之为一种结果责任，所以监护人根本无法以尽到监护人责任为由而请求减轻责任。这一解释清楚地阐释了《侵权责任法》第32条为何在继承《民法通则》第133条时，将“不足部分，由监护人适当赔偿”中的“适当”一词给删除掉了。

在第32条所确立的侵权损害赔偿序列中，受害人之救济必须以监护人承担侵权责任为起点，但未必以监护人承担损害赔偿责任为终点，即使救济终结于监护人的损害赔偿责任，监护人前后所负两种损害赔偿责任，其属性、地位与赔偿范围完全不同。前一种损害赔偿责任，是监护人必须无条件地（不问有无过错）为被监护人的致人损害负责的一种特殊侵权责任，它是《侵权责任法》规定的为他人行为负责的侵权责任

① 参见王泽鉴：《侵权行为法》，399-400页，北京，北京大学出版社，2009。

类型之一，其责任范围取决于监护人履行监护责任的程度。后一种损害赔偿责任，属于一种为满足保护受害人权益之公平需要，在《侵权责任法》第6、7条规定的过错责任、过错推定责任、无过错责任等常规化归责机制外，基于衡平观念，只于特殊情形下存在的一种损害赔偿责任，其责任范围取决于被监护人是否已完全满足了受害人的赔偿请求，而与监护人是否已尽到监护责任毫不相干。

此种解释也很好地说明了，为何“财产”这一与侵权责任的构造不相关联的要素，会成为被监护人独立承担责任的基础，因为这种责任仅仅是为满足公平之所需而向被监护人强加的一种结果责任，其性质本身决定了救济结果而非被监护人的主观状况才是最值得考虑的因素。至于被监护人与监护人在承担公平责任上的法律地位，第32条第2款规定中的“不足部分”实际上给予了相当清楚的提示，即必须先由被监护人承担赔偿责任，只有被监护人仍不能满足受害人的救济需要时，监护人才再次承担责任。监护人的这种第二次责任，事实上属于一种一般担保责任。因此，从责任承担的角度上讲，这种责任最终可能无须履行。

由第32条可知，被监护人并非绝对不为自己的不当行为负责，至于其应当在多大程度上为自己的不当行为承担责任，要看监护人履行监护责任的状况。也就是说，在被监护人致人损害的规范模式上，为平衡监护人与被监护人之间的利益冲突，我国法律实际上将被监护人的独立责任与监护人的监护责任联系在了一起。这是一种饶有趣味的立法。如果法政策要求被监护人应承担更大的责任，那么，只要降低判断监护人是否履行了监护责任的标准即可；反之亦然。在监护人必须为被监护人的致人损害承担侵权责任的一般规则局限下，为实现预防与制裁侵权行为的目的，本文前面已提出过，对于限制民事行为能力人的监护人，应降低其监护责任，使其有更多减轻侵权责任的机会。当然，监护人为体恤被监护人，尤其是自己的孩子，完全可以不主张自己“尽到了监护责任”，而选择为被监护人的致人损害承担绝对责任。但是，如果监护人是单位或关系较为疏远的亲属、朋友，监护人与被监护人之间的关系可能完全是另外一种情形，被监护人独立承担侵权责任的概率要大得多。

从实际案例看，第 32 条第 2 条之适用通常以监护人不愿为被监护人造成的损害承担赔偿责任为前提，由于在已尽到监护责任而减轻责任之后，仍存在第二次承担责任的可能性，所以，理性的监护人在决定请求减轻责任时，不可能不对被监护人是否有足以满足受害人赔偿请求的财产有所了解，毕竟被监护人的财产处于监护人的保护之下（《民法通则》第 18 条）。监护人与被监护人之间的这种利益格局，其实为得不到充分救济的受害人提供了良机，受害人应不难从监护人处了解被监护人的财产状况。监护人与受害人之间可能发生的此种“合作”，由于并非为了损害被监护人的利益，而只是使被监护人为自己的行为独立承担责任，因此不属于违背善良风俗之列。当然，为了未成年人的生计或人格发展，最高人民法院可考虑对“财产”的范围作出限缩性解释。

总而言之，《侵权责任法》第 32 条的两款规定构成一个不能分割的体系。此种体系既非表现为，以有无财产为标准对被监护人的致人损害作出了两种并行的规定，又非表现为第 2 款是旨在解决第 1 款之责任承担方式的例外规则；而是表现在，第 2 款是为了弥补第 1 款在保护受害人权益上的缺漏，基于衡平思想，而向被监护人与监护人强加的一种结果责任。这种责任的主旨是，要求有财产的被监护人须承担独立责任。如果受害人凭此还不能获得完全赔偿，对于剩余部分，监护人须无条件地予以赔偿。毋庸讳言，像先前的其他一些解释那样，由于立法过于简略、僵化，此种全新的解释意见，也难免会存在如下两点不足：一是不能更大程度地伸张被监护人须为自己行为承担自己责任的问题；二是当被监护人无财产时，应如何补救受害人的救济漏洞。对于第二个问题，可能的补救方法是：求助于《侵权责任法》第 24 条的规定。

四、结语

《侵权责任法》第 32 条关于被监护人致人损害侵权责任的规定，虽然为承袭《民法通则》第 133 条的结果，但近两年来依然受到一些学者的关注。分析新旧解释可以看出，虽然解释方法日益规范、合理，但解释架构与观念仍未真正显现新旧之别。协调权益保护与行为自由之关系为《侵权责任法》第 1 条明定的规范意旨。从案件实际与国外相关立法例可知，规范被监护人（未成年人）致人损害问题的关键，是如何在被监护人与监护人之间分配责任，并以此使受害人获得充分救济。然而，分析第 32 条第 1 款可明显看出，当监护人以尽到监护责任为由请求减轻责任时，受害人权益很可能得不到周全保护。正是为了弥补此种救济漏洞，第 32 条才设置了第 2 款规定。基于此，第 2 款绝非第 1 款的并行规定，而是第 1 款必然的逻辑延伸。这意味着，之所以令有财产的被监护人“支付赔偿费用”，目的是基于满足公平救济受害人的需要，而向被监护人强加的一种独立责任。当被监护人的财产仍不足以赔偿受害人的损失时，监护人必须对不足部分承担赔偿责任。由于监护人的后一种赔偿责任在性质上属于一种公平责任，所以，其不能以尽到监护责任而请求减轻责任。总之，第 32 条两款规定之间具有紧密的逻辑关联，它们之间不是一般与例外的关系，而是一种一般规定与补充规定的关系。以此而言，第 32 条第 2 款既非关于有财产的被监护人自己责任的规定，又非关于监护人责任之承担方式的特别规定，而是为弥补第 1 款在保护受害人权益上的缺漏，根据衡平思想而作出的补充规定。

（本文首次发表于《苏州大学学报》（哲学社会科学版）2011 第 6 期。）

未成年人致人损害的赔偿责任

《侵权责任法》第32条关于非完全民事行为能力人致人损害的赔偿责任规定近年来引发了不少学者的研究兴趣。由于研究视角、理路和价值取向多有不同，无论是解释论还是立法论研究，皆意见纷呈。法院在理解适用法律上至今也看法不一。之所以会形造此种法律理解适用局面，主要原因在于这一规定在法理和法技术上存在诸多不合理之处。客观而言，无论采取何种解释思路与方法，都难以对这一规定作出周全、合理的解释。① 既然如此，借由为编纂民法典而将《侵权责任法》修改转变为民法典侵权责任编的立法契机，系统反思《侵权责任法》第32条，并由此提出立法完善建议，就显得十分必要。

一、《侵权责任法》第32条规定的法理和法技术反思

纵览现有相关研究，《侵权责任法》第32条在法理与技术上主要存在如下值得检讨之处。

（一）对无民事行为能力人与限制民事行为能力人予以等同对待

在三级制民事行为能力制度下，无民事行为能力与限制民事行为能力在立法思想和规范方法上迥然有别。无民事行为能力意味着，自然人（主要是未成年人）无意思能力，不能独立实施民事法律行为，应由其法定代理人代理实施民事法律行为；如若自己实施民事法律行为，该民

① 关于极力以解释论方法对《侵权责任法》第32条作出合理解释的重要论文，参见金可可、胡坚明：《不完全行为能力人侵权责任构成之检讨》，载《法学研究》，2012（5）。

事法律行为自始确定无效，法律在此采取了意思能力欠缺者受绝对保护的立法思想。

限制民事行为能力是能够独立地在特定范围内实施法律行为的能力。限制民事行为能力人在法律许可的范围内，享有自主决策的意思能力，实施的法律行为确定有效。对于法律不允许独立实施的法律行为，尽管未成年人保护像无民事行为能力制度那样享有对交易相对人信赖保护的优先性，但为增强未成年人保护的灵活性并适当兼顾相对人的信赖保护，法律没有采取民事法律行为自始确定无效而是采用生效与否有待法定代理人或相对人事后视情况确定（效力待定）的立法技术。

民事法律行为是践行意思自治的工具。能够独立实施民事法律行为的规定，在法律思想上实则是承认行为人拥有自我决定的意思能力。意思能力是人之为人的一种禀赋，具有内在的统一性和相对的稳定性。同一个人的意思能力不会因实施法律上行为的不同而相应地增强或减弱，而只可能因遭遇事项的复杂或简单而显得能力不及或优裕。因此，如果认为限制民事行为人在民事法律行为领域内具有一定的意思能力，那么，当其作出像侵害他人权益之类的有意识举动（行为）时，认为其根本不具备辨识能力，甚至认为其本有的意思能力顿然消失，就既不符合常理常情，又违背法理与法律逻辑。对任何一个自然人来说，实施民事法律行为与作出侵害他人权益的有意识举动，无不属于其民事活动的一部分。无论一个人置身于民事活动的哪一个领域，作为其行为基础的意思能力，本质上是统一的、一致的。如果认可限制民事行为能力人具有一定限度的民事行为能力，就应当合乎法理或逻辑地承认，其对某些侵权行为同样具有自我负责的行为能力。如果在法律行为领域内严格区分无民事行为能力与限制民事行为能力，那么在侵权领域内把无民事行为能力人与限制民事行为能力人的侵权责任能力完全等同对待就明显不合理。

（二）与有关未成年人保护的其他规定在规范体系上明显失衡

未成年人保护涉及私法与公法，民法上的行为能力、侵权责任能力及刑法上的刑事责任能力等制度，皆以未成年人保护为立足点。《侵权责任法》第 32 条与有关民事行为能力、刑事责任能力的规定在未成年人保护规范体系上明显存在内在体系失衡。

如前所言，限制民事行为能力人并非没有任何意思能力，未成年的限制民事行为能力人具有随年龄增大而渐进发展的意思能力，可以独立实施与其年龄、智力相适应的民事法律行为。然而，根据《侵权责任法》第 32 条及第 9 条，作为被监护人的限制民事行为能力人，不对自己致人损害的行为独立承担赔偿责任，仅在具有财产的例外情形下向受害人“支付赔偿费用”。但凡认为《侵权责任法》第 32 条第 2 款应限制在监护人与被监护人的关系之内予以解读的看法，无不完全否认限制民事行为能力人的侵权责任能力。①

侵权责任能力，又称过错能力或识别能力，是指认识行为的不法或危险，并认知应就其行为负责的能力。② 它与行为能力一样以意思能力或理性能力为根基。③ 无侵权责任能力意味着没有辨别行为之责任后果的理性能力，不对自己损害他人的举止承担侵权责任。《侵权责任》第 33 条的规定即充分体现了以辨识能力之有无决定应否承担责任的侵权责任能力立法思想。限制行为能力人无侵权责任能力的规定与限制民事行为能力人可以独立实施与其年龄、智力状况相适应的民事法律行为的规定之间，在法构造的价值基础上明显难以保持一致。

限制民事行为能力人无侵权责任能力的规定也与刑法关于刑事责任能力的规定在立法思想上存在偏差。《刑法》（2017 年修正）第 17 条规定，年满 14 周岁的未成年人即应对自己严重危害他人或社会的行为独

① 参见陈帮锋：《论监护人责任》，载《中外法学》，2011（1）；刘保玉：《监护人责任若干争议问题探讨》，载《法学论坛》，2012（3）；王竹：《论〈民法典·侵权责任编〉的监护人责任设计——以“体系位移效应说”为切入点》，载《四川大学学报》（哲学社会科学版），2018（5）；曹险峰、徐恋：《监护人责任的解释论与立法论反思》，载《烟台大学学报》（哲学社会科学版），2019（3）。

② 参见王泽鉴：《侵权行为》，382 页，北京，北京大学出版社，2009。

③ 参见［日］田山辉明：《日本侵权行为法》，顾祝轩、丁相顺译，26 页，北京，北京大学出版社，2011。

立承担刑事责任。诸如故意杀人、故意伤害致人重伤或者死亡、强奸、抢劫之类的犯罪行为，其实同样构成《侵权责任法》上故意损害他人人身或财产权益的侵权行为。在现代法律体系下，刑法与侵权责任法依公、私法理念之不同，在不当行为规制上采取不同机制。侵权责任法旨在制止不当行为并补偿其所造成的损失，矫正被扭曲的私人关系。只要存在应当规制的不当行为（符合侵权法定构成的行为），无论该行为的社会危害性如何，行为人皆须承担侵权责任。作为公法的刑法以规制具有社会危害性的犯罪行为为内容，行为是否具有社会危害性并能否构成犯罪，严格遵循罪刑法定原则。在个人本位观念下，一种侵害他人权益的行为，只有超越私法保护的私人利益边界而危害到社会公共秩序或公共利益时，才可能构成犯罪。因此，一个侵害他人权益的行为，因为损害较小，仅可能构成民法上的侵权，而不会构成刑法上的犯罪；反之，如果一种行为构成刑法上的犯罪，只要存在具体的受害人，那么其难免同时构成民法上的侵权。从不法行为之构成上讲，犯罪行为要求行为人在主观上具备较高的认知能力——以故意为原则、以过失为例外。而现代侵权法则越来越呈现出由主观过错标准向客观过失标准及客观责任标准过渡的发展趋势。[①] 因此，如果认定行为人应为其行为承担刑事责任，对于同一行为产生的民事赔偿问题，会被认为其具有辨识能力[②]；不具有刑事责任能力者，对于其行为产生的损害后果，可能会被认为其具有侵权责任能力。[③] 我国《刑法》第 36、37 条对刑事责任与民事责任的此种关联关系作了明确规定。据此分析，《侵权责任法》第 32 条的规定与《刑法》第 17 条关于刑事责任能力的规定在法律评价上明显存

---

① 参见［德］马克西米利安·福克斯：《侵权行为法》，齐晓琨译，5 版，6 页，北京，法律出版社，2006。

② 日本判决认为，对承担刑事责任具备必要识别认识能力的人，对于同一行为产生的民事责任，同样被认为具有辨别认识能力。参见［日］田山辉明：《日本侵权行为法》，顾祝轩、丁相顺译，26 页，北京，北京大学出版社，2011。

③ 在法国的一起刑事案件中，一个 17 岁的凶手因为在实施行为时存在精神障碍而被免除刑事责任。但受害人的母亲向凶手提出了损害赔偿请求，法国最高法院支持了该诉讼请求。See Cees Van Dam，*European Tort Law*，Second Edition，Oxford University Press，2013，p. 272.

在冲突。[①]

（三）在法律理解适用上存在诸多悖论

根据《侵权责任法》第32条第2款，无民事行为能力人或者限制民事行为能力人造成他人损害的，如其有财产，应从本人财产中支付赔偿费用；本人财产不足以赔偿受害人的，由监护人赔偿。依此规定，未成年人有无财产成为其应否为自己的致害行为“支付赔偿费用”的决定因素。这种仅以有无财产及财产多寡决定未成年人应否承担赔偿责任及责任轻重的规定，完全无视未成年人在实施致害行为时有无辨别能力，与作为现代侵权法基本归责原则的过错责任大异其趣。如据此推论监护人的监护责任，监护人应否承担补充责任及承担何种程度的补充责任，与其是否尽到监护责任也没有丝毫关系，监护人的责任完全取决于被监护人的财产填补受害人损失的程度。[②] 监护人的监护责任会因被监护人有无财产而畸轻畸重。被监护人无财产时，监护人应依据第1款承担只能减轻不能免除的严格赔偿责任[③]；被监护人有财产的，监护人依据第2款只承担补充赔偿责任，此时其是否尽到了监护职责，完全无关紧要。这种轻重失序的监护人责任制度，被认为存在如下弊端：其一，使监护人为被监护人的致害行为承担过重的侵权责任，可能会减少监护人用于教育、保护未成年人的财产。[④] 其二，在过于严格的监护人责任制约下，为了减少自己承担监护人责任的风险或负担，监护人在教育、保护未成年人时，可能会对其活动范围或行为自由予以严格限制，从而减

---

① 李永军教授认为，侵权责任是从刑事责任中分离出来的，其关于故意和过失的概念都几乎相同，因此，关于责任能力的年龄认定也应保持一致。参见李永军：《民法总则》，182页，北京，中国法制出版社，2018。

② 参见薛军：《走出监护人“补充责任”的误区——论〈侵权责任法〉第32条第2款的理解与适用》，载《华东政法大学学报》，2010（3）。

③ 一般认为，监护人承担了一种无过错责任。参见张新宝：《侵权责任法》，4版，134页，北京，中国人民大学出版社，2016；程啸：《侵权责任法教程》，3版，160页，北京，中国人民大学出版社，2017。

④ 参见程啸：《侵权责任法》，282页，北京，法律出版社，2011。

少未成年人参与社会交往的机会。[①] 其三，有财产的未成年人应当以自己的财产向受害人支付赔偿费用的规定，有可能造成监护人在教育、保护未成年人上的懈怠。[②]

然而，颇为吊诡的是，法官在审判实践中并不关心未成年人是否拥有财产，未成年人的财产状况并未被他们当作责任构成及责任承担的要件，他们在绝大多数案件中将未成年人与监护人列为共同被告。[③] 最高人民法院《关于适用〈中华人民共和国民事诉讼法〉的解释》（法释〔2015〕5号）第67条也把无民事行为能力人、限制民事行为能力人和其监护人规定为共同被告。此种司法实践实质上承认未成年人应为其致害行为承担侵权责任。

（四）严重忽视对未成年人责任意识和责任能力的培养

从作为被监护人的未成年人的角度看，《侵权责任法》第32条几乎完全把未成年人当作不具有任何意思能力的被动的受保护者。侵权责任法以过错责任为一般损害赔偿责任的归责原则。这一方面是因为每一个被法律赋予自主决定可能的自然人，应对其行为后果负个人责任，这符合自由之要义；另一方面是为了使法律在规范人的自由行为上发挥积极的教育、引导、预防等功能。对未成年人来说，令其为自己的致害行为承担赔偿责任，有助于促进其独立人格意识的觉醒，并由此培养其自负责任地参与社会交往的行为能力。不分情况地对其予以过分保护，不使其对自己有意致人损害的行为承担赔偿责任，既不利于未成年人树立良好的行为观念和责任意识，也不利于经由社会交往的积极与消极磨炼而使未成年人的社交能力、独立人格得到健全发展。

---

① 参见张民安：《父母对其未成年子女的侵权行为承担侵权责任的性质》，载张民安主编：《监护人和被监护人的侵权责任》，202页，广州，中山大学出版社，2010。

② 参见杨代雄：《适用范围视角下民事责任能力之反思》，载《法商研究》，2011（6）。

③ 参见李晓倩：《未成年人致人损害的规范逻辑与立法选择》，载《环球法律评论》，2018（4）。

二、未成年人致人损害的侵权责任能力规范方法

未成年人是成长中的市民，其意思能力处于渐进发展中，无法像成年人那样理性、安全地待人接物。即使父母或其他监护人能够给予未成年人适当的教育、照顾、引导或保护，未成年人也难免在必要的社会交往中因一时冲动、意志力薄弱、判断力匮乏等，作出致人损害的举动或行为。如何规范未成年人致人损害的举动或行为，是一个具有一般性的法律问题。大致看来，在规范未成年人致人损害的民事责任承担上，主要存在以下三种规范模式。

（一）不对加害人作成年人与未成年人区分的概括立法模式

这种立法模式的主要特色是，在规范致人损害的行为时，不将未成年人的责任能力作为一个特殊法律问题，统一对待未成年人与成年人的致人损害问题。《法国民法典》的规定是此种立法模式的典型代表，我国台湾地区“民法”的规定在这方面也颇具特色。

1. 法国民法模式

《法国民法典》第 1382、1383 条对侵权损害赔偿作了概括、简洁的规定。这两条规定不仅适用于所有侵权责任领域，而且适用于所有年龄阶段的人。对于作为责任构成要件之一的过错，法国民法初始也区分过错的主观要素与客观要素，即认为第 1382 条规定的过错要件包含主观与客观要素。所谓过错的主观要素，指在判断是否具有过错时采用主观标准，即加害人是否具有辨别责任的自主意思或能力。主观要素与行为的可责备性相关，主要在涉及未成年人和精神障碍者的侵权责任问题时发挥作用。在 1968 年之前，未成年人只有达到辨别责任的年龄才须承担侵权责任。这一责任年龄须依个案予以具体认定，在法律适用上具有一定的不确定性。1968 年，《法国民法典》赢得一次变革机会，根据该年 1 月 3 日第 68—5 号法律，《法国民法典》增补第 489—2 条，对精神障碍者的损害赔偿责任作了如下规定：“处于精神紊乱状态之下的人给他人造成损失的，仍应负赔偿责任。”据此规定，精神障碍或错乱不再

属于免除责任的抗辩事由。过错的主观判断标准据此在处理精神障碍者侵权损害赔偿上的作用被终结。

第489－2条确立了新的立法观念——主观性缺陷不应成为构成责任的障碍。该观念其后逐渐浸透、侵蚀未成年人致人损害案件采用的主观判断标准。在一起刑事案件中，一名17岁的凶手因为在实施行为时存在精神障碍而被免除刑事责任。但受害人的母亲向凶手提出损害赔偿请求。法国最高法院支持了该诉讼请求，判决认为，民法典第489－2条适用于成年人和在智力不健全时伤害他人的未成年人。

在民法典第489－2条的影响下，法院开始尝试拆除未成年人致人损害可根据主观标准不承担赔偿责任的传统障碍。在1984年，法国最高法院全体会议在此方面作出了5个具有新发展意义的判决。其中一个判决表明，幼儿的行为如按客观标准可认定为不当行为，那么就可以证成其在遭受损害上构成与有过失（混合过错），损害赔偿额会因此减少。① 紧接着这一判决，法国最高法院开始对未成年人致人损害的赔偿责任采取客观标准判断过错。在一个7岁儿童在学校操场上故意冲撞另一个儿童，并使后者碰撞到长凳而受到严重伤害的案件中，7岁儿童被认定应承担赔偿责任：其行为被定性为一种过错（faute），不管其是否达到辨别责任的年龄。法院在此参考的标准，不是同龄儿童而是成年人的注意标准，是善良家父（le bon père de famille）的标准。案例法的这种发展看起来对未成年人过于严厉，因为必须满足成年人的注意标准。但就现实而言，由此导致的严厉结果是有限的，因为除了未成年人之外，父母也应对未成年人的致害行为承担严格责任。②

总之，至少自1968年以来，法国侵权法已经摈弃可责备性是过错

① 该案涉及一个5岁儿童，他在无人看管的情况下，跑进道路，被车辆撞击，并受到致命伤害。法国最高法院认为，因为儿童的行为客观上构成与有过失（contributory negligence），父母请求的损害赔偿需要减少50%。法官认为，儿童是否能够理解其行为的后果，无关紧要。但是，很多学者认为，该判决是不可取的，并争论说，客观过错规则不应适用于儿童的与有过失。See Cees Van Dam，*European Tort Law*，Second Edition，Oxford University Press，2013，pp. 272 - 273.

② Ibid，pp. 271 - 273.

必要要素的观点，并认为过错不再具有道德内容。过错的客观标准适用于每一个人，法律和判决没有为未成年人或精神障碍者确立一个独立的标准。未成年人实施致害行为时是否具有过错，应根据客观的成年人标准进行判断，至于未成年人是否理解他们是有过错的，则无关紧要。①

2. 我国台湾地区"民法"模式

我国台湾地区"民法"第187条第1款②关于侵权责任能力的规定，在比较法上相当独特。它未对加害人作未成年人与成年人的区分，而是采用行为能力制度中的法律概念，把加害人抽象地称作无行为能力人或限制行为能力人。不同于行为能力制度的是，我国台湾地区"民法"将有无识别能力统一规定为无行为能力人与限制行为能力人应否承担侵权责任的标准。即是说，不管是未成年人还是成年人，其行为时无识别能力的，无侵权责任能力，不负损害赔偿责任。至于是否具有识别能力，则由行为人（加害人）负举证责任。③ 致害人无论年龄大小，均被法律推定为应为其致害行为负责。迥异于法国民法的是，行为人可以通过证明其在行为时无识别能力而排除侵权责任。

（二）对加害人作成年人与未成年人区分的特别立法模式

所谓成年人与未成年人的区分，主要是指把未成年人与具有精神障碍的成年人予以明确区分。根据民事行为能力制度，未成年人与具有精神障碍的成年人可以一起划入无民事行为能力人或限制民事行为能力人的类别中。侵权法对未成年人与具有精神障碍的成年人的明确区分，表明民事行为能力与侵权责任能力是两项具有不同旨趣的法律制度。在这种立法模式下，侵权责任能力成为一个独立的法律概念。这种特别立法模式可在《德国民法典》与《日本民法典》之间进一步作出细分。

---

① See Cees Van Dam, *European Tort Law*, Second Edition, Oxford University Press, 2013, p. 58；［奥］伯恩哈德·A. 科赫、赫尔默特·考茨欧：《侵权法的统一：严格责任》，管洪彦译，178-179页，北京，法律出版社，2012。

② 该款规定："无行为能力人或限制行为能力人，不法侵害他人之权利者，以行为时有识别能力为限，与其法定代理人连带负损害赔偿责任。行为时无识别能力者，由其法定代理人负损害赔偿责任。"

③ 参见王泽鉴：《侵权行为》，382页，北京，北京大学出版社，2009。

1. 德国民法模式

《德国民法典》第 827 条与第 828 条对精神障碍者的过错能力与未成年人的过错能力进行了区分规定。根据该法第 827 条，具有精神障碍或无意识状态的人，如果不具有理解其行为之不法性的责任辨识能力，则不具有故意或过失行为的能力。是否具有责任辨识能力，由精神障碍者负担证明责任。一个人使用酒精或类似手段使自己处于暂时无精神能力状态，向他人实施不法行为并造成损害，也适用第 827 条的规定。

第 828 条专门规定了未成年人的过错能力，它由三款构成。第 1 款规定，不满 7 岁的未成年人造成他人损害的，不承担任何责任，其行为也不构成《德国民法典》第 254 条规定的与有过失。理由在于，未成年人被视为不能故意或过失地行为。根据第 2 款，已满 7 岁但未满 10 岁的人，就其在动力车辆、轨道电车或空中缆车事故中对他人造成的损害，不负赔偿责任，但故意造成损害的除外。该规定旨在阻止使未成年人负担毁坏其人生的责任，特别适用于未为未成年人的责任投责任保险的案件。该规定是在联邦宪法法院裁定未成年人无限制地承担责任违背人类尊严并因此违宪之后，根据 2002 年 8 月 1 日施行的德国第二次《损害赔偿法修正法》，新增到《德国民法典》第 828 条之中的。德国联邦法院认为，第 828 条第 2 款应限于如下情况：未成年人遭遇到根据其年龄不能处理的交通状况，如果未成年人只是过失地损害已停泊的车辆，则不适用该款规定。第 3 款规定，7 岁以上的未成年人如果能够证明，其缺乏过错能力，则不对其行为造成的损害承担责任。这主要适用于这样的情况，即考虑到其精神发展状况，未成年人不能理解其行为的不法性，且不能对其行为后果负责。在此采取的判断标准是主观的：未成年人个人的发展状况是决定性考虑因素。德国学者认为，根据立法目的，并由第 828 条第 3 款的措辞可以看出，年满 7 岁的未成年人原则上可以推定其具有过错能力。如否认其具有过错能力，未成年人应负担举证责任。[①] 如果未成年人不能推翻其具有过错能力的法律推定，则应以与其处于同一年龄段且正常发展的未成年人的注意标准，判断其行为是否存在故意或过失。

《欧洲示范民法典草案》(DCFR) 第 6—3：103 条[②]关于未满 18 周岁人的侵权责任能力的规定采纳了《德国民法典》第 828 条的规范方法。不过，不同于德国民法的是，该法第 6—3：104 条第 1 款规定，未满 14 岁的人的行为，如由成年人所为将构成故意或者过失的，该未成年人的父母或其他法定监护人应当就该未成年人行为造成的具有法律相关性的损害承担责任。《葡萄牙民法典》第 488 条也作了类似于《德国民法典》第 828 条的规定。

2. 日本民法模式

《日本民法典》同样对未成年人与具有精神障碍的成年人的责任能力进行了分条规定（第 712、713 条）。在规定未成年人的责任能力时，《日本民法典》第 712 条概括地规定，未成年人对他人施加损害的情形，不具备足以辨识自己行为责任的智力时，对其行为不负赔偿责任。[③] 据此规定，未成年人是否具有侵权责任能力主要以单一的、抽象的辨识责任智力判断。这与《日本民法典》对未成年人的行为能力不以年龄为标准进行区分的立法模式一脉相承。但由第 712 条的措辞可以明显看出，未成年人被法律推定为具有侵权责任能力，未成年人要想不对其致害行为负担赔偿责任，必须证明其在行为时“不具备足以辨识自己行为责任的智力”[④]。

① 参见［德］马克西米利安·福克斯：《侵权行为法》，齐晓琨译，5 版，88-89 页，北京，法律出版社，2006。

② 该条前两款规定：(1) 未满 18 周岁的人仅在没有达到一个理性的谨慎的同龄人在具体情形下的注意义务标准时，才根据第 6—3：102 条（过失）第（b）项的规定，就其造成的具有法律相关性的损害承担责任。(2) 未满 7 周岁的人，无论是故意还是过失造成损害，均不承担责任。

③ 参见《日本民法典》，刘士国等译，174 页，北京，中国法制出版社，2018。

④ 于敏：《日本侵权行为法》，145 页，北京，法律出版社，2015。

（三）对加害人作低幼未成年人与其他自然人区分的特别立法模式

这种立法模式的重要特色是，以年龄为标准将未成年人区分为两类：低于特定年龄的未成年人绝对无侵权责任能力；高于特定年龄的未成年人与成年人一样具有侵权责任能力。1964 年《苏俄民法典》第 450、451 条就是如此规定的[①]，新《荷兰民法典》属于最新典型立法例。根据新《荷兰民法典》第 6：164 条和第 6：165 条的规定：不满 14 岁的未成年人的举止不能作为不法行为归责于他。14 岁或 14 岁以上的人在精神或身体残障影响下作出的举止必须被视为一种行为，不妨碍作为一种不法行为归责于他。新《荷兰民法典》第 1：233 条规定[②]，自然人原则上年满 18 岁为成年。

总之，对于未成年人致人损害的举动或行为，无论哪一种立法模式都承认，未成年人应为其行为对他人造成的损害承担赔偿责任。各个立法模式之间的差异，仅在于未成年人在多大程度上或多大范围内应对自己的致害行为承担赔偿责任。在比较法映照下，《侵权责任法》第 32 条所采不论未成年人年龄大小、有无辨识能力原则上不对自己的致害行为承担赔偿责任的立法方法，显得异常另类。

三、未成年人致人损害的其他赔偿责任机制

从规范功能上讲，未成年人有无侵权责任能力仅仅解决了未成年人应否对其致害行为承担赔偿责任的问题，并不能由此解决未成年人致人损害引起的所有赔偿问题。因此，需要一并思考的是：如果认为未成年人具有侵权责任能力，这种侵权责任能力是适用于所有未成年人，还是

① 这两条规定：未满 15 岁的未成年人所造成的损害，未成年人的父母或监护人，或未成年人所在学校、教育或医疗机构，不能证明损害不是由于他（它）们的过错所致，则应当承担责任（第 450 条）。15 岁至 18 岁的未成年人对他们所造成的损害，依照一般规定，承担责任。根据 1964 年《苏俄民法典》第 11 条，年满 18 岁为成年。

② 新《荷兰民法典》第 1：233 条（未成年人）规定："未成年人是指不满 18 岁且没有结婚或没有在注册伴侣关系中被登记为伙伴的人，亦指尚未结婚或在注册伴侣关系中未被登记为伙伴且没有根据第 1：253ha 条被宣告为成年的人。"

仅适用于部分未成年人。如果适用于所有未成年人，未成年人应给予特别保护的法政策应如何贯彻？如果仅适用于部分未成年人，应如何保护无法由未成年人得到赔偿的受害人？调整这些法律问题的法律规定与关于未成年人是否具有侵权责任能力的规定，以未成年人致人损害问题的法律调整为中心，构成一个富有逻辑关系的规范体系。体系地看，在对未成年人是否具有侵权责任能力作出回答之后，一些典型立法例对于未成年人致人损害的责任后果还相应地作出以下规定。

（一）父母或监护人和未成年人负连带赔偿责任

在法国民法模式下，未成年人应像成年人一样就其客观不当行为向受害人承担损害赔偿责任。为不使未成年人承受过重的赔偿责任，同时也防备发生因未成年人缺乏必要的责任财产而造成受害人无法得到救济的后果，法国根据其 1970 年 6 月 4 日第 70－459 号法律，在《法国民法典》第 1384 条增补一款（第 4 款）规定：父与母，只要其行使对子女的照管权，即应对与其一起居住的未成年子女造成的损害承担连带责任。该条规定不适用于祖父母或外祖父母、其他家庭成员及监护人。这些人对于未成年人的致害行为所承担的赔偿责任依据《法国民法典》第 1384 条第 1 款确定。

与未成年子女一起居住的父母承担的连带赔偿责任，是一种比较严格的责任，父母仅可以受害人与有过失和存在不可抗力作为抗辩事由。在《法国民法典》颁行后的很长一段时间里，法国对父母的照管责任采取可以反驳的过失推定责任，父母可以通过证明他们已经充分地教育和监督其未成年子女而免除赔偿责任。1997 年，法国最高法院废止了该种抗辩。[①] 法国最高法院对法国侵权法所作创新性发展，也激励了责任保险的发展。实际上，只有父母对其监护责任进行保险时，令其承担严格责任才是合理的。由法律实践看，因为事实上百分之百的法国家庭投了责任保险，父母对未成年子女的不当行为承担严格赔偿责任在现实中

① See Cees Van Dam, *European Tort Law*, Second Edition, Oxford University Press, 2013, p. 71.

是非常有限的。[①]

我国台湾地区“民法”第 187 条第 1 款对有识别能力的未成年人与其法定代理人负连带赔偿责任也有明确规定。但不同于法国民法的是，我国台湾地区“民法”第 187 条第 2 款明确规定，法定代理人如其监督并未疏懈，或纵加以相当之监督，而仍不免发生损害者，不负赔偿责任。该规定其实只是向法定代理人施加了一种过失推定责任。法定代理人就其监督过失，应与为侵权行为的无行为能力人或限制行为能力人负连带赔偿责任；行为人无识别能力时，法定代理人应单独负责。[②]

（二）监督义务人负担严格责任或过错推定责任

关于监督人义务存在两种规范方法，即法国民法的严格责任与德国民法的过错推定责任。

在法国，如果未成年人未与其父母一起居住且不处于父母照管权之下，根据《法国民法典》有关亲权和未成年人监护的规定，行使亲权的父或母及行使监护权的其他机关或个人，负有教育、保护未成年人的职责。在此种监管权之下未成年人致人损害的，除未成年人本身应按照《民法民法典》第 1382 条的规定对其客观不当行为向受害人承担赔偿责任外，《法国民法典》第 1384 条第 1 款也向对未成年人负有监管义务的机关或个人强加了严格赔偿责任。[③] 从法律适用上看，当未成年人无责任财产向受害人履行赔偿责任时，对未成年人负有监管义务者应向受害人承担赔偿责任。起初，被监管人的过错是否为监管人承担责任的必要条件，不甚清楚。其后，案例法就此形成较为一致的意见：如果被监管人是未成年人，则无须考虑其过错。

《荷兰民法典》第 6：169 条第 1 款向对不满 14 岁的未成年人行使亲权或监护权的人规定的监管责任，同样是一种不问监管人是否存在监

---

① See Cees Van Dam，*European Tort Law*，Second Edition，Oxford University Press，2013，p. 495.

② 参见王泽鉴：《侵权行为》，391 页，北京，北京大学出版社，2009。

③ 该款规定，任何人不仅对因自己的行为造成的损害负赔偿责任，而且对应由其负责之人的行为造成的损害负赔偿责任。

管过错的严格责任。

德国民法对于监督义务人的责任，在归责原则上采用过错推定原则。根据《德国民法典》第832条的规定，对因未成年而须监督之人，依法或契约负有监督义务者，就该人不法加于第三人的损害，负赔偿义务。监督义务人已尽监督之能事，或者纵加以相当之监督仍将发生损害者，不生赔偿义务。据此，监督义务人所负赔偿责任不是严格责任，而是过错推定责任，即监督义务人是为自己的过错（未履行监管义务）负责。在判断监督义务人不承担责任的抗辩是否成立时，关键在于监督义务人对未成年人进行教育、照顾时应该尽到多大程度的注意。一般而言，监督程度依赖于监督义务人的抚养、教育对未成年人产生的影响；监督程度也取决于未成年人的年龄、天性、品质以及在具体情况下未成年人的年龄、性格、品格等向监督义务所提出的特别要求。根据《德国民法典》第1626条第2款的规定[①]，父母必须考虑未成年人为独立且负责任地行为而不断增长的能力和需要。未成年人年龄越大，其应独立承担的责任越多，监督必然相应地减少，除非未成年人存在比较特殊的个体情况。未成年人年龄越小，监督义务人证明其实施教育、照顾行为时采取了适当注意就越难。

《荷兰民法典》第6：169条第2款就已满14岁未满16岁的未成年人过错致人损害而向其监管人（亲权人或监护权人）施加的侵权责任，也属于一种过错推定责任。

《日本民法典》第714条同样向对未成年人的监督义务人强加了一种过错推定责任。不同于《德国民法典》与我国台湾地区“民法”的是，《日本民法典》第714条规定的监督义务人的过错推定责任，是以“无责任能力人不负责任的情形”为适用前提的。这一限制条件造成如下不利于受害人的结果：一是当无责任能力人不对自己的致害行为负责，而其监督义务人又可依据第714条的规定免责时，受害人无法得到

① 该款规定：父母照护教养子女时，应考虑子女不断增长的能力和子女对独立地、有责任感地实施行为之不断增长的需要。以这样做依子女的发展阶段系适宜为限，父母与子女商讨父母照顾的问题，并力求取得一致意见。

救济；二是监督义务人的过错推定责任只能发挥无责任能力人不承担责任时的责任人空缺的补充作用（补充责任说），或者只能代替无责任能力人向受害人承担赔偿责任（代为责任说），无法与有责任能力人共同向受害人承担责任。三是受害人不得不承担从行为人与监督义务人中判断选择以何者为对象进行诉讼的负担。因此，第714条在立法论上遭到学者们的强烈批判。[①] 为平衡对受害人的保护，日本民法在解释论方面发展出监护人根据《日本民法典》第709条关于侵权行为的一般规定还应承担一种固有责任的观点。该观点此后成为通说。据此，当监护人违反应负的监护义务和未成年人的侵权行为之间存在因果关系时，监护人应根据民法典第709条对受害人负有损害赔偿责任；这种责任与被监护人有无责任能力无关。[②] 未成年人有责任能力时，可以认为监护义务人和作为加害者的未成年人之间成立不真正连带关系。[③]

（三）无识别能力的未成年人与其法定代理人的衡平责任

当无识别能力的未成年人不对其致害行为向受害人负赔偿责任，而监督义务人又可以尽到监护职责而免责时，如何救济受害人？对此，《德国民法典》第829条及我国台湾地区“民法”第187条第3款特别规定了一种衡平责任，即当未成年人不负赔偿责任且监督义务人能够举证免责时，受害人仍然可以依据法律的特别规定，要求有财产的未成年人承担赔偿责任。

根据《德国民法典》第829条，以不能从负有监督义务的第三人处获得损害赔偿为限，根据第828条而不对其所造成的损害承担责任的未成年人，根据当事人的状况，赔偿损害为公平原则所要求，且不剥夺其维持适当生计所需金钱的限度内，仍须赔偿损害。该规定确立的损害赔

---

① 参见于敏：《日本侵权行为法》，3版，149页，北京，法律出版社，2015。

② 参见［日］吉村良一：《日本侵权行为法》，张挺译，142页，北京，中国人民大学出版社，2013；［日］田山辉明：《日本侵权行为法》，顾祝轩、丁相顺译，139-143页，北京，北京大学出版社，2011；［日］圆谷峻：《判例形成的日本新侵权行为法》，赵莉译，105页，北京，法律出版社，2008。

③ 参见［日］圆谷峻：《判例形成的日本新侵权行为法》，赵莉译，279页，北京，法律出版社，2008。

偿义务建立在衡平思想之上。未成年人应否依据第 829 条支付赔偿金取决于案件的具体情况，如损害的性质和范围，受害人的与有过失，致害人的精神发展状况，尤其是其父母的经济状况。

根据德国联邦最高法院的判决，强制责任险可以作为衡平责任的基础，而自愿责任保险不能作为衡平责任的基础，仅可以影响损害赔偿金的数额。但大多数学说不赞成此种区分，认为自愿保险也旨在保护受害人的利益。[①]

我国台湾地区“民法”第 187 条第 3 款也作了类似于《德国民法典》第 829 条的规定。1999 年，我国台湾地区“民法”债编修正时，将其第 187 条第 3 款规定的衡平责任的承担者由“行为人”修改为“行为人或其法定代理人”[②]。王泽鉴教授指出：此项法定代理人负衡平责任的规定，在比较法上似无其例，乃台湾地区“民法”特有的制度。[③]另外，《葡萄牙民法典》第 489 条（由不可归责者作出之损害赔偿）、《意大利民法典》第 2047 条第 2 款（无行为能力人导致的损害）、《瑞士债法典》第 54 条（无判断能力人的责任）等皆规定了类似于德国民法的衡平责任。对监督义务人的赔偿责任采纳过错推定责任的《日本民法典》虽然没有特别规定衡平责任，但为保护受害人的利益，日本民法学说依据《日本民法典》第 709 条关于侵权行为之一般规定，发展出监督义务人不论被监护人有无责任能力，皆应向受害人承担赔偿责任的监护人固有责任论的解释意见。

四、规范未成年人致人损害之赔偿责任应注意的区分性思维

以上对未成年人致人损害问题规范方法的系统分析，有助于全面认识《侵权责任法》第 32 条的利弊得失，为完善《侵权责任法》第 32 条

---

① See Cees Van Dam, *European Tort Law*, Second Edition, Oxford University Press, 2013, p. 275.

② 修正理由为：“无行为能力人或限制行为能力人之经济状况，在目前社会殊少有能力足以赔偿被害人之损害。苟仅斟酌行为人之经济状况，而不及其法定代理人，则本条项立法之目的，实难达到。为期更周延保障被害人之权利，第三项爰予修正，增列‘法定代理人’，其经济状况亦为法院得斟酌并令负担损害赔偿之对象。”

③ 参见王泽鉴：《侵权行为》，400－401 页，北京，北京大学出版社，2009。

提供了比较规范的法学思维方法。

(一) 区分民事行为能力与侵权责任能力

由法条文义可明显看出,《侵权责任法》第 32 条在对待未成年人或有精神障碍的成年人致人损害的法律后果这个问题上,直接把民事行为能力与侵权责任能力概念混同看待[①],完全忽视了民事行为能力与侵权责任能力在法理与法构造上的重大差异。

从比较法上看,除《法国民法典》之外,鲜有国家或地区的民事立法或判例不对行为能力与侵权责任能力作出区分或不将侵权责任能力作为一个特别问题予以明确规定。侵权责任能力由德国民法中的"Verschuldensfaehigkeit"移译而来。也有学者将其译为"过失责任能力"[②] 或"过错能力"[③]。在侵权法上,侵权责任能力是在判断一项致害行为是否构成一般侵权行为之前独立适用的。对于一个致害行为,只有先判定行为人具有侵权责任能力后,才可能进一步判断该行为是否构成侵权行为及如何承担责任。侵权法之所以对一般侵权行为以行为人是否具有侵权责任能力予以先行判断,根本目的在于,对辨识能力较为薄弱的未成年人或具有精神障碍的成年人提供特别保护。由于侵权法关于行为人主观能力的关注主要体现在过错这个技术性概念上,所以旨在对辨识能力薄弱者提供特别保护的侵权责任能力,被德国民法学说放置在过错概念的思维框架之内。以此而言,使用过错能力概念或者侵权行为能力概念(Deliktsfaehigkeit)更为可取。前者显现了概念的独特性,后者在一定程度上表明概念的适用前提——在判断是否构成侵权行为之前发挥作用。

由于旨在对辨识能力薄弱者提供特别保护,所以,但凡对过错能力作出特别规定的立法,一般不会积极规定行为人在何种条件下具有过错能力,而是常常消极地规定,未成年人或具有精神障碍的成年人在什么

① 参见梁慧星:《民法总论》,5 版,68 页,北京,法律出版社,2017。

② 王泽鉴:《侵权行为》,381 页,北京,北京大学出版社,2009。

③ [德] 马克西米利安·福克斯:《侵权行为法》,齐晓琨译,5 版,86 页,北京,法律出版社,2006。

条件下不具有过错能力。在此基础上，为满足受害人保护的规范需求，再对负有监督义务的人应承担的法律责任，予以进一步的法律构造。因此，过错能力制度与行为能力制度在立法思想与规范思维上大体上是一致的。[①] 这也是为何一些国家或地区有关侵权责任能力的规定时常与其关于行为能力的规定存在某种关联。

不过，过错能力制度与行为能力制度在落实未成年人保护思想上也存在显著差异。该差异为侵权责任能力制度的自成一体提供了充分依据。对于行为能力制度而言，无行为能力制度对未成年人提供了绝对保护，限制行为能力制度向未成年人提供了一种优于交易相对人的特别保护。然而，对于过错能力制度来说，虽然也存在低于某一年龄的未成年人不具有过错能力的立法，但这并不意味着未成年人必然会获得绝对保护。根据一些国家或地区的民法，当受害人无法由监督义务人获得适当救济时，无过错能力的未成年人应当依其财产状况向受害人承担衡平责任。对于以辨识能力为标准被确定为无过错能力的未成年人，法律通常推定其在实施行为时具有过错能力，其只有证明自己于实施行为时不具有辨识能力，才能免除赔偿责任。因此，尽管皆以保护理智能力薄弱者为立足之本，过错能力制度相对于行为能力制度，在未成年人保护上存在相当大的局限性。这种局限性乃受制于受害人应当得到完全赔偿或救济这个法价值目标的结果。在侵权法上，未成年人的行为自由与受害人的权利保护都是需要考虑的价值目标，不管前者多么重要，都不能以牺牲后者为代价。

系统地看，侵权法对未成年人的保护并非仅仅体现在过错能力制度的设置上，也体现在对未成年人致人损害问题的其他相关规定上。这在法国民法上表现为，与子女一起居住且对子女有监管权的父母应对未成年子女对他人造成的损害承担连带责任。而德国民法上监督义务人的赔偿责任，同样发挥着保护未成年人的功效。

---

① 龙卫球教授认为，从本质上说，行为能力与责任能力所指向的行为都以意思为要素，具有同根性。参见龙卫球：《民法总论》，239页，北京，中国法制出版社，2002。

过错能力制度与行为能力制度在未成年人保护上之所以存在差异，与这两种制度在适用领域上的不同具有很大关系。行为能力是有效实施法律行为的能力，法律行为是践行意思自治的工具。故而，法律行为是人进行法律交往的常规行为。鉴于法律行为对于私人生活的必要性、常规性，行为能力制度的构建，将保护未成年人或具有精神障碍的成年人作为重心，而交易相对人的利益——对交易的正当信赖——只是予以适当兼顾而已。

过错能力是一种实施侵权行为的能力。相比于法律行为，侵权行为是一种反常的不正当行为。在个人自由主义民法观念下，每一个个体皆有行为的自由。该自由只有逾越法定界限损害或危及他人权益时，才可能构成侵权法上的不当行为。侵权法规制私人行为的首要目标，是为受害人提供救济机制，以矫正被损害的私人秩序。为实现该目标，法律本着自由、平等、公正的私法观念，把填补损害或恢复原状作为侵权法的首要功能。因此，在侵权法上，落实未成年人保护政策固然相当重要，但对受害人提供充分保护也不可或缺。

（二）区分未成年人的侵权责任能力与具有精神障碍的成年人的侵权责任能力

近现代民法典在规定侵权责任能力上，通常也在致害主体上作未成年人与成年人的区分。这种区分与行为能力制度通常会在成年人与未成年人之间作出区别规定的做法，存在一定相似之处。《德国民法典》在对具有精神障碍的成年人的侵权责任能力作出规定后（第 827 条），把未成年人的侵权责任能力区分规定为三种情形（第 828 条）。以辨识责任能力为标准概括规定侵权责任能力的《日本民法典》，同样采取区分未成年人与成年人而分条加以规定的做法（第 712、713 条）。

新《荷兰民法典》关于侵权责任能力的规定同样显现了一种区分性思维方法。它以 14 岁为标准将自然人区分两类：不满 14 岁的未成年人无侵权责任能力；14 岁以上的自然人，不管是未成年人还是成年人，具有侵权责任能力。这种区分规定打破区别对待未成年人与成年人的传统做法，让大龄未成年人的侵权责任能力与成年人的侵权责任能力实现融合。由此构建完全不同于行为能力的侵权责任能力制度。[①]

我国台湾地区“民法”第187条关于侵权责任能力的规定，代表了一个新颖立法例。它没有接受《德国民法典》第827条与第828条确立的双层区分模式（在区分未成年人与成年人的前提下，对未成年人再作区分），而是以识别能力概念为基础，以无行为能力人及限制行为能力人的概括表达方式，对自然人的侵权责任能力作出概括规定。这种立法模式的最大特色是，以识别能力决定自然人的侵权责任能力，而不对自然人作未成年人与成年人的区分。无行为能力人与限制行为能力人涵盖一切具有意思能力缺陷的未成年人与成年人。《法国民法典》则代表了不对加害人作未成年人与成年人的区分，并不对侵权责任能力作特别规定的极端立法模式。

（三）区分未成年人的赔偿责任与父母或监护人的赔偿责任

侵权责任能力制度只是解决未成年人应否对自己致人损害的行为向受害人承担赔偿责任的责任主体性问题，并没有一并解决未成年人致人损害引起的所有损害赔偿问题。因此，为实现受害人保护的规范目的，在对未成年人的侵权责任能力作出规定之后，还须进一步对未成年人负有监督义务的人的监管责任作出明确规定。如果像《德国民法典》那样规定监督义务人仅负有过错推定责任，仍需进而思考：当未成年人与监督义务人皆不承担赔偿责任时，如何实现保护受害人的政策目标。《德国民法典》及我国台湾地区“民法”为此确立了衡平责任制度。

《法国民法典》和新《荷兰民法典》在对未成年人应否对自己致人损害的行为承担责任作出规定后，又明确规定未成年人的照管义务人应向受害人承担严格赔偿责任。由于监督义务人所负严格责任不会发生因监督义务人免责而使受害人得不到救济的问题，所以《法国民法典》与新《荷兰民法典》无关于衡平责任的规定。对比德国、法国的两种典型立法模式可知，衡平责任是为弥补过错推定责任在受害人保护上的漏缺

① 根据《荷兰民法典》第1：233条与第1：234条的规定，自然人原则上满18周岁为成年，未成年人实施法律行为原则上须法定代理人同意。《荷兰民法典》没有以年龄为标准对未成年人的行为能力作出区分规定。

而不得不作出的安排，它与过错推定责任具有紧密的体系关联。

我国《侵权责任法》第32条同样可以在区分监护人与被监护人的衡平责任的框架下进行解释。其第1款向监护人强加了一种介于严格责任与过错推定责任的特别赔偿责任——只能减轻而不能完全免除。监护人责任的减轻，难免会使受害人得不到充分救济。针对这一问题，以衡平责任为基础解释第2款规定可以取得较为合理的体系效果，即第2款旨在以一种衡平责任机制填补第1款必然产生的规范缺漏。只不过，相比于《德国民法典》和我国台湾地区“民法”关于衡平责任的规定，《侵权责任法》第32条第2款确立的衡平责任，显得较为独特而已。

因此，从规范架构上讲，《侵权责任法》在规范未成年人致人损害的赔偿责任上存在的根本问题是，没有对未成年人的侵权责任能力这个基础性、前提性制度作出明确规定，由此使得第32条在法理、法技术等方面存在诸多缺陷。

五、未成年人致人损害之赔偿责任的立法建议

《侵权责任法》在规范未成年人致人损害之赔偿责任上的根本缺陷为，没有对无民事行为能力人或限制民事行为能力人应否对其致害行为承担侵权责任单独作出规定。在法律解决未成年人致人损害的赔偿责任问题所形成的规范群中，未成年人是否具有侵权责任能力的规定是一项基础性规范，是亲权人或监护人所负赔偿责任（监护责任）及未成年人或其法定代理人所负衡平责任的逻辑前提。从比较法上看，无论未成年人在实施致害行为时是否具有侵权责任能力，未成年人的亲权人或监护人都必须对未成年人致人损害的行为承担赔偿责任。亲权人或监护人所负赔偿责任在法国、荷兰被规定为严格责任，在德国、日本及我国台湾地区被规定为过错推定责任。亲权人或监护人承担的赔偿责任是落实未成年人保护政策的一个关键环节。从亲权人或监护人所负过错推定责任根本无法明确地推断出：未成年人是否具有及具有怎样的侵权责任能力，因为同样规定亲权人或监护人应负过错推定责任的《德国民法典》、《日本民法典》及我国台湾地区“民法”，在未成年人之侵权责任能力这

个基础性规范上，提供了三种迥然有别的规范模式。完善《侵权责任法》关于被监护人致人损害的赔偿责任制度时，最为重要的举措应当是，对未成年人的侵权责任能力作出明确规定。

在规定未成年人的侵权责任能力上，民法典应以意思能力或理性能力概念为中心，使各种有关未成年人保护的法律规定在内在体系上保持一致。同时，注意侵权责任能力在落实未成年人保护政策上的局限性及规范设计上的多层次性。鉴于世界各国或地区的法律在规定未成年人之侵权责任能力上各有独特之处，我国民法典侵权责任编在规定未成年人的侵权责任能力时，在立法方法上应选择最能与《侵权责任法》既有规范体系相互兼容，或者对《侵权责任法》的现有规定冲击最小的做法。

如前所言，以区分未成年人与成年人为基础分别规定侵权责任能力是关于侵权责任能力的主要规范方法。然而，《侵权责任法》没有对具有精神障碍的成年人不具有侵权责任能力作出特别规定，其第 33 条只是对完全民事行为能力人因过错或醉酒、滥用麻醉药品或者精神药品使自己暂时丧失意识或失去控制而造成他人损害的问题作出特别规定。像我国台湾地区“民法”第 187 条那样，《侵权责任法》第 32 条采纳了以无民事行为能力人、限制民事行为能力人的用语抽象表达加害人的立法技术。此两点足以表明，在规范侵权责任能力上，《侵权责任法》实际上吸收了我国台湾地区“民法”不对加害人作未成年人与成年人区分的立法模式。另外，《侵权责任法》第 32 条的两款规定与我国台湾地区“民法”第 187 条第 2、3 款规定的过错推定责任与衡平责任在规范结构上也存在神似。据此，重构未成年人致人损害的赔偿责任的规范体系时，借鉴我国台湾地区“民法”第 187 条第 1 款规定，在《侵权责任法》第 32 条中增补一款，明确规定无民事行为能力人、限制民事行为能力人的侵权责任能力，其实是最为便宜的立法完善方法。

具体建议为：在《中华人民共和国民法典侵权责任编（草案）》（三次审议稿）第 964 条增补一款作为第 1 款规定：无民事行为能力人或者限制民事行为能力人造成他人损害，能够证明行为时无辨识能力的，不承担侵权责任。第 964 条原有两款规定应相应地作出如下修改：

无民事行为能力人或者限制民事行为能力人造成他人损害的，监护人应当承担侵权责任。监护人尽到监护责任，或者即使适当履行监护职责，损害仍会发生的，不承担侵权责任。受害人不能得到损害赔偿的，无民事行为能力人或者限制民事行为能力人及其监护人应根据其经济状况向受害人承担赔偿责任。

（本文曾以《论未成年人致人损害的赔偿责任》为题，发表于《法商研究》2020 年第 1 期。）

图书在版编目（CIP）数据

未成年人保护的民法问题研究 / 朱广新著. --北京：中国人民大学出版社，2021.5

（中国当代青年法学家文库. 朱广新民法学研究系列）

ISBN 978-7-300-29415-5

Ⅰ. ①未… Ⅱ. ①朱… Ⅲ. ①未成年人保护法—研究—中国 Ⅳ. ①D922.74

中国版本图书馆 CIP 数据核字（2021）第 100142 号

中国当代青年法学家文库 · 朱广新民法学研究系列

未成年人保护的民法问题研究

朱广新 著

Weichengnianren Baohu de Minfa Wenti Yanjiu

出版发行 中国人民大学出版社

社　　址 北京中关村大街 31 号　　**邮政编码** 100080

电　　话 010－62511242（总编室）　010－62511770（质管部）

010－82501766（邮购部）　010－62514148（门市部）

010－62515195（发行公司）　010－62515275（盗版举报）

网　　址 http://www.crup.com.cn

经　　销 新华书店

印　　刷 北京玺诚印务有限公司

规　　格 165 mm×238 mm 16 开本　　**版　　次** 2021 年 6 月第 1 版

印　　张 16.75 插页 2　　**印　　次** 2021 年 6 月第 1 次印刷

字　　数 235 000　　**定　　价** 68.00 元
